JN024420

非行少年の被害に向き合おう！

被害者としての非行少年

岡田行雄［編著］

現代人文社

はしがき

　私が少年法の研究に取り組みだして30年以上が経ちました。

　もっとも、今から30年以上前は、今ほど少年法は注目されていませんでした。なぜ、少年法研究に取り組むようになったかということと、私自身が小学校時代から、クラスが変わるたびにいじめのターゲットとされ続け、学校が楽しくなく、私が輝けた唯一の居場所であるゲームセンターに通うために、ある種の非行を始めて、発覚してもなかなか止められなかったこととはおおいに関係しています。

　このような経験から、非行少年は、非行に至る前に大なり小なり被害を受けているのではないかと薄々感じてはいました。実際に、研究者となって、具体的な少年事件に触れる中で、この疑いは強くなりました。そして、熊本で、熊本少年友の会の付添人として、非行少年から実際に被害を聴く機会ができてから、疑いは益々強くなり、確信に近いものとなりました。その後、重大な事件を起こした元非行少年を支援している過程で、重大な事件に走る非行少年ほど、数々の被害を受けながら、その埋め合わせを受けていないのだと確信するに至りました。以上のような経緯があって、本書は構想されました。

　本書のPart1は、まず、本書で取り上げられる非行少年に積み重ねられる被害とは何かを私が示した章と、非行少年に関わった経験をお持ちの方々に、それぞれの立ち位置から見えた非行少年に積み重ねられた被害と、それがいかに埋め合わせられていないかをご執筆いただいた各章から成り立っています。

　Part2は、同じく非行少年に関わった経験をお持ちの方々に、非行少年に積み重ねられた被害の埋め合わせがどのようなものであるべきかについてご執筆いただいた各章から成り立っています。

　Part3は、私が、Part1、Part2を踏まえて、非行少年に積み重ねられた被害の埋め合わせの実践的および法的必要性をそれぞれ示した章と、被害の埋め合わせに向けた提言を内容とする章から成り立っています。

　本書では、非行少年に関わった方々が提供してくださった具体的な事例が論述の素材とされています。しかし、執筆者のみなさんがそれぞれに注意書きで示されている通り、少年法61条が非行少年の本人推知報道を禁止している趣旨を踏

まえて、元非行少年のプライバシーを保護し、その成長発達を保障するために、それぞれの事例で本人の特定を防ぐための措置が施されています。この点はどうかご了承ください。このような措置が施されてはいますが、本書で示されている事例はすべて実際にあったものが素材となっていることだけは間違いがありません。それほど、非行少年には、埋め合わされなかった被害が積み重なっているのです。

　本書は、私が立てた企画の趣旨をご理解してくださった執筆者の方々のおかげで世に出ることができました。短い執筆期間で、素敵な原稿を寄せてくださった執筆者の皆さんに心から感謝したいと思います。執筆者の中で、お２人のお名前を特に挙げて、感謝を捧げなければなりません。その、お１人は廣田邦義さんです。家庭裁判所調査官として高松家裁丸亀支部に長きにわたって勤務しておられた廣田さんと知り合ってから20年以上の月日が経ちました。本書は、廣田さんが常々私にお話しくださっていた、非行少年の被害者性にスポットライトを当てようとするものでして、廣田さんとの20年以上のお付き合いがなければ本書の企画にたどり着くことはなかったと思います。もうお１人は知名健太郎定信弁護士です。知名さんには、本書の企画段階から相談に乗っていただいただけでなく、有益なご示唆をたくさん頂戴しました。知名さんのご助力なしには、本書の企画が具体化することはなかったと思います。

　本書は、私が高松で少年非行事例についての研究会に参加させてもらうようになったことから執筆に関わった『事例から学ぶ少年非行』（現代人文社、2005年）、『再非行少年を見捨てるな』（現代人文社、2011年）、『非行少年のためにつながろう！』（現代人文社、2017年）の続編とも言うべきものです。これらの書籍と併せてお読みいただけると、非行少年をめぐる本当の問題をよりよく理解していただけるのではないかと思います。

　最後になりますが、出版事情がとてつもなく厳しい中、現代人文社には本書の出版をお引き受けいただき、同社の齋藤拓哉さんには本書の刊行にあたって細部にわたってご尽力を賜りました。執筆者を代表して、心より感謝申し上げます。

岡田行雄

＊本書は、学術研究助成基金助成金（基盤研究(C)）「粗暴犯少年の同種再非行を効果的に防止する処遇ないし措置に関する基盤的研究」（課題番号：18K01318）の成果の一部です。

CONTENTS

Part 2

被害を受けた非行少年の立ち直りに必要なこと

Part 3 被害の埋め合わせに向けた理論的課題

凡例

- ●判例・裁判例は、たとえば、「最高裁判所令和5年3月27日判決」の場合、「最判令5・3・27」と記した。
- ●年については、原則として西暦で表記した。
- ●註は註番号近くの頁に傍註として記した。

Part

1

非行少年から見える
さまざまな被害と
埋め合わせの欠如

非 行少年の被害について整理した上で、
非行少年にさまざまな場面で関わって
きた方々から、具体的な非行少年がどのよう
な被害に遭ってきたのか、その被害はどのよ
うに扱われてきたのかを明らかにするのが
Part1 です。Part1 で重要なことは、非行少
年にどのような被害が積み重ねられてきたの
か、そして、それにどのように向き合うべき
かを皆さんに考えていただくことです。

非行少年が遭ってきたさまざまな被害

岡田行雄(おかだ・ゆきお)　　　　　　　　　　　　　　　　　　　[熊本大学]

非行少年の現状

　すでに自己紹介的な文章ははしがきに書いていますので、早速、内容に入ります。

　本章では、非行少年が遭遇してきたさまざまな被害を紹介しますが、その前に、非行少年の現状を確認しておきましょう。ご存じの方もおられるとは思いますが、統計上の非行少年は減少の一途をたどっています。少子化の影響だけとは考えられません。表に示した家庭裁判所が受理した少年保護事件の人員数で見ると、2021年の数字は、45,873人でいわゆる少年非行の第3のピークと言われた1983年の684,830人の15分の1になっています。いくら少子化と言っても、私が中学校3年生だった1983年の少年人口から2021年の少年人口が15分の1に減少しているわけではありませんので、明らかに非行に走る少年の数は激減しているのです。

　他方で、少年が殺人などの重大な事件の被疑者となった場合、大きく報道されるのが常となって20年以上が経ってしまいました。とりわけ、その事件の被害者が少年の家族以外の者であった場合、被害者御遺族の少年に対する処罰感情は激烈であることが常であるため、初動の報道をきっかけに、こんなひどい事件を起こした少年を死刑に処してしまえなどとの厳罰化論がただちに沸き起

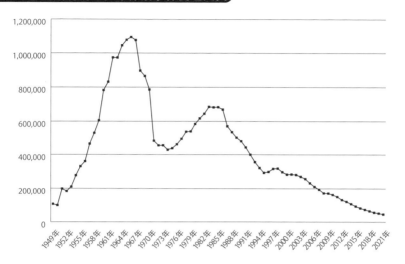

図1　家庭裁判所の少年保護事件受理人員

＊『令和4年版犯罪白書』付属 CD-ROM のデータより作成

こるように見受けられます。そして、捜査を遂げた後に、家庭裁判所に送致された少年は、少年鑑別所に収容され、約4週間のうちに審判が開かれ、少年院送致の保護処分を受けるか、検察官送致（逆送）され、裁判官と裁判員による刑事裁判にかけられます。非行時に18歳以上だと、死刑に処される可能性もありますが、刑事裁判にかけられた重大な事件を犯した少年の多くに対しては短期と長期を定めた不定期の懲役刑が言い渡されることになります。

　しかし、以下に示されるように、非行少年は非行に至る以前にさまざまな被害に遭っているのです。ただし、残念ながら、それが報じられることはほとんどありません。警察の初動捜査の段階で、非行を疑われた少年が受けてきたさまざまな被害が明るみに出ることは、まずないからです。まして、非行少年が、そうした被害を埋め合わせる支援などをまったくと言っていいほど受けられなかったことも報じられることはありません。

　それでは、重大な非行に至った少年が受けてきたものを中心に、以下でその

被害を見てみることにしましょう[1]。

非行少年の虐待被害

　児童虐待が問題になりはじめて、すでに20年以上も経過しました。児童虐待の防止等に関する法律２条によれば、児童虐待は次のように定義されています。

①　児童の身体に外傷が生じ、又は生じるおそれのある暴行を加えること。

②　児童にわいせつな行為をすること又は児童をしてわいせつな行為をさせること。

③　児童の心身の正常な発達を妨げるような著しい減食又は長時間の放置、保護者以外の同居人による前２号又は次号に掲げる行為と同様の行為の放置その他の保護者としての監護を著しく怠ること。

④　児童に対する著しい暴言又は著しく拒絶的な対応、児童が同居する家庭における配偶者に対する暴力……その他の児童に著しい心理的外傷を与える言動を行うこと。

　これを受けて、一般に①を身体的虐待、②を性的虐待、③をネグレクト、④を心理的虐待と呼んでいます。

　非行少年の多くがこうした虐待被害を受けてきたことは、今から20年ほど前の法務省による調査で明らかになりました。

　それによれば、当時の全国の少年院に在籍する一定の少年を対象に行われたアンケート調査で回答のあった2,251人のうち95％以上にあたる2,159人が身体

1　本章で取り上げる重大な非行に走った少年が受けた被害については、岡田行雄「特定少年の位置づけとその帰結」熊本法学154号（2022年）52頁以下とそこで引用されている参考文献を参照。

的暴力、性的暴力、ネグレクトのいずれかの被害を受けていました[2]。

　問題は、非行少年がこうした虐待被害を受けている傾向はその後も続いていることです。その後、2015年11月から2016年1月末日までに全国の少年院に在院していた363人の少年から被虐待体験等の被害体験の回答を得た研究によっても、家族からの被虐待体験のあった少年は、218人と60％を超えており、これを女子に限れば70％を超えていたことが確認されています[3]。

　犯罪白書も、近年、少年院入院者の被虐待類型別構成比を掲載するようになりました。それによると、2021年では、男子少年の40％が何らかの虐待被害を受けており、女子少年の場合は、それが58.9％にのぼることが明らかにされています[4]。もっとも、筆者は、かつて、ある女子少年院の院長から、ここにいる女子少年達は100％性的虐待を受けているとの話をおうかがいしたことを忘れることができません。こうした調査ですべての虐待被害が明らかになっているわけではないと考えられます。

　こうした虐待被害が背景となった重大事件としては、いわゆる石巻事件が挙げられます。この石巻事件とは、当時18歳の少年が殺人等を犯したとして裁判員裁判によって初めて少年に死刑が言い渡され、最高裁で死刑が確定した事件として著名なものです。法廷で取り調べられた証拠では、この少年は5歳時に両親が離婚し、酩酊した母親から暴力を振るわれるなどの被害を受け、小学生となって以降は、愛し、信頼できる存在、導いてくれる存在を持つことができず、少年は暴力を身辺に見てきた成育環境に置かれてきたことが明らかにされています[5]。ということは、この少年は身体的虐待のみならず、面前DVなどに象徴される心理的虐待の被害にも曝され続けてきたと言えます。

2　板垣嗣廣他「児童虐待に関する研究」法務総合研究所研究部報告11号（2001年）10頁以下参照。

3　羽間京子「少年院在院者の被虐待体験等の被害体験に関する調査について」刑政128巻4号（2017年）18頁参照。

4　法務省法務総合研究所『令和4年版犯罪白書』（2022年）134頁参照

5　本庄武「石巻事件最高裁判決—少年事件の特性はどれだけ検討されたのか」世界886号（2016年）27頁、河北新報2010年11月18日付参照。

学校におけるいじめ・体罰被害

　非行少年が、学校でいじめ・体罰の被害を受けていたことは、上で見た2015年から翌年にかけての少年院における調査において、言葉によるいじめを含む第三者からの被害体験があった少年は363人中289人で80％の高率に上るという結果が示されたことによって裏付けられていると言えます。

　いじめが背景の一つとなった重大事件としては、いわゆる佐賀バスジャック事件が挙げられます。この事件は、当時17歳の少年が高速バスを乗っ取り、その過程で、1人が殺害され、3人が重軽傷を負ったという事件です。この事件で瀕死の重傷を受けた方は、その後、この事件を起こした少年やその両親と直接やりとりをする中で、事件の前に次のようないじめ被害を受けていたことを知ります。中学校でひどいいじめを受けただけでなく、その中で、音楽室に忘れた筆箱をいじめた側から取り上げられ、「これが欲しいならここから跳んでみろ」と言われ、ある踊り場から無理矢理跳ばされて、腰を圧迫骨折してしまい、入院を余儀なくされていたのです。その結果、高校受験も入院先でということになりました。志望校には無事合格したものの、入学から1週間ほどで高校に通えなくなり、不登校となっただけでなく、引きこもりも始まったそうです[6]。

　非行少年が受けた体罰については、たとえば、傷害や窃盗等の非行で少年鑑別所に3回送致され、少年院に送致された少年が、空手をやっていた担任の教師から、馬乗りになってボコボコに殴られるという被害を受けていたことがインタビューで明らかにされるなど、非行少年の中には小学校時代から教師の体罰を受けてきたことが多いと示されています[7]。

6　岡田行雄＝山口由美子「少年犯罪被害者になって」熊本法学149号（2020年）83頁参照。

7　非行克服支援センター『何が非行に追い立て、何が立ち直る力となるか　「非行」に走った少年をめぐる諸問題とそこからの立ち直りに関する調査研究』（新科学出版社、2014年）107～108頁参照。

福祉施設や矯正施設における虐待

　たとえば、子どもが親から虐待被害を受け、その子どもを保護するため親から引き離す必要がある場合、被害を受けた子どもを児童養護施設などの児童福祉施設に入所させる措置が採られることがあります。

　こうした福祉施設は、本来ならば、虐待被害を受けた子どもたちが安心して過ごし、成長できる場所のはずです。その意味では、子どもたちが受けてきた虐待被害を埋め合わせる場所と言うこともできます。

　子ども時代からずっと虐待を受けて、児童福祉施設に入所した少年が刑事事件を起こし、家庭裁判所による少年院送致決定を受け、あるいは、家庭裁判所による検察官送致決定後に起訴された刑事裁判所で実刑判決を受け、少年院や刑務所に収容されることもあります。これらの矯正施設でも、もちろん、社会での移動の自由は奪われるものの、矯正施設内では、少年たちは身の安全が確保され安心して過ごせるはずです。

　しかし、福祉施設で他の子どもからいじめを受けたり、ひどい場合には、施設職員から虐待を受けたりすることもあります。児童養護施設である恩寵園で起こった園長などによる子どもへの体罰・虐待事件などがその典型です[8]。また、矯正施設においても、少年や受刑者に対する暴行などの虐待が加えられることがあります。2002年に明るみに出た名古屋刑務所事件[9]や、2009年に明るみに出た広島少年院事件[10]などがその典型です。なお、名古屋刑務所では、ごく最近にも、複数の刑務官が複数の受刑者に暴行を加えていたことが公表され

8　裁判所によって認定された恩寵園における子どもたちへの虐待については、恩寵園の子ども達を支える会『養護施設の児童虐待』（明石書店、2001年）39〜43頁参照。

9　2002年5月と9月に革手錠付で名古屋刑務所の保護房に収容された受刑者が死亡、重症を負う事件が発生したことが公表され、その後、2001年にも同刑務所で受刑者が刑務官の暴行により死亡していたことが発覚した一連の事件をいいます。

10　2009年6月に、広島少年院の法務教官4人が、複数の在院少年に対して暴行を加えていたとして逮捕されたことをきっかけに発覚した一連の事件をいいます。

ています[11]。

　非行少年がこうした福祉施設や少年院で暴行を受けていた例としては、たとえば、少年時に少年院送致の保護処分を受け、20歳となってから保護観察付執行猶予の有罪判決を受けたことがある元非行少年が、子どもの頃、養護施設において、そこでの先輩から暴力を受けていた事例や、少年院に収容された非行少年が法務教官から暴言を受けたという事例などがあります[12]。

　もっとも、こうした福祉施設や矯正施設において非行少年が受けた被害は、なかなか明るみに出ることがないということに留意が必要です。少年が収容された刑務所で刑務官から暴行を受けたという事件は現時点では公表されていないように見受けられます。しかし、私はかつて重大な事件により刑務所で受刑したことがある元非行少年から、刑務所に収容された初日に、刑務官から尋ねられた本籍地を答えられなかったことを理由に凄まじい暴行を受けたという話を聴いたことがありますので、刑務所における被害体験も絶無とは言えません。

学びの場からの排除と塾や習い事等の強制

1　学びの場からの排除

　子どもには学ぶ権利があります。とりわけ、小学校、中学校の9年間は無償で教育を受ける権利が憲法や法律によって子どもたちに保障されているのです。

　しかし、非行少年の中には、この学びの場から排除されてきた経験を持つ者

11　この事件については、以下のURLで参照できます〈https://www.yomiuri.co.jp/national/20221213-OYT1T50294/?fbclid=IwAR0BzeTVAM1ZLKKh9pBPeZKq2VkcuRL7EXYNmn-EQSydz1hC0NG-Xh_7Fzk（2022年12月21日最終確認）〉。

12　都島梨沙『非行からの「立ち直り」とは何か　少年院教育と非行経験者の語りから』（晃洋書房、2021年）153～155頁参照。

が多数います。かつて非行を繰り返し、15回の被逮捕歴があり、２度も少年院に送致された経験を持ちながらも、現在は非行少年の立ち直り支援に尽力している高坂朝人さんは、非行を繰り返していた自分には、絶対的に教育が抜け落ちていたと指摘しています[13]。これは、中学校から非行に走ると、中学校だけでなく、高校にも行けず、その後の人生を送る上で必要な知識や交友などを得ることができなくなることをもたらします。加えて、校則違反などを理由に教室、あるいは小学校や中学校そのものから排除された経験を持つ非行少年も少なくありません。このような排除を経験したことから、学校に行かなく、ないし行けなくなってしまうパターンもよく見られます[14]。

2 塾や習い事等の強制

　親は子どもに普通教育を受けさせる義務があります。この義務教育を越えて、子どもに学びの場を提供する親はこれまで肯定的に評価されてきたと言えるでしょう。しかし、子どもが行きたくない学校、塾、習い事などに通わせることを親などが強制することはどう評価されるべきでしょうか？

　最近では、子どもの受忍限度を超えて勉強させるなどの強制を教育虐待と呼ぶ研究者もいます。このような考え方に立つと、勉強させる一環として、たとえば、本人が希望しない病院に無理やり受診させることも、一種の教育虐待と言えるでしょう。

　上で紹介した、佐賀バスジャック事件の少年の親は、少年の「心の闇」をどうにかしようとして相談機関に連れて行こうとしました。しかし、少年は頑として行かず、中学校でのいじめを恨んで、その中学校襲撃を計画するに至り、精神科医に相談の上、警察も関与して、いやがる少年に対して、両親の同意で精神病院に強制入院させる医療保護入院がなされたのでした。少年は、入院中に両親が面会に行くたびに暴れていましたが、医師から、それでは退院できない

---

13 片山徒有他編『18歳・19歳非行少年は、厳罰化で立ち直れるか』（現代人文社、2021年）146頁参照。
14 非行克服支援センター・前掲註7書110～112頁参照。

と指導され、その結果、両親との面会でも普通に会話するようになり、医師も大丈夫だと判断して一泊の外泊が許可された日にバスジャック事件を敢行したそうです[15]。まさに教育虐待が重大な非行の直接の契機になった事例といえます。

不作為がもたらす被害

　子どもに知的障がいや発達障がいがあることが行政によって認められると、特別支援教育の対象となり、あるいは、障がい者手帳の交付を受けることによって、学校や地域などでさまざまなサービスや支援を受けることができます。

　ところが、こうした障がいが、行政が定めた基準のボーダーライン上にある場合は、たまたま診断の時に基準を上回ってしまったなどの理由で、支援などを受けられないこともあります。本当は特別支援教育が必要なのに、たまたまIQの数字が上回ってしまったために、特別支援教育を受けられないと、学校での授業内容が理解できず、基礎学力を身に付けることが難しくなります。加えて、学びが遅れると、そこから非行などの問題行動につながりやすくなるとの指摘もあります。

　しかも、子どもの障がいがボーダーライン上にあると、その親が子どもの困りに気がつきにくくなります。親は一般的に子どもに障がいがあるとは思いたくありません。いろんな感情が渦巻きながら、専門機関で子どもを検査してもらったら、判定上は障がいに当てはまらないことになれば、親はその子どもに障がいがあることをますます受け入れなくなります。しかし、実際には子どもには障がいがある。そうすると、子どもはさらにさまざまな困難に直面します。そこで、子どもが親から見て理解不能な行動を取ると、親がイライラして虐待に至ることも起こりえます。あるいは、子どもの障がいに気がつかない親

15　岡田＝山口・前掲注6講演 84 頁参照。

は、子どもにとっては望ましくない対応を取ってしまうこともあります。親が子どもの発達障がいに気づかないまま、何気なく取った言動がきっかけで重大な事件に至ることもあるのです。

　したがって、たまたま行政が子どものボーダーライン上の障がいに気がつかずに、なされるべき障がい認定がなされなかったという不作為は、結果的に子どもと親の双方を苦しめるという被害を生じさせるのです。

　あるいは、行政が子どもに障がいがあるのに、ないと誤認したり、職員の多忙もあいまって、障がいがある子どもへの支援や保護の提供がなされないこともありえます。こうした不作為は、児童相談所においても虐待被害を受けた子どもに対してなされるべき支援や保護がなされないという形でも現れます。こうして、受けられるべき支援などがなされないことによって、子どもたちにはさらに被害が積み重なります。

　たとえば、他の少年や成人とともにいわゆるホームレスの人々を次々に襲撃した少年は、まさにこうした被害を受けていました。この少年は、両親からのネグレクトの被害を受けていただけでなく、児童相談所は少年の他にも小さい子どもを抱えていた両親への支援を打ち切って、一旦はこの少年を児童養護施設に入所させる措置をしました。しかし、両親を取り巻く事情の一部が表面上解決したことを理由に、両親が子ども達を引き取ると主張すると両親への手当てを何もせずに、しかもこの少年の意思も十分に確認しないまま少年を親元に返してしまったのです。その後、この少年は学校へ通えなくなり、事実上、学校からも排除されるという被害を受けています。この少年の付添人を務めた弁護士によれば、この少年は、行政、児童相談所、学校、そして家庭から4重の排除を受けてきたと評されています[16]。

16　高岡健『少年事件　心は裁判でどう扱われるか』（明石書店、2010年）187、201頁参照。

非行少年の被害にどう向き合うべきか？

1 被害が与えるさまざまな悪影響

　以上、ごくかいつまんで、非行少年が受けてきたさまざまな被害のごく一部を紹介してきました。

　こうした被害は非行少年たちにどのような影響を与えたのでしょうか？　詳細は、以下の章でご覧いただくとしても、まずは、次のような一般的な悪影響を挙げることができると思います。

　まず、さまざまな虐待被害は、それを受けた子どもに、他者との信頼関係を築くのを難しくしてしまうという愛着障がいを引き起こすだけでなく、感情を制御する機能にも障がいを生じさせ、特定の場面や時間の記憶が抜け落ちるなどの解離や双極性障がいなどに至らせる結果、少年期に社会に適応することへの困難が深刻化するとの指摘があります[17]。

　このことは、学校等におけるいじめや体罰の被害にも当てはまります。信頼できるはずの教師やクラスメイトから、暴行や誹謗中傷などのさまざまな被害を受け続けることは、虐待による被害と同じだからです。児童福祉施設や少年院などの矯正施設における虐待被害は、家庭での虐待、学校におけるいじめや体罰の被害の上に積み重ねられるものですから、余計に重大な悪影響を少年に与えるものとなります。

　次に、学校などの学びの場から排除されたり、学校に通えなくなったりするという被害は、すでに見たように、学歴以前に、生活する上での重要な知識を身に付けることができず、友人関係も作れないという悪影響を及ぼします。これとは逆の、少年の受忍限度を超えて勉強を強制させるなどの教育虐待は、たしかに一定の知識などを身に付けさせたり、その能力を伸ばしたりといった良

17　友田明美「脳科学・神経科学と少年非行」山口直也編『脳科学と少年司法』（現代人文社、2019 年）42 頁参照。

い影響を与えることもありますが、それが、少年の希望に反し、その能力を超えた教育の強制であるならば、少年にフラストレーションを溜め込ませ、身体的・精神的な疾患やさまざまな障がいを引き起こしかねないという点で、他の虐待と同じような悪影響を与えるものというべきでしょう。

最後に、発達障がいや知的障がいがあって本来は教育・福祉機関などによる支援や保護がなされるべきであるのに、それがなされないという不作為による被害が与える影響について考えてみましょう。この場合、親を始めとした周囲に、少年がそうした障がいに苦しんできたことが理解されないという問題を生じさせます。周囲の障がいに対する無理解とそこから必然的に生じる合理的な配慮の欠如は、少年にさまざまな苦痛を与えます。そして、理解されない苦痛を誰にも相談できないことなども相まって、その苦痛は年を追うごとに蓄積されていくのです。その悪影響は重大なものとなります。

2　被害にどう向き合うべきか？

以上のような悪影響を与える、非行少年が受けてきた被害に対して、私たちはどのように向き合うべきでしょうか？

もちろん、虐待、いじめ、体罰、行政機関の不作為などによりもたらされた被害を受けたとしても、非行に走らずにすんだ少年達もいます。被害を受けながらも、ちゃんと成長して立派な大人になった者もいるのだから、非行に走った少年が受けてきた被害を無視しても問題はないとも言えそうです。

しかし、非行少年が受けてきたさまざまな被害を無視することははたして妥当なのでしょうか？　たしかに、被害を受けても非行に走らずに大人になり、その後も犯罪と無縁の生活を送る人もいます。しかし、そのような人は、そもそも体力や知力といった能力、さらには被害を埋め合わせてくれる親や周囲の人々に恵まれ、あるいは、さまざまな支援制度の恩恵にあずかったから、非行に走らずにすんだだけなのではないでしょうか？

残念なことに、さまざまな被害を受けた少年たちの中で、非行に走った少年と、非行に走らずにすんだ少年との間に、そのような能力、周囲の人々や制度

による支援の違いがあったかどうかについてのデータや研究はいまだに公表されていません。したがって、上で述べたことは仮説に過ぎません。しかし、仮に、さまざまな被害を受けて非行に走った少年には、その被害を埋め合わせるような支援などが十分でなかったということが真実だとしたら、どうでしょうか？

そもそも、被害を受けた少年に能力があったとしても、それを開花させてくれる素敵な人々との出会いなくしては、埋もれたままになってしまうのも事実です。すると、被害を受けた少年にとって大事なことは、能力の有無というよりも、おそらくは誰にでも潜在している能力を開花させてくれる人との出会いと、その後の指導や教育に恵まれることだと言わなければなりません。つまり、少年が受けてきたさまざまな被害を埋め合わせるほどの支援が少年の周囲の人々や行政などから提供されるかどうかが、被害を受けた少年の将来を決めることになるのです。

虐待被害などは、そもそも犯罪被害に当てはまるものです。犯罪被害を受けたのに、何もその救済がなされないで放置されることは、その３条に、「すべて犯罪被害者等は、個人の尊厳が重んぜられ、その尊厳にふさわしい処遇を保障される権利を有する」と定められている犯罪被害者等基本法、さらには犯罪被害者にも幸福追求権や生存権を保障している日本国憲法に照らして適切なことと言えるのでしょうか？　それ以前に、そもそも犯罪被害を受けたのに、その被害の救済がなされずに放置されることは不正義ではないでしょうか？

もちろん上で挙げた被害の中には、厳密に言えば、犯罪被害とまでは言えないものも含まれています。しかし、そうした被害を受けた少年を放置した上で、非行や犯罪に走ったのは少年の自己責任だとして厳しい処罰や処分を科すだけで良いのでしょうか？

私たちには、こうした被害にどのように向き合うべきかが問われているのです。そこで、以下の章で、上に挙げた問いへの答えを見つけるために、さまざまな場面で被害を受けた非行少年に関わった方々が紹介してくださる具体的な事例を手掛かりに、読者の皆さんと一緒に考えていきたいと思います。

護人・付添人から見える被害①

虐待を受けて育った少年の立ち直りに必要なもの

知名健太郎定信（ちな・けんたろうさだのぶ）　　　　　　[福岡県弁護士会]

はじめに

　2003年に弁護士登録をしてから、多くの少年事件を担当してきました。少年たちと接するなかで、彼・彼女らが親との関係や、学校などでの人間関係等で深く傷つき、葛藤や劣等感を抱えていることを知りました。

　私自身も、子どものころ、いろいろな葛藤や劣等感を抱えて生きてきた人間です。だからこそ、少年たちに共感することができ、彼・彼女らを勇気づけることに夢中になれたのではないか、と思うのです。

　そのような思いで、付添人活動を続けるなかで、少年たちが更生していく姿をみて、ある程度の成果を感じたことも何度もありました。しかし、最近、担当したある事件を通じて、共感し、勇気づけ、環境を調整するだけでは、問題の解決にならないほどの「被害」を受け、根深い「傷」を負っている少年がいることに、あらためて気づかされました。

　また、そのような深い「傷」の存在を知ったことで、これまで担当してきた事件において、少年が受けた「傷」を見過ごしたり、軽視したり、場合によっては、その「傷」をさらに痛めつけるようなことがあったのではないか、と反省するようになりました。

15歳の少年による女性刺殺事件

1 事件概要

　その事件とは、市街地で起きた15歳の少年による殺人事件でした。事件を起こしたのは、少年院から出院してきたばかりのＫ少年。小学生のころから同級生や教師に暴力を振るうなどの問題行動が見られ、小学校５年生から、病院や養護施設、児童自立支援施設を転々としました。そこでも、職員らへの暴力が続きました。

　Ｋ少年は、児童自立支援施設で暴れたことで、ぐ犯として家庭裁判所に送致され、少年院に入ることになりました。少年院では、投薬治療の影響もあり、ずっと身体のだるさがあったそうで、そのためか、暴力を振るうなどの問題行動はなく、「成績優秀」として出院することになりました。

　少年院に入った当初は、地元にいる母親のもとを帰住先とする環境調整が行われていましたが、出院直前になって母親が受け入れを拒絶。そのため、Ｋ少年は急遽、更生保護施設へ入ることになりました。

　ところが、更生保護施設へ入った翌日、Ｋ少年は施設を抜け出してしまいます。そのまま、バスに乗って、市街地に向かい、目的もなくさまよい歩きました。途中にあった店舗で包丁を盗んだＫ少年は、たまたま見かけた若い女性に、包丁をむけました。その女性は、Ｋ少年の行動をたしなめ、自首を促しましたが、そのことをきっかけとして、Ｋ少年は女性に切りつけ、さらに複数回刺すことで、女性を死に至らしめてしまったのでした。

2 面会における少年の印象

　少年が勾留された段階で、複数選任の国選弁護人のひとりとなり、Ｋ少年がいる警察署に面会にいきました。

　ところが、Ｋ少年は、眼をそらしたまま、ボソボソと小さい声で話すうえに、急に話が飛んだりするので、なかなか会話が成立しません。はたして、こ

の少年を理解し、寄り添うことができるのだろうか、とちょっと不安になりました(そのような思いにかられたのは少年事件をやるようになって、初めてのことでした)。

しかし、不安を感じるときこそ、関係を築くために努力しなければなりません。最初の２週間はほぼ毎日、その後も２日に１回のペースで面会するようにしました。

面会の際に、こころがけたことは、少年が起こした重大な結果については、いったん頭から追い出して、まずは一人の人間として、K少年を理解しようと努めることでした。そのような接し方をしないと、見えるはずのものが、見えなくなってしまう気がしたからです。

これまでにも、なかなかコミュニケーションがとりにくい少年は経験してきました。そんな少年たちでも、粘り強く耳を傾け、アドバイスをすれば、たった４週間の鑑別所での生活のなかだけでも、驚くべき変化を遂げ、きちんと自分の言葉で話せるようになる姿を多く見てきました。

「ゆっくり、はっきりとしゃべらないと、意味が伝わらないよ」と伝えると、徐々にではありますが、K少年は、聞き取りやすい話し方をこころがけるようになり、会話も成り立つようになりました。

また、最初のころは、面会中にやたらと身体をくねらせたり、急に突っ伏したり挙動不審なところがありました。そこで、「背筋は伸ばしておいたたほうが印象がいい。変わった動きをされると、なんか意味があるのか、とこっちが戸惑ってしまう」と伝えたところ、次回の面会からは、椅子に座っている間も、体育でやらされる「気をつけ」のような姿勢で、背筋を伸ばそうと必死に努力するようになりました。必要以上に背筋を伸ばしているその姿は、微笑ましくもありました。そんな素直さも、間違いなくK少年のひとつの側面だったのです。

面会を続けて、しばらくたつと「僕はこれまでまともに学校に通ってなかったから、勉強しないといけない」と勉強への意欲も口にするようになりました。そこで、ドリルや教科書類を差し入れたりもしました。

このような変化を見ると、重大な結果を引き起こしてしまったとはいえ、やはり、少年は少年なのだ、と思ったものです。

3　少年の難しい側面

他方で、Ｋ少年には、これまで関わった少年とは異なる特徴も多くありました。

ひとつは、一緒に弁護活動をしている他の弁護士と頻繁にトラブルを起こすことでした。なにかＫ少年なりの「怒りのスイッチ」があるのでしょう。他の弁護士と面会した際に弁護人が放ったたった一言に激高して、壁をなぐって、拳が血だらけになったこともあったそうです。

そんな出来事があったこともあり、他の弁護人と私との間ではＫ少年の印象がまったく異なり、評価が分かれることになりました。それ以降、面会は私が中心で行うことになりました。

また、Ｋ少年は、環境の変化や刺激に極端に弱いところがありました。鑑定留置の関係で少年鑑別所に移されたとき、その後また警察署（留置所施設）にもどされたとき、激高して感情的になったあとなどに、これまで積み重ねた会話の内容を忘れてしまったり、それまでの学習意欲がガクンと落ちる、という連続性のなさを何度も体験しました。このような極端な反応は、これまでの少年事件では経験したことがないものでした。

4　Ｋ少年が育ってきた世界

Ｋ少年に、実家で生活していたときの話を聞くと、父が兄に暴力を振るい、暴力を振るわれた兄が、今度は少年の首を絞めるというように、暴力の連鎖構造ができあがっていたことがわかりました。

「家ではどんなものを食べていたの？」と聞くと、「買ってあるパンなどがあれば、それを勝手に食べていた」「たまに母親と一緒に買いに行くコンビニ弁当や、ファーストフードのハンバーガーがごちそうだった」といいます。家に一人で取り残されていることも多かったＫ少年ですが、家にはすぐに食べられる

ようなものは、なにもおいてないことがよくあったそうです。そんなときはどうするのか。

「ホットケーキミックスって、知ってますか。あれを水で溶いて舐めるんです。火を使うと怒られるから。先生もやってみてください。おいしいですから」というK少年。明らかに異常な食生活なのに、少年はそのことすら認識していないようでした。すぐ近くに祖父母も住んでいたはずなのに、K少年が暴力を受けても、飢えていても、誰も助けの手を差し伸べてくれることはなかったのでした。

本当に過酷ななかを生き抜いてきたのだな、と思い、素直に「大変だったね」とK少年に伝えても「別に」という答え。

「他の子どもが甘やかされているだけで、自分で生き抜くのがふつうだから」「親に甘えている同世代を見ると、無性に腹が立つ」などと答えます。

このように家庭に問題があったとしても、多くの子どもは、他の家庭がどうなっているのかを知らないので、自分の家庭が異常であることに、なかなか気づくことができません。また、自分の家庭が異常であることを認めることは、子どもにとっても、つらいことです。だから、それが「ふつう」であると思い込もうとする場合もあるのです。

このような会話から、少年が虐待的な環境に置かれていたことは、わかっていましたが、虐待について専門性がない私には、このような体験が、本件事件にどのように影響を及ぼしたのかまではわかっていませんでした。

目の前の少年と、その少年が引き起こした重大な結果。その二つがなかなか結びつかず、戸惑いを感じていました。

心理鑑定で明らかとなった少年の被害

1　心理鑑定の必要性

K少年は、検察官送致決定を受けて、起訴され、裁判員裁判で裁かれること

になりました。裁判員裁判の公判前整理手続において、弁護人として裁判所に求めたのは、心理鑑定(情状鑑定)の実施でした。

　心理鑑定とは、被告人の性格等を精査し、その形成過程が家庭環境や成育歴とどのように関係するかを明らかにするとともに、犯行のメカニズムやそのときの心理状態を心理学的に解明する鑑定のことをいいます(この点、被告人の犯行時における責任能力の有無を明らかにする精神鑑定とは異なります)。

　今回の事件の概要を読んで「見ず知らずのひとを刺殺するなんて、なんでそんなことをしたのか、まったく理解できない」という感想をもった人は多かったと思います。そう、でもだからこそ、心理鑑定が必要なのです。

　理解できないものを、理解できないままにして、人が人を裁くという重大行為を行うことはできません。そして、理解できないことには、多くの場合、これまでの知識や経験では理解できない理由が隠されているのです。それを理解しようとする努力もせずに、ただ、「理解できない」と切り捨ててはならないのです。

2　社会における司法の役割

　この事件を担当した当初から、心理鑑定が必要であるとは思っていたのですが、心理鑑定を行ってくれる鑑定人にはまったくあてがありませんでした。本件のような事件の鑑定人には、相当な専門性と経験が必要とされます。さいわい児童福祉関係者の推薦もあって、子どもの虐待の第一人者であり、これまでにも多数の心理鑑定を手掛けてきた実績のある大学教授に心理鑑定を引き受けてもらうことができることになり、裁判所による鑑定が実施されました。

　そこに至るまでに、鑑定人を推薦してくれた児童福祉関係者から、本件のような虐待の影響が疑われる事件については、もっと積極的に心理鑑定を活用すべきである、というご意見をいただきました。

　心理鑑定が行われないまま、単に有罪・無罪や量刑を定めるだけの裁判が行われたとしても、どのような虐待が行われ、その虐待がどのように事件に影響したのか、どうすれば虐待を防ぎ、悲劇的な事件を避けることができるのか、

という知見が共有されないままで終わってしまう、福祉や心理に関わる人間としては、知見を共有して同じような事件が起きるのを防ぎたいので、そのためにも心理鑑定が必要なのだ、とのご指摘でした。この指摘は重いものだといえます。

同種事件を防ぐためには、その原因を分析し、その知見を福祉、医療、司法の各現場で共有することが重要です。そのように考えると、虐待が疑われる事案であるにもかかわらず、心理鑑定さえ行わない裁判は、原因の解明の機会を奪うもので、むしろ同種事件の再発防止を阻害する要因とすらなりうるのではないか。これまで司法がはたしてきたのはそのような負の「役割」ではなかったのか、とすら思うようになりました。

専門家のなかで事案を共有し同種事件の発生を防ぐことで、社会をよりよくするという「役割」を果たすことなく、見せしめに終始する、独りよがりの「司法」。そのような疑念は、本来、永久保存すべき重大少年事件についての記録が家庭裁判所により破棄されていたという報道に接して、私のなかでより大きいものになってきています。

3 心理鑑定で浮かび上がってきたもの

心理鑑定を経て、浮かび上がってきたのは、K少年が幼少期から暴力やネグレクト（育児放棄）、母親から「死ねばいい」と言われるなどの心理的虐待を複合的に受けていたという事実でした。その影響で、K少年は、共感性や罪悪感の欠如がみられ、専門的な治療が必要なトラウマ（心的外傷）を抱えている、ということでした。

しかしながら、小学校5年生で親元を離れ、その後の期間を過ごした児童自立支援施設などにおいては、トラウマに対する適切な医療的・福祉的ケアはまったく行われていませんでした。さらに、本件事件を起こす直前まで入っていた少年院においても、トラウマなどの問題が理解されないまま、（本来、必要性すら疑われる）投薬治療しか行われていませんでした。

虐待によるトラウマ、それを見過ごして必要な治療を行わなかった児童自立

支援施設と少年院。そんな連鎖の中で起きた今回の事件。はたして、その責任をK少年ひとりに押し付けていいのだろうか、と思わざるをえないのです。

4　深まった少年への理解

鑑定人によると、少年については虐待の影響もあって、年齢に比して、人格が未統合な部分がある、とのことでした。

そのような指摘を踏まえると、他の弁護人に対してとる態度と、私に対してとる態度がまるで違ったり、環境が変わるたびに、それまでの会話内容や、やる気がまるでリセットされたかのように豹変してしまうことも、少しは理解できたような気がしました。

鑑定人が指摘していた「共感性や罪悪感の欠如」というのも、たしかに少年の特徴でした。普通の人であれば、人を殺す、命を奪うことが悪いことだとすぐにわかります。周囲の大切な人が殺された遺族の悲しみも想像がつきます。

しかし、自分が愛されたことも大切にされたこともなく、自分の人生や生命に価値を見出すことができない育ち方をしてきた人間に、命の尊さを理解してもらうのは至難の業です。また、親や兄弟から虐待され、自分が死んだとしても、悲しんでくれる人すらいない少年に、親族の悲しみを理解させることは、さらに難しい課題です。

K少年に共感力、罪悪感をもってもらうというのは、極めて長く困難な道のりのような気がしました。

他方で、K少年は私に対し、子どものころに飼っていた野良猫（友だちのいない少年の唯一のトモダチだったそうです）が亡くなった話をするときは、うっすら涙を浮かべることもあり、この子の共感性が育っていないのは、生来的なものでなく、環境の要因が大きいのだな、と思わせられました。鑑定人も、K少年と面談した際に「自首しておけばよかった。女性にも生活があった」と涙したことがあったことを証人尋問で明かしており、そこに少年の可塑性を見出したようでした。

5　少年の「被害」を伝える取り組み

　少年がこれまでの成育歴のなかで受けてきた「被害」について、裁判員に伝えるために大きな役割を果たしたのは、やはり鑑定人への尋問でした。判決においても、鑑定人が児童虐待やトラウマなどの問題を扱う専門家として、鑑定資料を十分検討し、K少年と面談するなどして得た知見を述べており、鑑定意見の内容も、本件に至る経緯、動機の分析は証拠上認められる事実関係と整合的であり、十分に合理的で納得できるものといえる、との記述もありました。鑑定人の意見が正当なものとして、伝わったことは間違いありません。

　このように、少年がどのような環境で育ってきたのか、どのような被害を受けたのかも伝え、鑑定人も信用できる、とされていたにもかかわらず、最終的に下された判決が、鑑定人の意見が示す結論とは、相反するものだったことは、残念でなりません。この点は、後で触れることにします。

「被害」の埋め合わせ

1　ばっちゃんとの文通

　少年の面会は、3名いる弁護人のなかでも、ほぼ私ひとりの役割となっていきました。裁判員裁判となって以降も、週1回は面会に行くことにしていました。ただ、当然のことですが、15歳の少年にとって、接する大人が私だけという状況が望ましいとはいえません。しかし、少年の家族は、少年に虐待を加えていた加害者であり、面会は期待できませんし、仮に面会をしたとしても、かえって悪影響となることが予想されます。

　そんななか、頼もしかったのが「ばっちゃん」の存在でした。K少年が起訴されて間もないころ、矯正関係のOBの方から電話をいただき「ある人を紹介するので、少年と文通をしてもらったらいいのではないか」との提案をいただきました。

その方は、他県で40年以上も前から、ひとりで子ども食堂のような活動を続けてこられており、現在は、それを組織化して、NPO法人の理事長をされている方です。私も、少年問題に関わるひとりとして、もちろんお名前はうかがったことがありましたが、直接の面識はありませんでした。

　さっそくばっちゃんの携帯番号を聞き、電話をかけさせてもらうと、90歳近いという年齢をまったく感じさせない元気な声で、これまで関わってきた子どもたちのこと、多くの少年や受刑者と文通をしていることなどを話してくれました。そのなかには、ばっちゃんの著作を読んで、手紙を送ってきた無期懲役の受刑者もいるそうです。そのようなひとたちと文通するというのは、一生関わるという覚悟がないとなかなかできることではありません。

　K少年の生い立ちを聴けば聴くほど、少年の身の回りには、信頼できる、安定した大人がいませんでした。自分の都合で子どもの面倒を見ることを放棄し、虐待を加える親。兄から虐待を受けても、お腹をすかせていても、まったく助けてくれない親族たち。精神的にも不安定な人が多かったようであり、少年は乱高下するまわりの大人たちの気分に翻弄されながら、育ってきたようでした。

　そんな大人に囲まれて育ったK少年は、その後、転々とした施設の職員に対しても、「どうせ仕事で相手をしているだけなんだ」「いつか見捨てるのだ」と信頼感をいだくことができず、やさしくされればされるほど、かえって反発を感じるようになっていたそうです。

　K少年には、ありのままに自分を受け入れてくれ、安定して、継続的に関わってくれる、裏切らない、切り捨てない大人が必要だと思っていたのですが、この点、ばっちゃんは、まさに適任だといえました。

　さっそく少年に、ばっちゃんの活動を紹介した書籍を差し入れました。少年は、書籍を読んで「他人のためにここまでできるって、本当にすごい人ですね」「でも、本当にこんな人がいるんですか」と懐疑的な様子でしたが「文通をしてくれる、というのであれば、ぜひやってみたいです」と申し出ました。

　こうして、K少年とばっちゃんの文通がはじまったのでした。

2 「だから、長生きしてください」

　Ｋ少年が、ばっちゃんに最初に書いた手紙は、とても丁寧なもので、「こんなにきちんとした手紙が書ける子なんやね」とばっちゃんも驚いていました。その後も、読書をしたり、漢字の勉強をしていることなどを熱心に綴っていました。でも、それから数カ月すると、「せっかく送ってくれたお金もぜんぶマンガ本を買うのに使ってしまいました。いまはダラダラ過ごしています」などという、やる気のない感じが満載の失礼な手紙が送られてくることもありました。

　だからといって、ばっちゃんはそんな手紙くらいで怒ったりしません。「育ちざかりなんだから、出てきたものは、ちゃんと食べんといかんよ」などと優しく返します。

　このような手紙の内容のブレも、人格が未統合、という少年の特性の表れとも考えられます。また、このひとはどこまで自分に関わってくれるのか、一時的な思いで関わっているだけで、いつか裏切られるのではないか、を推し量るための「試し行動」の一種だったのかもしれません。

　そんなやりとりが繰り返されていたある日、次のような手紙が届いたと、ばっちゃんが笑いながら、私に電話をしてきました。

　僕は、外にでたら、ばっちゃんのところに行って、ばっちゃんと一緒に、カステラや、いちご大福や、ホットケーキをおなか一杯食べたいです。それを楽しみにしています。だから、ばっちゃん、長生きしてください。

　共感性がないと言われたＫ少年が、ばっちゃんとの手紙のやりとりを通じて、失礼で、わがままな表現ではあるものの、ばっちゃんの長生きを望んだことは、小さいながらも成長といえるのではないか、と思えました。ばっちゃんも同じように感じたようでした。

　さらに手紙は続きます。

> 　僕は、いろいろな施設を転々として、ずっと嫌われて、ずっとひとりぼっちでした。
> 　こんな大きな事件をおかしたのに、弁護士さんが会いに来てくれて、ばっちゃんが手紙をくれるなんて、僕はとても恵まれていると思います。
> 　僕は、ばっちゃんと知り合うまでは、このまま施設に入っていたほうが楽だし、そのほうがいいのかな、と思っていました。でも、いまはいつか外に出て、ばっちゃんに会いたいです。だから長生きしてください。

　そのとおり、K少年は私が、最初に警察署に面会にいっていたころ、「今が一人で落ち着く」「ずっと施設にいたので、別に少年院だろうと、刑務所だろうと一緒です」と言っていたのです。その言葉は強がりでもなんでもなく、社会に出ても待ってくれている人も、受け入れてくれる人もいないK少年の本音だったのだと思います。

　そんなK少年が「いつか外に出て、ばっちゃんに会いたい」と思うようになったのです。それは、私が出会ったときのK少年からは、決して出てこない言葉でした。

少年はなぜ事件を起こしたのか

1　環境調整の問題点

　事件から遡ること、1年2カ月前。K少年は、ぐ犯で家庭裁判所に送られ、少年院送致となりました。なかなか難しい少年ということで、少年院に入ってからすぐに出院時の環境調整がはじまりましたが、そのときの帰住先は、母親のところになっていました。しかし、母親はK少年に「死ねばいい」という言葉を投げかけるなど虐待をしてきた側の人間です（この点は、裁判時に鑑定人から指摘されたものですが、ぐ犯事件の資料からも十分、推察できるものだったと思われます）。また、その他の資料などからも（虐待の有無にかかわらず）養育能力が

欠如していたことも明らかでした。にもかかわらず、母親のもとを帰住先として行われた環境調整。当初から母親は受け入れに消極的だったようですが、強引な環境調整は続きました。案の定、出院直前期になって、母親は受け入れを拒絶しました。そのため、K少年は、急遽、更生保護施設に受け入れてもらうことになったのでした。

　通常であれば、複数回、面会を行ったうえで、信頼関係を作ってから、少年を受け入れているという更生保護施設ですが、今回は、そのような時間も与えられぬまま、少年を受け入れるようになった、ということです。このような点も、K少年が更生保護施設を抜け出してしまう原因となった可能性があります。

　K少年からすれば、母親から受け入れを拒絶されたという事実は、つらいものでした。たとえ、自分を虐待した親であっても、子にとって、親は親。母親から受け入れを拒絶されることは、「誰も頼れる人がいない」というK少年の絶望的な状況を浮き彫りにするものでした。受け入れを拒絶されて以降、K少年は、自分を切り捨てた母親に対し、強い反発心を抱いていました。

2　非行の動機

　更生保護施設における小さなトラブルから施設にも居場所がない、だからといって地元に帰るわけにもいかない、と感じたK少年は、行く当てもなく、手元にあったわずかなお金を使ってバスで中心部へ向かうことにしました。バスを降りて、空腹のまま、さまよい歩いたK少年が最後にたどり着いたのが、今回の事件を起こした市街地でした。少年が女性を刺殺するに至った理由として、鑑定人は、「現実逃避の手段として、（女性に）親密な関係を求めたが拒まれ、絶望感や孤独感、母への怒りなどが複雑に混ざった」結果だと推察しており、少年は動機について「（女性に）自首を勧められ、叱られていた母親の姿が重なり腹を立ててしまった」と公判で説明していました。K少年の内心のことですから、完全に明らかにすることは困難ですが、居場所のない孤独感、母親から受け入れを拒絶されたことによる焦燥感などが複雑に渦巻いて、自暴自棄

のなか、本件犯行に至ってしまったと思われます。

　私は、本件のように少年の成育歴、非行の原因などを踏まえない環境調整が他の事件でも行われているのを見たことがありました（Part2知名論文参照）。このような間違った環境調整は、少年の「傷」に塩を塗り込むようなものであり、本件事件の動機に大いに影響を与えた可能性があります。

　再非行を防ぐためにも、さらなる傷を与えないためにも、少年の成育歴や非行の原因を踏まえたきちんとした環境調整が必要といえます。

3　トラウマへの無理解

　なお、裁判員裁判の判決においては、K少年が少なくとも小学５年生以降、家族と離れて虐待を受けることのない施設等に入所していたのであるから、成育歴の影響を考慮することにも限界がある、という趣旨の記載がありましたが、この点はまさに、トラウマへの無理解から、今回の事件の責任を、K少年ひとりに負わせているように思えます。

　鑑定人も法廷で証言していましたが、トラウマは、放っておいて自然に治癒することはありません。トラウマが生じてしまった以上、その後、虐待を受けることのない環境に身をおいたとしても、勝手にトラウマが消えることはないのです。本件では、K少年の虐待による傷（トラウマ）が見過ごされ、国立の児童自立支援施設においても、その後の少年院においても、適切なトラウマ治療がなされていなかったことは大きな問題といえます。もしトラウマに着目した適切な治療が行われていたとしたら、今回のような事件は発生しなかった可能性が高いのです。

4　投薬治療の問題点

　このほか、本来は不必要であった投薬治療が少年院のなかで継続されていたのではないか、という疑問もあります。その根拠のひとつは、鑑定人が投薬よりも、トラウマケアのほうが必要であると指摘していることです。もうひとつの根拠は、少年院出院直前に、投薬治療がすべて打ち切られているという事実

です。本当に必要な投薬であったのであれば、出院直前に打ち切るのはリスクが大きく、不自然すぎます。投薬の中止が、事件の原因になったとは断言できませんが、少年自身も、突然の投薬中止によって、出院後、精神状態が不安定だったと語っていました。

5 本件についての行政の対応

このように、少年院に入っている間の対応、出院に当たっての環境調整には、数多くの疑問があるのですが、いままでのところ、これらの点について、行政が検討を加え、対応が改善されたという話は、少なくとも外部からは確認できません。はたして自らの過ちを反省できない大人（行政）が、子ども（少年）に対し、反省を迫ることができるでしょうか。行政の対応が問われるべきです。

「裁判員裁判」という「虐待」

1 公開の法廷という「虐待」

家裁における少年審判が非公開の手続であるのに対し、地方裁判所における裁判員裁判は、公開の法廷で行われます。もちろん、少年の氏名は明らかにせず、パーテーションなどを用いて、傍聴席から顔が見えないように配慮はされるのですが、やはり公開の法廷であることに変わりはありません。

そこで、自らが受けた虐待の事実がさらされるのは、K少年にとっても相当な苦痛を伴うものだったと推察されます（なお、裁判所からは、虐待の内容などを口頭で説明せず、文字などで書いて指し示すだけにしてはどうか、などの代案が出されましたが、そのような方法では、鑑定人も証言がしづらくなり、少年が被った虐待の被害実態がきちんと裁判員に伝わるとは思えなかったので、鑑定人には、制限を設けず、証言をしてもらいました。結局、少年を公開の法廷に引きずり出すような制度自体が間違っているのではないか、と思わざるをえません）。

2　反対質問という「虐待」

　K少年は、私からの質問に対しては「人を傷つけず、相手の気持ちを思いやれるように変えたい」と更生への意欲を口にしていました。自尊心が低く、生きていることに希望が持てていないK少年は、逮捕当時は、そのようなことすら口にできず「どうなってもかまわない」「ずっと施設で暮らしてきたから、少年院でも刑務所でも、どっちでもかわらない」「刑務所のほうが外に出るより楽。一生入っていてもいい」などと言っていたくらいでした。そのようなK少年が法廷で口にした先ほどの言葉は、なんとか自分を鼓舞して絞りだした、まっとうに生きていきたい、という決意表明のようなものだったと思います。

　これに対して、反対質問は、この決意を「供述調書ではこう言っていたではないか」「本当は、変わりたいとは思っていないのではないか」と疑問を投げかけます。K少年からすれば、自らの決意を疑われたように感じたのでしょう。反対尋問が続くなか、ついにK少年は「たぶん更生できない。人間、くずはくずのままで変われることはないと思う」と返してしまいました。

　ここの点のK少年の心理については、2022年7月8日付西日本新聞朝刊に掲載されていた元家裁調査官の須藤明・文教大学教授（犯罪心理学）の次のコメントが端的に明らかにしていると思います。

　「信頼できる大人に守られた経験が乏しく、自分以外はみんな敵という価値観から、どうせ理解してもらえないと自暴自棄になった可能性がある」。

　虐待を受けてきた少年に対し、「自分以外はみんな敵」「どうせ理解してもらえない」と自暴自棄にさせてしまう反対質問は、虐待の続きにほかならないのではないか、と思うのです。

3　裁判官からの質問という「虐待」

　K少年は、弁護人からの尋問の際、被害女性に対しては「将来やいろんなものを奪ってしまったことを申しわけないと思う」と謝罪しましたが、結局、遺族への謝罪の言葉を口にすることはできませんでした。この点についても「自

身が親族からかわいがられたことがなく、最愛の子を亡くす悲しみに考えが及ばないのではないか」という須藤教授のコメントは正鵠を射たものだったと思います。

　この点について、遺族への謝罪の言葉を引き出したかったのでしょう。裁判員からの質問を代表して裁判官から、「あなたの大切な人が亡くなったらどう思うか。あなたのお母さんが亡くなったら悲しくないか」「あなたが亡くなったら、お母さんは悲しむのではないか」という趣旨の質問がありました。これに対する少年の答えは、（母親は）「悲しまないと思います」というものでした。

　これまで書いてきたように、母親は少年に「死ねばいい」という言葉を投げかけるなど心理的虐待を加えてきたひとであり、出院直前に少年の受け入れを拒否したことで少年を自暴自棄に陥らせた張本人でもあります。そのことを踏まえれば、裁判官からのこの質問はあまりにも配慮に欠けたものであり、少年の「傷」をさらに広げるものだったと言わざるをえません。公開の法廷において、このような「虐待」にさらさせてしまったことについて、Ｋ少年に申しわけなく思います。

判決について

1　判決と鑑定人意見の齟齬

　判決では、少年法55条に基づいて、事件を家庭裁判所へ戻し医療少年院で矯正教育と治療を受けさせるべきという弁護人の主張は認められず、Ｋ少年は懲役10年以上15年以下の不定期刑という刑罰を受けることになりました。つまり、Ｋ少年は、少年院ではなく、少年刑務所に長期間入ることになったわけです。

　この判決は、鑑定人による鑑定を「信用性がある」と認定したものの、「Ｋ少年に対しては刑事罰ではなく医療（第3種）少年院で、もう一度適切な矯正教育を行うべきだ」と証言していた鑑定人とも異なる結論を下したことになります。

その結果、鑑定人が法廷において必要であると断言していたトラウマ治療をK少年が受けられる可能性は極めて低くなった、といえるでしょう。

なぜなら、少年院には、医療に特化した医療少年院が存在しますが、少年刑務所には、医療に特化した施設は存在しないからです。

2 「社会」は何を求めているのか

この判決は、K少年に治療が必要であることを理解したうえで、本件事件の重大さや社会に与えた影響の大きさを考慮して、K少年が保護処分（少年院送致）となることは、社会的に許容しがたいと結論づけたものです。はたして、そのような判決は本当に正しいものだったでしょうか。

本件事件が過去の虐待によるトラウマに起因しておこったものだとすれば、トラウマの治療がなされない限り、ふたたび同じような悲劇が繰り返される可能性も否定できません。そのような悲劇を防ぐためには、なによりも適切なトラウマ治療を行うべきなのです。再犯を防ぐために、治療を受けさせることは、はたして社会的に許容されないことなのでしょうか。

また、再犯の問題を除いたとしても、目の前に、明らかに治療が必要な子どもがいるにもかかわらず、治療を受けさせず、放置することは大問題です。本件事件は、少年問題について極めて高い専門性を有する国立の児童自立支援施設や、少年院が少年のトラウマという「傷」を見過ごし、必要なトラウマケアを行わなかったことによって起きた可能性が高いといえます。少年問題の専門施設である国立の児童自立支援施設や少年院が、虐待によるトラウマに気づかなかったというのもにわかには信じがたいところですが、本件判決時においては、鑑定人により明確にトラウマの存在とそのケアの必要性が説かれており、裁判所もそれを理解していたわけです。

子どもが治療を受ける必要があるにもかかわらず、親が必要な治療を受けさせないことを「医療ネグレクト」といいます。

本件では、K少年についてトラウマの存在が認識され、治療の必要性が説かれており、判決でもそのような内容の鑑定を信用できる、としていました。に

もかかわらず、適切なトラウマ治療を行わない、という本件の判決は、国家的な「医療ネグレクト」と言わざるをえないものだ、と私は考えます。

　はたして、今の「社会」とは、判決がいうように、子どものころから虐待を受けていた少年に必要な治療を施すことすら許容しない世知辛いものなのでしょうか。当該少年による再犯を防止するために治療を施すことすら、拒絶するような「社会」なのでしょうか。仮にそうだとすれば、そのような「社会」に未来はあるのでしょうか、と私は、問いかけたいのです。

3　ユニット型処遇という取組み

　なお、法務省は、少年刑務所において、少年からおおむね26歳未満の受刑者を対象に、少年院の知見を活かした、より改善更生に向けた指導に重点をおいた少人数型の処遇（ユニット型処遇）を始めることを2022年８月30日に発表しています。K少年がこのような処遇の対象となれば、通常の少年刑務所の処遇よりは、少年という特性に応じた対応が期待できる可能性があります。

　他方で、ユニット型処遇において、特に医療的なサポートを充実させるという発表は今のところありません。しかしながら、本来、治療が必要な人に、治療を行うことは当たり前のことであり、それを行わないのは、「医療ネグレクト」です。もちろん、ひとつの施設にトラウマの専門家を専属で配置することは難しいでしょうが、外部から来てもらうことは、それほど難しくないはずです。法務省がユニット型処遇という新たな試みのなかで、「必要な治療はきちんと受けさせる」という当たり前のことを実行できるのか、再犯を防止するために必要な治療を実施できるのか、この点に注目すべきです。

おわりに──切り捨てるひと、最後まで見守り続けるひと

1　控訴しないという決断

　判決がでると、マスコミの興味は、K少年が控訴するのかどうかに移りまし

た。しかし、判決直後に控訴するか、しないかを問われても、弁護人が勝手に答えられるわけもありません。仮に、控訴期間中のある時期に少年が「控訴しない」と言ったとしても、控訴期限ぎりぎりまで、心変わりをしてもおかしくないし、心変わりする権利があるわけです。ましてやＫ少年は、未成熟な少年であり、どこで気が変わるかわかりません。結局、控訴期間が経過しても控訴しなかったときに、控訴せず、と報じればいいだけのことのように思われます。

でも、いまのマスコミにはそのような当たり前の理屈はまったく理解できないようで、他社よりも少しでも先に報じたい、という決して高尚とはいえない自己の欲求を満たすため、ひっきりなしに似たような電話が私のところにかかってきました。

実際には、少年は判決翌日の面会の時点で「少年刑務所ってどこになると思います？」「その少年刑務所は、何県にあるんですか？」などとすでに刑が確定した後のことを考えているような口ぶりでした。それに対し、「時間はあるのだから、最後までゆっくり考えて」と繰り返し言ったものの、Ｋ少年が控訴の話に興味を持つことはありませんでした。

控訴期限の日に面会に行ったときにも、Ｋ少年は、控訴する意思は示していませんでした。それを先走ったマスコミの一部がさっそく夕方に「控訴せず、判決を受けいれた」とネット記事をあげていたので、抗議しました。

いまの記者（の一部）は、「控訴しなかった」イコール「判決を受け入れた」と思っており、それが紋切型の表現として用いられる傾向があるようですが、特に今回のような事件では違和感を感じざるをえません。Ｋ少年は、判決に納得したわけでもなく、「受け入れた」という表現には違和感を感じます。Ｋ少年は、目の前で繰り広げられる大人たちの言動に嫌気がさして、控訴しても同じような狂騒曲が繰り返されるだけだと思い、控訴しなかっただけではないのか。それを「判決を受け入れた」と表現することは適切でない、と私は思うのです。

控訴する人はまだ、裁判になにかしら期待をもっているひとです。でも、裁

判に対し、もうなにひとつ期待できないと思っているひとにとっては、控訴する意味は見出しがたいのです。

2 「共感性」が欠如しているのは誰か

　K少年には、鑑定人から、「共感性」が欠如しているとの指摘がなされていました。その指摘自体は、正しいものだろうと思います。K少年の成育環境などを見れば、「共感性」が育つ余地はなかっただろうし、実際、K少年自身も自分に「共感性」が不足していることは自覚していたからです。

　では、K少年には「共感性」が不足していたとして、この事件に関わった他の人たちは、はたしてちゃんとした「共感性」を備えていたといえるのでしょうか。

　少年期に虐待を受けていた事実を軽視され、本来必要だったトラウマ治療を受けることすらできず、不必要な投薬の結果、身体のだるさを訴えて続け、少年院内の更生プログラムにも参加できないでいたK少年に対し、矯正教育にも前向きに取り組まずに受け身的かつ表面的に受け流してきた、と断罪した家庭裁判所による検察官送致決定。

　K少年が母親から「死ねばいい」などと言われる心理的虐待を受けていたことを十分に認識しながら「あなたのお母さんが亡くなったら悲しくないか」「あなたが亡くなったら、お母さんは悲しむのではないか」とK少年をもっとも傷つけるであろう言葉を投げかけた裁判官。

　自尊心が低く、自分なんてどうなってもいい、と思っていたK少年が、その思いを振り切り自分を奮い立たせ、更生の決意を語っているところに「本当に更生できるのか、いやできるわけがない」という趣旨の質問を行い、「たぶん更生できない。人間、くずはくずのままで変われることはないと思う」という言葉を引き出すことに「成功」し、悦に入る検察官や遺族側弁護士。

　他社より少しでも先に記事を書きたいというくだらない欲求を満たすために、K少年の気持ちを無視して、不正確な記事を書きたがる一部のマスコミ。

　私は、こういいたいのです。少年よりもはるかに恵まれた環境で育ちなが

ら、あなたたちには本当に「共感性」が備わっているのでしょうか。本当にK少年のことを理解し、共感しようと努力したのでしょうか。あなたたちには、本当にK少年を「共感性がない」と批判する資格はあるでしょうか、と。

3　切り捨てるひとと切り捨てないひと

　私は、長年、少年院視察委員会の委員長をつとめたこともあり、弁護士のなかでは、少年院、少年鑑別所の方々とも良好な関係を築いてきたほうだと自負しています。ですから、少年院や少年鑑別所で勤務する方々のなかには、本当に真摯に少年と向き合い、彼らの将来のために粉骨砕身の努力をされている方が大勢いることをよく知っています。

　それだけに「刑事処分により自己の行為や結果の重大性に直面させ、行動統制を学ばせるほうが、保護処分よりも更生に資する」という趣旨の家庭裁判所の検察官送致決定や同趣旨の鑑別所意見の概要を現地の付添人から伝え聞いたときは、強い憤りを感じ、裏切られたような気持ちになりました。少年に携わる人間が、少年の可塑性を信じず、虐待を受け続けた少年にさらに罰を与えて苦しめよ、というのでしょうか。あたかもK少年を生来的なモンスターであるかのように断罪し、切り捨てよ、というのでしょうか。

　そんな絶望的な気持ちになっているとき、私が少年の弁護人になっていることを聞きつけた仲間——福岡の少年問題に関わっているNPOや雇用主のみなさん——から、「こんな事件を起こす少年には、きっとそれだけの事情があったのでしょう。ぜひ少年に寄り添ってあげてください」という温かい励ましの言葉をいただきました。

　また、先に述べたように福祉関係者からもわざわざ連絡をもらい、本件に最も適した専門性、経験を有する優れた鑑定人を推薦いただきました。また、矯正関係のOBの方から、ばっちゃんを紹介いただきました。さらに、少年院と少年刑務所の違いを証言してくれる証人を探していたところ、同じ矯正関係のOBの方から、他県の少年鑑別所で勤務されている現役の医務官（医師）を紹介いただきました。その医務官の方には、直接お会いしたうえで、弁護側証人と

なってくれないか、お願いしたところ、快諾いただきました。現役の医務官ということで、むしろ私のほうが「本当に弁護側の証人なんてやって大丈夫なんですか?」と問い直したところ、「弁護側証人になったら、もしかして私、今の仕事、やめさせられちゃうんですかね。まあ、そうなったら、それはそれで仕方ないですね」という返答。この言葉を聞いたとき、ここまで少年の可塑性を信じ、更生のために尽力してくれる人がいるのだと、改めて実感し、鳥肌が立ちました。

つらい被害を受けてきたであろう少年のために少しでも力になりたい、と積極的に行動する。少年の可塑性を最後まで信じ続ける。そんなカッコいい大人というのは、全国にまだまだ大勢いるものなのだな、と改めて知ることで、私自身救われる気持ちがしました。

私も、少年の問題に関わる一員として、たとえ少年が再非行をしても、裏切られたとしても、決して少年を切り捨てることなく、ずっと見守っていく存在でいようと決意を新たにしました。

4　少年から届いた手紙

判決からしばらくして、K少年から手紙が届いたよ、とばっちゃんから電話をもらいました。そこには、このような記載がありました。

> 拘置所にいたときに、新聞で、ある少女が東京まで行って親子に切りかかった事件について、知りました。もしかしたら、自分の事件が悪影響を与えてしまったのではないか、と気づき、責任を感じ、なにもできない自分に、怒りを覚えています。
> 　一人で悩んで、相談できる人がいなくて、生きることに苦しくて、死にたいと思ってつらかったのだろう、と思いました。

「共感性」がない、と指摘されていた少年ですが、自分と似た境遇の少女に対しては、深い共感をよせることができたようです。これも、K少年がわずかで

も成長していっている証かもしれません。

　手紙は続きます。

> 　ばっちゃんから、僕のことを、本当の孫のように思っている、と言われたときは、心に南からの暖かい風が吹いてきたように感じ、とてもうれしかったです。
> 　でも、それでも、ばっちゃんのことも、知名先生のことも、まだ信用してはいないです。今まで出会ってきた人々とは全然違うし、自分のことを理解しようとしてくれるひとが現れたのは、初めてのことなので、どう接していいか、いまもまだわからないのです。

　もちろん、私も、ばっちゃんも「まだ信用してはいない」と言われたからといって、怒りもしないし、傷つくこともありません。むしろ、「そうだろう、そうだろう、いままでがつらかったんだもんね。今のほんとうの気持ちを打ち明けてくれてありがとうね」と、K少年のことをいとおしく思うくらいです。

　福岡県北九州市でホームレス支援をされている認定NPO法人抱樸（ほうぼく）の代表・奥田知志さんは、いつも「出会った責任」という言葉を使われます。一度、関わった以上、出会ってしまった以上、その人に対し、責任が生じるのだ、と。少年問題に関わる人間も、同じ言葉を胸に抱いていなければならない、と私は思います。

　K少年が虐待を受けるようになってから、K少年をさらに傷つけるような裁判員裁判が終わるまで、ちょうど10年程度。少年が人を信頼できるようになるには、もしかしたら、同じくらいの月日が必要なのかもしれません。いつの日か、K少年が、われわれのことを信用している、と素直に口にできるようになるその日まで、私とばっちゃんは、安定して、継続して、K少年を見守り続けなければならない、と思うのです。だから、私からも言いたいと思います。

　ばっちゃん、長生きしてください。

＊事実関係、法廷でのやりとりなどについては、もととなった事件において報道
された事実の範囲に限定して記載させていただきました。また、その他の事実
関係、少年との手紙のやりとり、会話の内容などは、プライバシーに配慮して、
一部修正等が加えられていることについて、ご了承ください。

護人・付添人から見える被害②

少年の被害を受け止めないことによる二次被害

安西敦（あんざい・あつし）　　　　　　　　　　　　　［京都弁護士会］

はじめに

　私は、2000年に弁護士として登録して以来、特に少年事件や成人の刑事事件に関心を持って取り組んできました。多くの事件に関わってきて、非行少年や、被疑者・被告人となった人たち、受刑者となった人たち、世間では犯罪者と呼ばれる人たちとたくさん出会ってきました。

　少年鑑別所で出会う少年たちに、親から虐待された経験があることは珍しくありません。激しい暴力を受けていたり、生まれなければよかったというような言葉をぶつけられていたりもします。家の外でも、他の大人からの暴力の被害に遭っていたりします。性的被害を受けた少年もいます。そうした少年に、親や身近な大人に助けを求めるという発想はありません。だって、助けてくれたことなんてないんですから。大人は、自分たちを傷つける存在でしかありません。自分のことをわかってくれるのは、同じように大変な状況にいる非行少年たちだけだと思うのも無理はありません。

　多くの少年たちに会って話を聞くうちに、私が、少年だったころ、少年鑑別所や警察署の中に行かずにすんだのは、私がそうしなくてもいい環境に生まれついたという運があったにすぎないからだと思うようになりました。彼ら彼女らが起こした罪は、許されないものかもしれません。社会からは強い非難が向

けられ、少年を甘やかすな、厳罰にしろと叫ばれます。司法は、その声を背景にして少年を厳しく責めることもあります。でも、その罪の責任は、彼ら彼女らが被害を受けていたときに手を差し伸べなかった社会にあるんじゃないのか、彼ら彼女らだけにすべての責任を負わせるのはおかしいのではないかと思わずにはいられません。ここでは、過去に私が関わった少年たちの中でやはりそのように思った、ある事件について考えてみます（なお、ケースの発表について少年の承諾を得ていますが、事実関係を一部変更し、登場人物は仮名にしています）。

少年院の中での傷害事件

1　付添人たちと、慎吾君との出会い

　事件は、慎吾君（18歳の男子）が、少年院内で、慎吾君を連行していた法務教官に対し、パイプで頭部を殴打する暴行を加え、全治5日間の頭部打撲の傷害を負わせたというものです。

　この事件が家裁に送致されてくる数日前に、家庭裁判所から弁護士会に対して、付添人の依頼の連絡がありました。弁護士会の子どもの権利委員会では、少年院の教官をパイプで殴った傷害事件で送られてくる少年ですから、さぞ大変なケースなのだろうと思い、私を含めて、当時、少年事件の経験の多かった弁護士たち3人を付添人とする体勢をとりました。

　初めて鑑別所で面会する日、私たちは、どんないかつい少年が出てくるのかと思って若干構えていたのですが、面会室に入ってきたのは、色白で細身でおどおどした感じの少年でした。事件やこれまでのことについて尋ねると、淡々と話をしてくれました。慎吾君は、私たちに対して攻撃的な態度を見せたことは一度もなく、私たちが笑顔で話すと、彼も人なつこい笑顔を返してくれました。私たちが頻繁に面会に行っていると、忙しいだろうに大丈夫なのかと、私たちを気遣う様子も見せてくれました。私たちの前にいる彼の姿と、送られてきた事件の記録に書いてある姿には大きなイメージのずれがありました。

2 事件が起こるまでに慎吾君が受けた被害

　慎吾君は、母と弟と3人で暮らしていました。父は慎吾君が13歳の時に事故で亡くなっていました。父は、生前、慎吾君に対して激しい身体的虐待を加えており、幼い慎吾君に対して包丁を振り上げて脅したこともありました。母からも、幼少期は慎吾君に対する身体的虐待がありました。殴られた彼が家から飛び出していき、連れ戻され、家でまた殴られることもあったそうです。

　慎吾君は、幼少期は虐待を受ける立場でしたが、中学生になり、慎吾君を押さえつけていた父がいなくなってからは、逆に家庭内で暴力を振るうようになり、母親はその対応に苦慮していました。

　慎吾君は、15歳のときに傷害事件を起こして中等少年院(現在の第1種少年院)に送られました。少年院では何度も問題を起こしてしまい、順調にいけば1年弱で出られる課程を1年半かけて仮退院しました。仮退院後は自宅に戻りましたが、自宅に戻ってからも、母親とはよくぶつかっていました。ある日、慎吾君は、家の中で弟に暴力を振るってけがをさせてしまいました。母が警察に通報して慎吾君は逮捕され、再び少年院に送致されることになりました。

　2回目の少年院でも少し期間は延びていたものの、1回目と比べると順調に生活ができており、自宅に帰る前提で仮退院に向けた調整が進んでいたのですが、仮退院の直前になって、母が、慎吾君が帰ってきても一緒に暮らすことはできないと言い出し、引き受けを拒否したのです。彼は、近年は母に反抗的に接することも多かったのですが、幼少期に母に甘えることができなかった彼は、母に受け入れてほしいという気持ちを心の中でずっと持っていました。今まで母に迷惑をかけたけど、今度こそは親孝行もしようと思いつつ、仮退院を待っていたのです。それなのに、母から引き受けを拒否されたことに激しいショックを受けました。慎吾君は、母が自分を本当に拒否しているのか、なぜなのか、母に尋ねたい気持ちがありましたが、母が面会に来てくれることはありませんでした。

　自宅に戻れなくなったので、その後、慎吾君を引き受けてくれる施設等が探

50

されていたのですが、なかなか引受先が見つからないままに期間が過ぎ去っていきました。そうしてストレスをためていた慎吾君は、小さな規律違反をしてしまいました。慎吾君は、違反が見つかったことで仮退院はなくなったし、もう自分が帰る場所はないのだと思って自暴自棄になり、一気に生活が荒れ始めました。暴れて保護室に収容もされました。その後、慎吾君は、規律違反の調査のために一人部屋に収容されていたのですが、そこに教官が現れると暴言を吐いたり物を投げつけたりして暴れ、また保護室に入れられました。出てからも一人部屋で過ごしていました。教官は慎吾君に声をかけようとしますが、慎吾君は、あいさつをされても、何か声をかけられても、すべてを自分に対する嫌がらせだとしか受け止められないようになっていました。

　慎吾君は、自分を保護室に連行した教官に仕返しをしようと考え、部屋の中にあった水道管のパイプを外し、慎吾君を部屋の外に連れて行こうとして呼びに来た教官に対し、パイプで殴りかかり、全治5日間の頭部打撲の傷害を負わせました。

3　事件後に少年院で受けた被害

　少年院は、この事件を警察に告発しました。警察に委ねた段階で、その少年院は、自分のところで慎吾君を教育して仮退院させるつもりはもうなかったでしょう。警察が捜査を終え、家庭裁判所に送致された後は、家庭裁判所が改めて少年院送致の処分を言い渡し、別の少年院に送られ、もうその少年院に戻らないということを予定していたはずです。それならば、あとは、無意味な身柄拘束が少しでも短くなるように、できるだけ早く家庭裁判所に送るように警察と連携して捜査を進めるのが少年院の役割だったはずです。しかし、そうはなりませんでした。事件が起こったのは10月30日です。仮に、事件後にすぐ逮捕・勾留されていたとすれば、勾留は延長されずに10日強で捜査が終わって、11月中旬には家庭裁判所に送られているべき事件です。しかし実際は、事件が家庭裁判所に送られたのは、なんと、翌年の3月19日でした。事件がおきてから家庭裁判所に送られるまでに140日もかかってしまったのです。

慎吾君は、事件後の11月20日に、1級から2級下まで降下させられ、さらに謹慎20日の処分を受けました（当時、少年院に入ってすぐは2級下とされ、教育目標の達成に応じて2級上、1級というように昇級していき、1級になれば仮退院が目前になるシステムでした。彼は一番下まで戻されたのです）。その期間中の多くは保護室に収容されていたそうです。保護室とは、少年が自分を傷つけるおそれがあるときや、教官の制止に従わずに大声または騒音を発するときなどに少年を収容するための特別な部屋です。狭い個室の中にむきだしのトイレだけがあり、他には何もありません。寝るときの毛布以外には一切の物が与えられず、本も読めません。食事はドアに開けられたわずかなすき間から差し入れられます。運動もできず、入浴も歯磨きもできません。大人でもそんなところに入れられてしまえばすぐに精神がまいってしまいます。荒れ続けていた慎吾君は、保護室を出たり入ったりを繰り返すことになりました。その後も、1月21日から謹慎20日、2月25日から謹慎20日の処分を受けました。同じように保護室を出入りする毎日でした。

　その間、慎吾君は、仮退院できることはありえないその少年院の中で、誰も信用できなくなり、自分の周りのすべての他者に対して攻撃的になっていました。保護室に教官が近づくと罵声を浴びせ、食事を差し入れられるときに食器を投げつけたりするなど荒れ放題でした。慎吾君は、もう自分が止められなくなっていました。それでも慎吾君に関わろうとする教官もいましたが、そのうち、慎吾君が保護室の中で何をしていても放置されるようになりました。家庭裁判所に送られてきた法律記録には、慎吾君が教官に暴力を振るおうとしたり、備品を破壊したりしたことが詳細に記録されていました。

4　慎吾君に見えていた世界

　慎吾君は、当時の自分の気持ちを振り返り、少しずつ私たち付添人に話してくれました。

　慎吾君にパイプで殴られる被害を受けた教官は、少年を最初に保護室に収容する際に連行した人でした。話を聞いてくれずに自分を保護室に閉じ込めたこ

とに怒り、復讐してやりたいという思いが募っていったのです。

　事件当時、慎吾君には、周りのすべてが自分を攻撃するように見えていました。少年院の教官は、おそらく、慎吾君の心を解きほぐそうとして声をかけたりあいさつをしていたりしていたはずです。でも、慎吾君は、教官と目が合えば、汚い物を見るような目で見られたと思い、声をかけられれば、挑発されたと感じていました。慎吾君は保護室に長期間入っていましたが、むしろ保護室にいる方が楽だと感じていました。誰とも話をせずにすむし、誰からも関わられないですむ、その方が普通の居室にいるよりいいと思っていたのです。

　なぜ教官の人たちが敵に見えてしまっていたのかを考えていくうちに、自分に、ネガティブになってしまうスイッチが入ってしまうと、さまざまな出来事を被害的に受け止めてしまうことに気づきました。どうせ自分のいうことなど聞いてもらえない、自分が悪いと思っているんだろうと思い、自暴自棄になって、粗暴な行動をとってしまいます。教官からの関わりは、慎吾君が粗暴な行動をとることを警戒したものになってしまったのでしょうが、それを見た慎吾君は、どうせ教官たちは、自分は暴れるだけでまともじゃないと思っているんだろう、と感じてさらに自暴自棄になるというループに入っていたのです。

　慎吾君は、声をかけたり、あいさつしたりしてきた教官からも敵意を向けられたように感じていたのは、慎吾君がそのような気持ちになっていたからだと気づき始めました。自分がパイプで殴って傷つけてしまった教官が、慎吾君を故意に傷つけようとしたわけではないこともわかってきました。そうして振り返っていく中で、慎吾君は、自分がしたことを理解していきました。

　少年鑑別所に来てから、慎吾君にとって、私たち付添人は、自分の話を丁寧に聞いてくれる人たちでした。少年鑑別所の教官たちも、周りの少年と同じような行動をしていれば、同じように扱ってくれるということに気づきました。少年院にいた当時、慎吾君が周りに攻撃的だったのは、周りがすべて敵に見えていたからです。そうなっていた彼を責めても、彼は自暴自棄になるだけで、内省を深めることなどできません。自分のことを受け入れてくれると思える相手がいてはじめて、慎吾君は、自分の心の中を振り返ることができたのです。

5 母との関係

　慎吾君にとって、仮退院直前になって、母から引き受けを拒否されたこと
は、非常にショックな出来事でした。このことは事件の大きな引き金になって
いました。

　慎吾君は、母に甘えたい気持ちがありました。その甘えが受け入れられない
と、反抗的に振る舞い、家の中で暴れたり物を壊したりしました。慎吾君が幼
少期に受け続けていた身体的虐待が、今度は慎吾君から親に向かう時期だった
のでしょう。母はそれを受けとめることはできませんでした。いっそ、母が完
全に慎吾君を拒否してしまえば踏ん切りがついたのかも知れませんが、母は、
慎吾君と面会したときや、少年院や保護観察所の職員と話すときには、一旦は
慎吾君を受け入れるかのような態度を見せるのです。しかし母は、「もう少し
まじめに働けるようになったら同居してもいい、でも今は受け入れられない」
といって、最後の場面では拒否してしまいます。

　付添人が母と話したときも同じでした。母が苦労していることはわかるし、
少年がいなくなって落ち着いた生活を壊したくないという母の気持ちも理解で
きました。母は、慎吾君を受け入れることはないのでしょうが、慎吾君を受け
入れないときっぱり言い切れないことも理解はできました。でも、慎吾君に
とってみれば、母と一緒に暮らせるという期待を持たされた上で、最後には裏
切られるということがまた繰り返されようとしていました。

　慎吾君は自分からははっきり言わないものの、母に甘えたい思いがあり、母
と一緒に暮らしたいと思っていることは明らかでしたが、慎吾君がそれを求め
れば求めるほど、その思いを満たされず傷つけられるだろうこともはっきり
していました。慎吾君のこの傷は、彼が周りの人を信用できないようにさせる
大きな要因ではないかと思われました。

6 審判

　付添人たちは、事前に裁判官と面談し、慎吾君は、彼を受け入れてくれる人

の前では自分の内面をきちんと話すことができるから、慎吾君を責める前に、まずは慎吾君の話すことを丁寧に聞くように申し入れていました。裁判官は、慎吾君からゆっくりと話を聞いてくれました。慎吾君は考えていたことを懸命に話していました。

審判が中盤にさしかかった頃、慎吾君は、突然、座っていた長椅子に転がり、小さな子がだだをこねるようにして、「どうせ俺の言うことなんか聞いてくれるわけがない」とぐずり始めました。私たちは慎吾君のそばに行き、大丈夫だから、ここまではちゃんと話をすることができているから、裁判官はちゃんと聞いてくれているから、と言って元気づけ、5分くらい後に審判が再開されました。

審判の結論は、特別少年院(現在の第2種少年院)送致でした。

7　付添人が求めていた処遇

付添人が事前に提出していた意見書で求めた結論は不処分でした。家庭裁判所がごく普通に、段階的処遇の手法[1]でこの事件を見るなら、慎吾君が起こした事件は、自分がした規則違反のことを反省せず、保護室に連行されたことを逆恨みし、凶器で教官に暴行を振るったという悪質な事件でしょう。その後の経過も、教官の指示に従わずに粗暴な行動や器物損壊を繰り返したのですから、特別少年院に送致するか、場合によっては検察官送致という可能性もありうるのかもしれません。審判書はまさにそういう内容でした。しかし、私たちは、二つの大きな点から、この判断は誤っていると考えていました。

一つは、大人たちが慎吾君にしたことの過ちを認めず、すべて慎吾君だけに問題があるかのように非難することは間違っているということです。少年院にいる少年にとって、仮退院は希望です。その直前になって、母から引き受けを

1　家庭裁判所に初めてかかったときは審判開始か不処分、再非行では保護観察の可能性が高まり、さらに再非行を重ねると少年院送致というように、非行の回数を重ねるほど重い処分に進んでいく手法。廣田邦義「処遇論からのアプローチ」岡田行雄=廣田邦義=安西敦編著『再非行少年を見捨てるな』(現代人文社、2011年) 79頁。

拒否され、仮退院がなくなるという二重のショックを受けた慎吾君が不安定になるのはやむをえない面があります。そうなる前まで彼は順調に少年院で生活していたのですから、これがなければ、この事件は起こらなかったはずです。これは彼自身にはどうすることもできなかった事情です。また、事件後、家庭裁判所に事件を送るまでに、慎吾君は140日間も前の少年院に留め置かれていました。前の少年院は、事件を告発することを決めた時点で、慎吾君を、自分の少年院で最後まで処遇して仮退院させるということは諦めたのです。その後、意味のある関わりができない状態になっていた慎吾君をその少年院にいさせても、慎吾君を傷つけるだけで意味はありません。すみやかに慎吾君を家庭裁判所に送っていれば、彼は保護室の中で荒れる日々を過ごさなくてすんだのに、140日の間に、慎吾君は繰り返し保護室に収容され、人としての尊厳を奪われた生活を余儀なくされました。仮に保護室でのことがなかったとしても、無意味なこの期間を過ごさせたことは許されないことです。子どもの権利条約の解釈指針となる、少年司法の運営に関する国連最低基準規則（北京規則）19.1では、「少年の施設措置は常に、最後の手段のかつ必要最小限の期間の処分でなければならない」とされています。子どもを施設で身柄拘束する期間は、必要最小限でなければならないというのは当たり前のことです。捜査に十数日はかかったとしてそれを差し引くとしても、4カ月以上にわたって意味なく子どもを身柄拘束することに罪の意識はなかったのでしょうか。家庭裁判所が下した結論は、こうした大人たちの責任にはまったく触れずに、彼がしたことの責任だけを問うというものだったのです。

　もう一つは、特別少年院送致にするということは、慎吾君に対して、「君が反省したと言っても信用しない」「君の言うことなど受け入れない」という極めて強いメッセージとなってしまい、彼の立ち直りにとってマイナスになってしまうということです。慎吾君は、少年鑑別所に来てからは、自分のことを受け入れてくれ、助けてくれる人がいると信じ、その人たちと一緒に、自分の内面を見つめ、自分がどうやり直せばいいのかを考え続けてきたのです。彼が立ち直るためには、これを続けていくことこそが重要なはずです。しかし、裁判所

が、君の言うことなど信用しないといってしまえば、彼は心を閉ざし、再び周囲に対して攻撃的になってしまうかもしれません。彼が自分を振り返るためには、まず、彼が受け入れられることこそが必要です。これだけの被害を負っている状態で、慎吾君の傷を受け止めずに、慎吾君を非難することで彼が立ち直るとはまったく思えなかったのです。

　だから私たちは、不処分にすることで、「あなたが自分の問題に気づき、関わってくれる人を信頼して一緒にがんばろうとしていることはわかった、だからがんばっておいで」とメッセージを発し、前の少年院には戻らずに別の少年院に移送し、そこで（おそらくは半年前後の）残りの期間を過ごす中で、今回の事件や、事件を起こすに至った自分の問題点を振り返り、成長していくことが最も慎吾君の成長に資することだと考えたのです。もちろん、この過程は慎吾君だけでできることではありませんし、少年院に任せきりでできるとも思っていませんでしたから、私たち付添人が頻繁に面会に行き、彼をサポートすることを踏まえての処遇意見でした。仮に、これだけの事件を起こした彼をどうしても不処分にはできないというなら、改めて少年院送致にするとしても短期の処遇勧告をつけるべきだという意見を述べました。すでに慎吾君は３年近くにもわたって少年院で過ごしていたのですから、さらにこれから少年院で長期間を過ごさせることがプラスになるとも考えられなかったのです。しかし、裁判所は、長期間の少年院での処遇を選択しました。慎吾君が受けた被害を受け止めようとはせず、大人たちが彼に与えた被害を反省してもいない、彼が立ち直ることよりも彼がしたことの責任を問うことを重視した決定だとしか思えませんでした。慎吾君には、事前に私たちから、特別少年院に送致される可能性が高いと何度も説明し、覚悟してもらってはいました。でも、やはり、「俺の言うことなんか聞いてくれるわけがない」と彼が言っていたとおりになってしまったことに申しわけない思いで一杯でした。

　審判後、鑑別所で慎吾君と面会しました。慎吾君は、言いたいことは言えたし、今の少年院と違うところに行けるのならかまわない、と少しすっきりした顔で話してくれました。私たちは、どこの少年院に送られても必ず面会に行く

し、慎吾君が帰る場所を早めにみつけて、必ず帰りを待っているからと伝えて別れました。

　その後、高等裁判所に抗告して争いました。当時の抗告申立書を読み直すと、少年の立ち直りに真に必要な処分を考えずに、間違ったことをした大人たちを守ろうとした家庭裁判所の決定に対する激しい怒りがほとばしっていました……が、主張は認められませんでした。最高裁判所に再抗告しましたが、やはり主張は認められず、特別少年院送致の決定が確定しました。

8　少年院での面会

　慎吾君が送られた少年院は、自動車で4時間近くかかる場所にありました。付添人の間で話し合い、3人で交替しながら、1カ月ごとに面会に行くことになりました。まず最初に私が、審判の10日後にその少年院を訪問しました。面会室に出てきた慎吾君は元気そうでした。彼は、人間関係が難しい、教官に怒られたらどうしようと心配していましたが、少しくらい失敗しても大丈夫だから一緒にがんばろう、これから必ず毎月面会に来るから、ちゃんと帰りを待ってるから、やけを起こさずにがんばって早く帰ってこいよと約束しました。その帰りに、彼の担当の教官に会い、彼の帰る場所について話し合い、付添人も慎吾君の受け入れ先を探していることを伝えました。少年院側でも、慎吾君の帰る場所を早く見つけることが彼の安定につながるという問題意識は一致していたので、協力して情報交換をしていこうという話ができました。

　この体制で、毎月交替で面会にいって彼の様子を聞いていましたが、慎吾君は、前の事件当時の様子が嘘のように、少年院での生活をがんばっており、規律違反もまったくなく、最短の期間で進級し続けていました。やはり、がんばる目標があれば、彼のことを受け入れて待ってくれる人がいれば、ちゃんとやっていけるだけの力が慎吾君にはあったのです。

9　慎吾君が帰る場所

　少年院からは、更生保護施設などにあたっているけれども、なかなか慎吾君

の受け入れ先が見つからず苦戦しているとの話を聞いていました。彼は、少年院に入るのは3回目、しかも少年院の中で教官に対する傷害事件を起こしたことが原因で少年院に入れられたのです。その経歴だけを見れば、更生保護施設が受け入れに二の足を踏むのもわからないでもありません。私たちだって、彼と会うまでは、どんな大変な少年なのだろうと構えていたのですから。でも、このまま帰る場所が決まらなければ、また慎吾君が不安定になったり自暴自棄になったりしかねません。

　そこで、地元で自立準備ホーム（更生保護施設も含めて本書263頁参照）をやっている団体の代表の山田さん（仮）に会って、慎吾君の話をして、受け入れてもらえないかお願いしてみました。この団体は、行き場のない人の生活保護の受給支援や、住む場所を確保することの支援をやっており、以前にも、刑事事件で執行猶予判決になった後に行き場のない人の住居の確保をお願いしたことがあったのです。慎吾君の経歴や起こした事件を説明した上で、あわせて、付添人として彼と出会って受けた彼の印象や、待っている人がいれば彼はがんばることができることなどを話して、受け入れをお願いしました。そうすると、山田さんは、会ってみないとわからないけど、まずは会いに行ってみようと言ってくれたのです。

　山田さんは、私と一緒に、遠方の少年院まで面会に行ってくれました。慎吾君は、山田さんに、今後はどうやって生活したいと思っているのか尋ねられて、自分の思いを一生懸命に話しました。山田さんは、温かい目で彼を見守りながら、時間をかけて慎吾君の話を聞いてくれました。その帰り、山田さんは、彼を引き受けると約束してくれました。本当にありがたく思いました。私は、戻ってからすぐに彼に手紙でそのことを知らせました。これで帰る場所も決まったよ、待ってるからね、早く帰ってくるんだよと面会のたびに言い続けました。慎吾君は、少年院での生活をがんばっていました。少年院の教官からも、彼のがんばっている様子を聞くことができました。そして、順調に、最短期間で仮退院の日を迎えることができたのです。

10　少年院送致後に裁判官と調査官に求めたこと

　この間、特別少年院送致の決定をした裁判官、その意見を書いた調査官に対して、思うところは山のようにありました。別の事件で家庭裁判所に行くことがときどきあったので、調査官室に行くとその調査官に声をかけ、裁判官と別の事件で面談したときにも慎吾君の話題を出し、慎吾君はがんばってますよ、慎吾君の帰る場所が決まりましたよ、とそのたびに伝えました。そして、調査官も裁判官も慎吾君に会いにいって彼を元気づけてください、としつこくお願いしました（少年審判規則38条1項で、裁判所は、少年の動向に関心を持ち、その成績を視察し、または調査官に視察させるよう努めなければならないとされているのです）。調査官も裁判官も、彼の近況を伝えると喜んでくれましたが、私としては、あんたらが必要ないはずの特別少年院送致にしたんだから、せめて彼のその後はちゃんと見届けろ、決定したままで終わりにはさせないぞと腹の中では思っていましたから、その思いが若干漏れ出ていたかもしれません。

11　仮退院後の生活

　仮退院して、山田さんの自立準備ホームに住むことができて、協力雇用主のところで仕事も決まったのですが、これでめでたしめでたし……とはなりませんでした。慎吾君は、人が成長するのに大切な15歳から20歳までの間のうち、4年近くも社会から隔離され、少年院の中での特殊な生活しか経験がなかったのです。すぐに社会内での生活に適応することはできませんでした。

　自立準備ホームでは、ホームのルールが守れず、ホームの職員さんから叱られることが増えました。慎吾君はそれに反発し、部屋にあった物を壊して外に飛び出して帰ってこなくなりました。連絡を受けた私は、山田さんと一緒に彼を迎えに行き、話を聞きました。慎吾君は、ルールを破って飛び出した自分はもう見捨てられたと思っていました。そんなことはないよ、あなたを嫌いになったわけじゃないよ、失敗しても謝ってやり直せばいいんだよと話すと、落ち着いて話ができるようになり、また生活を再開させることができました。職

場で人間関係がうまくいかなくて、すぐにやめてしまったこともありました。でも彼は仕事をしようという気持ちは強かったので、仕事を探してまた再就職し、がんばっていました。

その後、何度かトラブルを起こし、どうしてもその自立準備ホームにいられなくなってしまいました。そのときは、私以外の付添人だった弁護士が、知り合いの会社に住み込みで働ける場所を見つけてくれて、そこにしばらく住むことになりました。そこでもうまくいかなくて飛び出してしまったのですが、そのときも彼から連絡を受けたので、ホームレス支援団体の方に連絡を取り、何とか住む場所を確保してもらいました。20歳を過ぎて自分で消費者金融から借り入れができるようになってもいたので、借金のトラブルもありましたが、それもなんとか解決に向けて動きました。

そんな様子で、順風満帆というわけではなく、数カ月ごとに何かトラブルが起こり、付添人だった私たちのところにSOSの連絡が入ってきました。でも、致命傷になる前に連絡が入ってくるのが救いでした。私たちは、慎吾君から電話がかかってくるたびに、言いにくかっただろうによく連絡してきたね、えらい、と褒めました。そして、大丈夫だよ、一緒にどうすればいいか考えよう、と言い続けました。それぞれのトラブルは、放置すれば、あっという間に生活の立て直しができなくなってしまい、再犯につながってしまいかねないリスクのある出来事でした。でも彼は、誰かを信頼して助けを求めるということができたのです。彼からのSOSにそのたびに対応できたのは、付添人だった弁護士が3人いて、さらに彼のサポートに協力してくれる人たちがいたということが大きかったと思います。連絡があった付添人は、お互いの人脈を使いながらなんとか彼のサポートを続けていきました。そうしているうちに、半年、1年と、彼が社会内で生活していく時間が増えていきました。私たち付添人は、ときどき彼と話をし、一緒にご飯を食べに行ったりしながら、彼の話を聞いていました。その話は、他人が聞けば順風満帆には聞こえなかったでしょうが、私たちには、めざましい成長を遂げていると思えました。これだけの傷付きを抱え、他者は自分を攻撃するものだと思って敵意を向けていた彼が、誰かを信頼

して、困ったときに助けを求められるようになったのです。彼は、低空飛行ではあるかもしれないけど、墜落しないで徐々に航続距離を伸ばしています。この距離がずっと伸びていき、いつか高度が安定することを願っています。

おわりに

1　まずは少年の被害を受け止めること

　慎吾君が起こした事件は、事情を知らない人から見れば、悪質なものに見えるでしょう。こんな悪質な事件を起こしたのだから、まずは自分がしたことを追及して深く反省させろ、厳しく罰しろと言われるのかもしれません。でも、周りの人間がそうやって彼と接していたら、彼は決して心を開くことはなかったでしょう。審判の場面でも、次の少年院でも、他者の関わりを受け付けず、もっと荒れ狂っていたかもしれません。それを見た人からは、なんて手のつけられない悪人だ、こんなやつは刑務所に入れて二度と出すなとでも言われていたでしょうか。誰も救われない結末です。

　被害体験のある少年に対しては、事件の反省を求める前に、まずその少年の被害を受け止める必要があるとよく言われますが、そのとおりでした。私たち付添人は、彼を責めずに、まずは彼の気持を聞き、それを受け止めるという姿勢で彼と接しようとしました。だから彼は少しだけ心を開いてくれたのだと思います。そして慎吾君は、彼の気持ちに共感して、一緒に悩むパートナーがそばにいたから、自分がしたことを振り返ることができたのだと思います。付添人は、少年のパートナーとして、少年と一緒に悩み、立ち直る過程に伴走することが役割です。被害を受けた少年の場合は、まずはその被害を受け止めるということを含めて、その役割が一層重要になるのではないでしょうか。

2　少年の被害を見ないシステムの弊害

　逆に、少年の被害を受け止めず、少年が起こしたことだけを責めることは、

少年に新たな被害を負わせることになってしまいます。事件時の少年院は、事件後、慎吾君を保護室に長期間収容し、家裁に送らずに辛い思いをさせ続けました。裁判所はその責任を認めることなく、慎吾君のしたことだけを責めようとしました。そうした関わりは、慎吾君に新たな傷を負わせ、彼に他人を信頼できないものだと思わせました。少年法は、少年の「健全な育成」（少年法1条）を目的にしています。これは、子どもの権利条約も踏まえて考えれば、少年の成長発達を目的とすることだとされています。しかし、少年の成長発達を目指すべき少年司法や矯正・保護であっても、少年の被害にまずは目を向け、それを受け止めようと努力する姿勢を持たなければ、少年を成長発達させるどころか、少年に新たな被害を与えてしまう場合すらあることを確認しておく必要があるでしょう。

3　被害を埋め合わせる過程には時間がかかること

　慎吾君は、付添人たちや、山田さんという、待ってくれる人たちがいたから少年院での生活を頑張れました。その後も、彼の気持ちに寄り添おうとする人たちが支えてくれるから、彼はがんばっていけるのです。でも、すぐに彼が人を信用し、心を開いて接することができるようになったわけではありません。彼が仮退院後に低空飛行だったのは、まだ、傷が癒やされていないからではないでしょうか。このケースで付添人ができたのは、少年院で受けた被害、家庭裁判所で受けた被害を受け止めることまでだったように思います。彼が立ち直るためには、彼が幼少期に虐待を受けていた被害、そしてさまざまな場面で母から拒否されたという被害を受け止め、寄り添うことなのでしょう。そのためには、慎吾君にとって信頼できる複数の大人が、さまざまな場面で、時間をかけて関わっていくことが必要です。被害を受けた少年の被害が埋め合わされ、立ち直っていくためには、少年が信頼できる人にどれだけ出会えるかが重要であるように思います。その出会いを確保するためにも、付添人は環境調整に力をつくさなければならないのでしょう。

年鑑別所医師から見える被害

女子非行少年の被害と支援について考える

定本ゆきこ（さだもと・ゆきこ）　　　　　　　　　　　　　［京都少年鑑別所］

少年鑑別所で勤務する精神科医として

1　非行少年の鑑別とは

　少年鑑別所では、家庭裁判所の命令により、非行少年を28日以内の間預かり、鑑別をしています。鑑別というのは、この少年が、なぜ、この時このような違法行為に及んだのか、あるいは及ばなければならなかったのか、その理由をできる限り科学的、客観的に調べる作業です。非行名が同じであっても、一人ひとり顔が違うように非行に至った原因もそれぞれ同じではありません。鑑別の作業では、個々の少年を丁寧に扱い、それぞれが有する背景を洗い出し、問題点を見極めていくことになります。

　鑑別は多職種のスタッフによるチーム作業です。少年鑑別所には、心理学を専門的に学んだ心理技官、教育学や社会学を専攻してきた教官が勤務しています。それぞれの少年を担当する心理技官が面接をし、少年の来し方や経験したエピソード、その時々の状況や心情などを聴き取るとともに、心理テストを実施して知的能力の程度やプロフィール、人格傾向などを調べます。そして、教官が、日々最も近いところで生活面の世話や学習や運動の指導をしながら、少年の情緒や行動面の観察をするのです。

　そしてすべての少年鑑別所に常勤というわけではないのですが、医師が配属されています。内科、外科などの身体科の医師はすべての少年を診察し健康診断をしていますが、精神科医はとりわけ、精神的な問題や不調の存在が非行や犯罪に関わることがあるため、鑑別を進める際に重要な役割を担うことがあります。鑑別業務にとって、常に精神医学が必要というわけではありませんが、時に絡み合った問題を解決する重要な糸口になることがあります。

　精神科医の中でも、特に児童精神科医の視点で見たとき、非行は一つの症状です。法的には違法行為ですが、児童精神医学的には、何らかの原因により情緒・行動面に失調や不具合をきたしており、健康な精神発達が阻害されている状態と見られるのです。虐待の影響や発達障害との関連、さらに思春期特有の心身や情動の変化など、非行をめぐっては児童精神医学的な重要なポイントが随所に見られるのです。

　これら複数のスタッフから得られる情報を共有し総合して、少年が非行に及んだ理由や原因を探っていきます。

2　非行少年をどう見ていくか

　一人ひとりの少年において、思春期に非行という状態に至った原因を探るとき、３つの視点からケースを見ることが不可欠です。一つ目は、これまでの成育歴をきちんと辿ることです。生まれてからこれまでの人生の中で、この少年にどのようなことが起こりどのような経験をしてきたのか、そして少年はそれによってどのような思いを抱き情緒や行動傾向にどのような影響を受けてきたのかを経時的に詳細に調べるという視点です。

　二つ目は、少年を取り巻く環境を綿密に調べ、把握することです。人間とは読んで字のごとく、人と人との間で生きている存在である以上、常に環境からの影響を受けながら生活しています。大人でもそうなのですから、子どもであればなおさら、その日の気分や心身のコンディションを始めとして情緒や行動面の傾向や人格形成といったものまで、自分が育ってきた環境の影響を受けないことはありえないでしょう。

三つ目は資質特徴を正確に把握することです。育ってきた環境が似通っており、成育歴にも同じような出来事があったとしても、思春期に非行に至る少年と至らない少年がいるのです。あるいは非行という表現ではなく、不登校や摂食障害といった症状形成にいたる場合もあるでしょう。それを決定していくものは、子ども一人ひとりが生まれながらに有している資質的な特徴の違いだと思われます。短期間に資質特徴を完全に把握することは容易ではありませんが、少年鑑別所では、専門的な知識とスキルを身に付けて経験を積んできた心理技官が、複数の心理テストを組み合わせて実施し、知能や認知傾向や人格特徴を炙り出していきます。

　これら多面的な情報を集約し総合して、非行少年の鑑別がなされてゆくのです。

3　非行少年における傷つき体験——被虐待児の多さ

　私は、縁あって少年鑑別所に勤務し、非行少年の鑑別に携わるようになって最初に驚きとともに知らされたことが、被虐待児の多さでした。鑑別をするために面接をする少年のほとんどが、これまでの成育歴の中で何がしかの傷を負っていました。それも、本来であれば最もリラックスしてくつろげるはずの家庭内で、深刻な心身の傷を負っていました。親から段られたり蹴られたりするような身体的暴力であったり、年齢相応に必要な世話を受けられておらず食事はテーブルに置いてある千円札で一人コンビニ弁当を食べるといったネグレクト、親のDVの目撃などによる心理的虐待でもありました。

　また、女子少年が家庭内で性被害を受けている事例に初めて出会ったときには大きな衝撃を受けたものでしたが、その後何人も、家庭内外で性被害を受けたことから、家出をしたりさまざまな症状に悩まされている少女たちに出会いました。

　そういうことだったのか、非行少年と呼ばれてここに措置されてきた子達とはそのような子だったのかと、それまで知らなかった現実を突きつけられた思いがし、私にとっては目から鱗の落ちる経験でした。

　幼児期学童期に家庭内で虐待を受けることと思春期に非行行動に及ぶこととの間には大きな関連があることに気づき、非行という行動の理解に新たな視座を得たのでした。もう30年も前のことです。私は、それらの経験から、非行少年の鑑別においては特に詳細な生育歴をとることに努めるようになりました。

　家庭内の虐待とは決して単純な事象ではなく、2世代、3世代に連なる問題をはらんでいたり、貧困や経済的格差等社会的問題の渦に家庭そのものが巻き込まれていたりしますし、アルコール問題やDV、うつ等の精神障害など、大人側の病理が関わっている場合も少なくありません。そういう意味では、非行とは世の中や社会の歪みを映し出す鏡であり、大人社会が未解決なままに抱えている問題を最も弱い存在である子どもがしわ寄せされ担わされている結果であるという言い方ができるかもしれません。

4　女子非行少年の被害者性について

　非行の世界では、男子以上に女子が虐待の被害を受けている割合が高いことがわかっています。『令和4年版犯罪白書』によれば、少年院に入院している少年の内明らかな被虐待経験を有している者の割合は、男子40％に対し女子58.9％でした[1]。

　元々非行には性差があり、医学の教科書によれば非行（青年期の素行症）における至る確率の男女比は、男子の3分の1から7分の1とされています[2]。実際、非行少年、犯罪者は国と地域を問わず男子が女子よりも圧倒的に多いことに疑いはありません。『令和4年版犯罪白書』によれば、我が国の2021（令和3）年の刑法検挙人数を見てみると、男性13万6千人弱に対して女性3万9千人余り、少年では、男子1万7千人余りに対し女子3千6百人余りでした[3]。男女比は、それぞれ7対2、5対1になります。

1　法務省法務総合研修所『令和4年版犯罪白書』（2022年）134頁参照。
2　アニタ・タパーほか編著、長尾圭三他訳『ラター児童青年精神医学［第6版］』（明石書店、2018年）1155頁参照。
3　法務省法務総合研修所・前掲註1書6頁、108頁参照。

そのため、非行犯罪の話といえば、どうしても男性受刑者、男子少年の話になるきらいがあります。しかし、そうであるからこそ女子非行少年の場合は、数の少なさに比較して、その身に降りかかった被害の質と程度が尋常ではないと感じられることが少なくありません。そもそも女性は生物学的に暴力や犯罪に向きにくいものなので、女子が非行に至る場合、余程のことが身に起こったのだろうと考えるべきなのです。

　非行少年に見える被害者性という意味では、女子の方がそれをより如実に表します。それは女子の方が、身体的、社会的に弱い存在であること、そして性的に利用されやすく、それが心身の甚大な被害に直結していることが影響しているように見えます。女子非行少年においては、違法行為に及んでいるにもかかわらずまるで被害者そのものに見えるという経験を、私達はしばしばしています。さらに、女子少年の場合は妊娠・出産という経過に至ることがしばしばありますので、次世代の問題に繋がっていくという難しさがあります。そのため、男子以上に手厚く適切なサポートが必要なのです。

　女子非行少年について、女子少年院の統計を紹介します。2021（令和3）年の1年間に入院した少年に対して性について調査したところ、初交年齢は44％が14歳以下でその内12歳以下が10％、24％に出産・人工妊娠中絶経験があり、援助交際経験は38％というような結果です[4]。かなり年若い年齢から性的行動が始まり、その結果として妊娠に至っていることも多いことがわかります。性的被害経験の有無を問う質問に「有り」と答えた割合こそ、22％と必ずしも高くないのですが、それは彼女たちが、自分が受けた被害を被害と自覚していないからではないかと思われます。女子少年院の教官の語るところによれば、彼女たちは性暴力を受けた際も自分が悪かったのだ、自分が用心していなかったせいだと自分を責める傾向にあり、自分を被害者だと認識していないのです。教官から見て、少年院に送致されている女子非行少年のほとんどは、性の被害者だと感じられるそうです。

4　交野女子学院『令和3年収容統計』（2022年）11頁参照。

それでは、今も記憶に残る多くの事例の中から、いくつかの事例を組み合わせて女子の２事例をご紹介したいと思います。

女子非行少年に見られる被害

1　少女A（16歳）──非行名「覚醒剤取締法違反」

　少女の家庭は、一見どこにでもあるような普通の中流家庭です。公務員の父と専業主婦の母、それに２人の兄と少女の５人暮らしでした。母親は、詳細はわかりませんが不遇な家庭に育ったらしく常に暗い顔をし、何かにつけ不満や恨み言を口にしては夫である父親を責め続けていました。父親は母親に責め立てられても反論せず黙り込み、いつも家族たちに背を向けてゲームをしてばかりの人でした。そのような家庭の中で、やがて中学３年生の長兄が家庭内暴力を振るうようになりました。兄が暴れ始めると誰にも止められず手が付けられないので、皆が兄の機嫌に気を使い息が詰まるような雰囲気の毎日でした。

　そんな中、少女が小学生高学年の頃、中学２年生の次兄が、夜中時々部屋に来て少女の布団の中に入ってくるようになりました。少女はすぐに目が覚めますが、恥ずかしくて何もできず、終始寝たふりをしながら終わるのを待つしかありませんでした。次兄は布団の中で少女の身体を撫で触っていましたが、やがて性交に至りました。兄がやってくることが嫌で仕方なく、寝不足で勉強にも集中できず成績が下がったことを親に責められますが、理由を言って相談ができるような親の状況ではありませんでした。母親は、いつも自分が一番可哀そうな悲劇のヒロインのような顔をしているそうでした。

　中学２年生の時、担任の先生に兄とのことを話してみましたが、軽く流されてしまいました。誰も助けてくれないとわかった少女は家出をするようになります。家出した少女を泊らせて守ってくれる所などあるはずもなく、結局彼女は暴力団に関わりのある男性のもとで暮らすようになります。そこで、性関係を持たされますが、その際覚醒剤を打たれました。その暴力団の男性が逮捕さ

れたとき、彼女も一緒に検挙され、覚醒剤取締法違反の非行名で少年鑑別所に送致されたのです。

　少女は、長身で美しい容姿を持っていますが、とても暗い表情をしていました。そして、時々不釣り合いな怒りを職員に向けていました。持ち物を職員が間違えたとき、医師が採血に失敗したとき、睨みつけてひどく非難するのです。その一方で、彼女の描く描画はとても明るい色彩と軽やかなタッチのもので、家族画は家族５人で青空の下お弁当を囲んでいる楽しそうな絵でした。彼女の中にある奇妙な乖離は何が原因なのでしょう。その後しばらくして、彼女は担当技官に、兄と性関係があることを打ち明けたのです。

２　少女Ｂ（17歳）──非行名「公務執行妨害」

　少女Ｂの家庭は、母親と５人の子どもが暮らす母子家庭でした。兄２人とは父親が違います。少女の父親も早くに別れており、少女は実父の顔も名前も覚えていません。妹弟の父親も家を出ていっていました。

　母親は水商売をしていて家事や育児には関心がなく、少女達を放任していました。少女は小さい頃から母親の代わりに食事や掃除、小さい妹、弟の世話もしていました。母親はいつも男性と付き合っており、彼氏とけんかすると少女に八つ当たりします。首を絞められることもありました。また、兄２人は気分次第で少女に暴力を振るいますが、母親は兄らを止めることをしません。ところが、妹が暴力を振るわれているときは兄を叱るのです。母親には妹だけが可愛いように、Ｂには見えました。

　学校には友達がいましたが、先生と話すことはほとんどなく、自分は先生に嫌われていると思っていました。参観日や親子遠足などに母親は絶対来ないので、惨めな思いをするくらいなら行きたくありませんでした。集団行動は苦手で、学校は面白くありません。小学３年生頃から学校を休み始めますが、母親は朝から寝ているので、何も言われませんでした。中学校も入学式に行っただけで不登校になります。家では家事と妹の世話、それに同居している兄夫婦の子どもの世話まで加わりました。学校に居場所はなく、家でも家事と子育て

かりの日々でした。中学３年の頃、眠れないので知人から睡眠薬をもらい飲む
ようになりました。大量に飲むと「とぶ」のを知り、睡眠薬の乱用を始めます。

　中学を卒業後、アルバイトに就きますが、家から離れて初めて自由に行動で
きるようになった解放感から活発に男性と付き合うようになります。でも、感
情のコントロールができず、しばらく付き合うと喧嘩しては別れるということ
の繰り返しでした。この頃には、母親に叱られても反発して言い返すので、
しょっちゅう親子喧嘩になっていました。１年後、母親との喧嘩から家出をし
ます。交際男性のもとに居候しながらクラブで遊び、薬物乱用者とも付き合う
ようになりました。不眠やイライラのため精神科を受診し投薬を受けるように
なります。生きていても仕方ない、死にたいと思うようになり、リストカット
や大量服薬を繰り返すようになりました。交際男性と大喧嘩してマンションの
部屋から飛び降りようとしたこともあります。交際男性から暴言を吐かれ男性
の部屋から飛び出しましたが、職務質問を受けたときに暴れたために補導され
ました。少年鑑別所に送致されたとき、少女は妊娠２カ月になっていました。

　少年鑑別所では、体調も悪かったため勝手な要求をしたり不平不満を述べる
ことが多く、イライラすると職員に八つ当たりしたり自分の頭を壁にぶつける
などの自傷行為を示していました。しかしながら、職員が穏やかな態度で受容
的に接すると甘えてくるような素直で幼いところもありました。母親との面会
では、頭ごなしに叱りつけられては反発して喧嘩になるばかりでした。

事例から見える女子非行少年の被害

1　家庭内性被害について

　少女Ａの事例は、家庭内で性被害を受けていたケースです。一見普通の家庭
内で残酷な性被害を受けていたわけですが、性虐待は他の虐待に比べて外には
見えにくいため、このように何年も救われずに続いてしまうことがあるので
す。少女がまだ小さい頃に性被害が始まりますが、最初は自分がどんなことを

何の目的でなされているのかが理解できず、また相手が親しい家族ですから強く抵抗することはできません。Ａも兄の行為が嫌で仕方ありませんでしたが、寝たふりをして耐えるばかりでした。それが加害者を増長させ、行為は止むことなく続けますしエスカレートしていきます。

　家庭内で性加害が生じる場合、性加害者の異常性が主な原因である場合はありますが、この事例のように、家庭内に葛藤や問題があり機能不全状態が続いている場合も少なくありません。被害的で夫に対して常に攻撃的な母親と、無気力・無関心な父親、そして時々長兄が暴力を振るう家庭の中で、大人しい性格の次兄もまた居場所を失っていたのでしょう。機能不全家庭は、性加害被害を生じさせる温床になる場合がありますし、またそれを見つけて解消させる機能を果たすこともできません。家族思いのＡは常に表面を取り繕い、あたかも問題のない家族であるかのように振る舞っていました。妙に明るい家族画が、それを表わしていると思われました。

　子どもの変調に気づき何らかの介入をする役割を担うのは、家庭の次に学校です。Ａも表情の暗さや授業中の居眠りは成績の低下など、何かが起こっているサインは出されていたはずです。まして、兄とのことをＡは先生に訴えたのです。しかしながら、それが事態の改善につながることはありませんでした。いずれにしても、Ａは周りの大人の誰にも守られることなく、思春期に至り家出をすることで自分を被害から守るしかなかったのでした。

　少年鑑別所でのＡには、長らく性被害を受けてきたことから来る後遺症状というべきものが多くありました。不眠、胃痛、頭痛などの体の不調がありましたし、日中ぼーっとして課題に集中できず意欲も湧きません。また不適切な感情の表出や怒りのコントロールができないという感情面の問題が深刻でした。何年も、恐怖や不安、疑問や怒りの感情を抑え込んできたためだと思われました。また、対人関係も円滑に結べません。面接でも相手と目を合わさず警戒的で、大人に対してなかなか心を開きません。でも、長年の間、周りの大人が誰一人として自分を助けてくれなったというこれまでの経過を見れば無理もないことでしょう。性暴力のある家庭から逃げたＡを住まわせてくれたのは暴力団

関係者ですから、Aはさらに怖い思いをしてきたことも十分想像されました。また同年代の友人関係も円滑にいっていませんでした。自分自身の受けている性被害や家庭の悲惨な実情は、周りの友人たちには決して話すことはできない秘密になります。友人との気の置けないおしゃべりを楽しむこともできず、屈託のない友人たちとは桁違いの悩みを抱えて、自分は周りとは違う、普通の中高生ではないという疎外感や孤立感に苛まれたことでしょう。性被害は、決して悪くない被害者の自尊感情や自己肯定感を傷つけてしまい、周囲との友人関係をも損ないます。

今回、少年鑑別所の中で担当の心理技官に対して、家庭内での性被害について打ち明けることができたことを、私達は無駄にしてはいけませんでした。今度こそ、少女を救うべく動かなければなりません。少女が大人や社会を諦めてしまわずに、もう一度信頼して前向きに生きていくことができるために、そのことを聞いた大人として少女の思いに応えてゆかなければなりません。

今のAに必要なことは、安全だと感じられる環境で安心して生活することでした。到底家庭に帰すことができないわけですから、そして犯罪事実がある以上、Aは少年院に送致されるしかありませんでした。しかしながら、審判では覚醒剤取締法違反という非行性もさることながら、Aの状況と家庭環境に鑑みた要保護性が重視されたのです。これが成人のケースであれば初犯ですから執行猶予として社会に帰されたことでしょう。少年を保護し教育するという少年法の保護主義の理念があってこその選択でした。

それでも、当然のことながらAは少年院に送致されることに反発し、泣きながら私を罵っていました。

2　愛着障害と思春期の依存、そして世代間連鎖について

Bの家庭は一見して問題の多い家庭でした。二人の兄にも非行傾向があり、保護者である母親の放任は学校でも地域でも知られていました。母親の怒鳴り声や子どもの泣き声がするので、近隣から虐待通告も出されていたようです。Bが小学校に行かなくなり、担任の先生はしばらくは家庭訪問をしたり電話を

かけたりしていたようですが、母親はまったくそれに応じず拒否的であり続けたので、学校側のアプローチもなくなりました。児童相談所も介入できず、元より、近隣や親族から孤立している家庭でしたので、Bを守ろうとしてくれる大人は不在でした。小さいBは孤立無援でした。その間にも、家庭内での被害は繰り返されBの状態はますます苦しいものになってきます。中学3年生時に不眠のために知人からもらって睡眠薬を飲み始めますが、それはBにとってせめてもの自己治療でした。

　登校はしないままに中学校を卒業し、アルバイトに出るようになってBは初めて家から離れ自由を得ます。思春期に至っていたBは、ひどく傷付き、依存欲求の満たされていない心の充足を異性関係に求めていくのでした。

　思春期は、人が子どもから大人に移り変わっていく時期で、体も心も変化を遂げ始めます。体が性的に変化してくるとともに、心も外のものから内面的なことに関心を向けるようになります。自分がどのような存在なのか、周りにどう見られているのかが気になり、他者からの視線や声掛けにひどく敏感になると同時に不安を感じやすくなるのです。自信がないのに自分を認めてもらいたい気持ちは強く、いつも不安を抱えている思春期は、そのためひどく依存的になります。小学生の頃はしっかりしていた子が、中学生になって急に母親に甘えるようになることがあるのはそのためです。しかしながら、一方で思春期になる頃には中枢神経系は目覚ましい発達を遂げているため、思考力や理解力、判断力は大人並みに成長しています。自己主張がはっきりとしてくるため、それまでのようには親や大人の言うことに素直に従えなくなるのです。そうなると、親や大人に対して反発、反抗するようになります。したがって、依存も反発も強まり、それを同時に親や大人に向けるというのが思春期の難しさなのです。甘えん坊のくせに、同時に自分の思いを主張し、言うことを聞かず反発するといった思春期の子ども達に、大人は戸惑うのです。

　Bも母親に言い返し、反発するようになりますが、母親は、そのようなBの言葉に耳を傾けて心の内を理解しようとすることはありません。結局親子の間で大喧嘩が繰り返され、Bは家を出ます。持てあまし続け膨らみ切った依存欲

求を誰かに向けようとするのですが、高校に進学しておらず、定職に就いていることもないBに、頼れる大人や安全な居場所が見つかるはずもありません。結局のところ、不安定な男性たちを頼りに危険だらけの街をさまよい続けることになったのです。

　Bは、幼少時より放任と暴力を受け続けた上に、大人の代わりに家事や子育てをさせられながら育ちました。子どもとして、大人に守られた安全な生活、また大人から安定した愛情を向けられて安心して育つといった生活を送ってこなかったわけです。そのため、少年鑑別所で診た彼女は、情緒的には大変不安定で危うい状況にありました。もちろん、妊娠という重大な体の変化により心身に大きな影響を受けていることも容易に想像されました。気分の浮き沈みが激しく、ささいなことで感情が荒立ち不釣り合いな怒りが表出されます。ちょっとしたことで破壊的な衝動が生じ、自傷や他害行動を抑えることができません。これまで自分を受け入れず守ってくれなかった大人や社会に対する怒りや悲しみが渦巻いているのでしょうか、面接中も表情は暗く目を合わすこともなく口をつぐんだままでした。面会に来た母親は頭ごなしに叱りつけ、反発するBとは相変わらず大喧嘩になるばかりでした。

　それでも、少年鑑別所の生活の中で、ちょっとした仕草や言葉に対して肯定的に声をかけられると微笑む顔の可愛さから、好きな花や本を手に取り交わす素直な会話から、年齢相応の健康的な生命の輝きも見られたのです。まだまだ十代の少女であれば、何とかなるかもしれないと希望を感じられもしました。

　Bもまた、主に要保護性の大きさから少年院送致が決定されました。

事例における被害の埋め合わせ──少女たちのその後

1　性被害からの回復への支援

　少年院は強力な枠組みの中にあり一定期間外に出られないので、家庭内の性加害の犠牲になることは絶対にありません。それがまずは安心できる事実でし

た。そして、Aの問題や事情を引き継ぎによってよく承知している女性教官達によって、Aは生活面だけではなく心理的にも守られました。安心と安全感は、環境だけではなく関係性によって得られるものです。もともとは穏やかで素直な性質を持つAですから、少年院の中で落ち着いて過ごせるようになり、面接や日記によって自分の気持ちを話すようにもなりました。

　ある日、「記憶が蘇りました」と教官に打ち明けた事実は、長兄にも性暴力を受けていたということでした。家庭内で彼女の受けてきた被害のさらなる深刻さが知らされました。性被害者は、往々にして二重三重に被害を引き受けてしまうことがあるのです。

　度を越して過酷な経験の記憶を抱えていることは、日常生活を普通に生きてゆくことすら困難にします。そのため、性被害者は生きていくために、しばしばある事実や一定期間の記憶を失っていることがあります。これは精神医学的に解離症状と呼ばれるものですが、必ずしも異常心理とは言えません。人や子どもが生きていくために、記憶を押し殺し心の内奥に留めることで自分の心が崩壊してしまう危険から守っている機能なのです。しかしながら、一方でその抑圧した記憶は無意識のレベルで被害者を苦しめ、いろいろな心身の症状の原因となるので、いずれは白日の下に出して癒されなければなりません。安全な環境で安心して暮らす中でこそ、それらの記憶の蓋を開けて出てこさせることができるのです。記憶が出てきたときに、被害者と一緒にそれを受け止め、被害を受けていたかつての小さな自分を慰め、「決してあなたが悪かったのではない、あなたは大切な人なんだよ」と抱きしめてくれる人がいたならば、深刻な心の傷も次第に癒されることも可能になるのです。それが治療であり、心の傷からの回復を目指す支援にほかなりません。記憶の蓋を開けることができたのも安全な場所で安心して暮らせていたからこそですし、そのような環境や対人援助があってこそ深刻な被害からの回復も可能になるということなのです。少年院という強力な枠組みを持つ施設は、視点を変えれば難しい被害の後遺症状の回復を助ける治療施設にもなりうるということを、関係者は知っておいてほしいと思います。

　女子非行少年や女性受刑者の中には、Ａのように家庭内あるいは家庭外で性被害を受けた経験を有するケースが少なくないことはもっと広く認識されるべきでしょう。違法行為や犯罪の背景に、また犯罪に巻き込まれる要素となりやすい心身の不調や対人関係障害の原因に、性被害があるかもしれないことを、私達は見逃さないようにしなければなりません。そうでなければ、ケースの理解やその後の指導、再犯防止のための支援のポイントが間違ったものになるからです。したがって、女子少年院や女子刑務所が、心を傷からの回復を助ける治療的な機能を持つべきであることも、頷けることだと思います。

　さて、話をＡの処遇に戻します。長兄からの性被害の記憶も蘇り、自分の身に降りかかっていた被害の意味を知り、これまでの経過を整理し心の落ち着きが得られてきた頃、教官の助言によって、Ａは次兄に手紙を書きました。次兄の行為がどれほど嫌だったか、そのために生活のすべてが台なしになり家出せざるをえなくなったこと、その結果違法行為に至り少年院にいるということを、Ａは意を決して告げたのです。次兄からの返事は、彼女の決心からすれば拍子抜けとも言うべきものでした。兄は、自分との性行為をＡがそれほど嫌がっているとは思っておらず、むしろ受け入れていると思っていたそうでした。嫌だったと初めて告げられて、兄は驚いていたということです。女性の一生を狂わせてしまうほど深刻な傷となる性被害ですが、加害男性の方は、この次兄のように被害者の心の傷に気がついてもいないということはしばしばあることです。被害者と加害者の意識に大きな乖離があることは性犯罪の一つの特徴とも言えます。

　さて、Ａは、１年間程の安全な場所で安心できる関係性に守られながら生活する中で、自分自身の押さえてきた記憶や加害者への思いについても一定の整理をつけることができました。少年院を退院する頃には１年前と違って穏やかなすっきりした表情を見せていました。これからは、自分の思いをはっきり告げることや自分自身を何よりも大切にして判断すること、健康で安心できる関係性による相談相手を持つことを心掛けて、歩んでいってほしいものです。当面は、保護観察の枠により、社会内に復帰していくＡへの寄り添いと、家族環

境を吟味し調整してゆく機能が求められます。必要と思われれば医療やカウンセリングにも、保護観察の終了までにはつないでおきたいものです。

2　世代間連鎖を断ち切るために——矯正施設で生まれる児

　Bは、心身不調なまま少年院での生活に入りましたが、矯正教育の処遇にはなかなか乗れません。自分の抱えている問題が大き過ぎて、その上にこれから生まれる新しい命について受け止め準備することは到底できませんでした。それでも、日は経ち月が満ちて、Bは医療少年院に移送され女児を出産します。

　若いBにとって、初めての出産は想像を絶する経験だったでしょうが、母子ともに無事に乗り越えました。大仕事を終えた安堵と達成感に包まれていただろうBは、自分のお腹から必死に生まれてきた赤ちゃんを愛おしそうな目で眺めながら、「小さいな、可愛いな」と小さい手を触っていたそうです。Bは、出産を乗り越えて間違いなく成長したことでしょうし、これからも周囲の助けを借りながら子育てに取り組んでいく中で少しずつ大人になっていけるのではないでしょうか。

　しかしながら、実際には、日本の矯正施設では、ほとんどの場合、生まれた児はすみやかに母親から引き離され、母親の実家か乳児院などの施設に移されるのです。Bの産んだ女児も、数日以内に実家に引き取られてゆきました。Bにとっては、これから赤ちゃんと寝起きをともにしながら子育てを始めてゆく日々が、そして児にとっては新生児期乳児期に母親と過ごして愛着を形成するべき日々が失われてしまったということになります。

　Bが虐待やネグレクトにより十分な愛着を形成できなかったために思春期に問題が表面化し非行に及んだことを考えても、子どもにとって早い時期から親との良好な関係に恵まれることは安定した情緒や行動、健康な人格形成のために非常に重要なことです。子どもはどこで生まれたとしても、親とともに生活し、しっかりとした愛着関係を経験するべきです。それは本来子ども自身に備わった権利なのであり、親が犯罪者だという理由で国家によって剥奪されることが許されるものでしょうか。

欧州諸国では、矯正施設で生まれた子どもが母親と一緒に過ごせるように施設環境が整備されているところが多いのですが、日本ではまだ実現していません[5]。実は、法的には最長1年6カ月間母児が共に過ごせるように定められ（刑事収容施設法66条、少年院法59条）、そのための部屋が作られたりもしているのですが、諸種の事情で母児同室は実施されていないのです。どうも、日本の矯正施設には子どもの利益を守ろうという視点は欠けていると言わざるをえません。そもそも、矯正施設が処遇の対象とするのは罪を犯した人であり、子どものことは想定外、関心外の存在だということを法務省幹部から聞いたことがありました。しかしながら、実際矯正施設で生まれる子どもがいる以上、その子どもがそのことで不利益を被らないように最善の努力をすることが、ひいては次世代に負債を渡さず世代間連鎖を断ち切ることになるのではないでしょうか。

さて、Bは生まれたばかりの児と別れて矯正教育に戻りましたが、心ここにあらずといった状態なのか、課題に集中して取り組むこともできず意欲も湧かず、低調なまま少年院での日々が過ぎたようです。数カ月後少年院を出て、少し大きくなった赤ちゃんと再会するわけですが、そこからにわかに児に愛情を向けて母親としての役割を果たしてゆくことができるでしょうか。ただでさえ、多くの問題を抱えて手厚いサポートを必要とするBには、児と離れていたブランクの影響は大き過ぎるように思われます。せっかく国の管轄する施設の中にいるのだから、職員に守られ教えられながら出産直後から子育てを始めだすことができれば、B自身の人として女性としての成長や更生にもつながるでしょう。そして、それは児の今後の心身の健康な発達にも直結します。

さらに付言するならば、児が引き取られたBの実家は、何度も近隣から虐待

5 小名木明宏「ドイツ連邦共和国における刑事施設内の母子施設」北大法学論集67巻3号（2016年）373〜392頁、矢野恵美「ジェンダーの視点から見た刑事政策」法学セミナー737号（2016年）30〜37頁、齋藤実「フィンランドにおける女子受刑者処遇の現在（いま）―子どものいる女子受刑者処遇（「家族ユニット」）を中心にしつつ」獨協法学96号（2015年）181〜206頁参照、矢野恵美＝齋藤実「英国の女子被収容者マネジメントに学べること」刑政125巻12号（2014年）42〜57頁参照。

79

通告が出された家です。そのような家に新生児を預けることなど適切なはずはないのですが、矯正施設には残念ながら児童相談所との連携がありません。児童福祉の視点が欠落していると言わざるをえないのです。しかしこれでは、みすみす手をこまねいて世代間連鎖を招き寄せているようなものです。10年20年先の子ども達の幸せと非行の予防を見据えて、今必要な介入を迷わない、そのような視野の広い矯正になってもらいたいと切望します。

おわりに

　非行少年の被害について、少年鑑別所に勤務する医師として見聞きしてきたことの一端を記しました。私の経験から言えることは、生育歴の中で心に傷を受けた経験を有する非行少年の事例は非常に多く、いつどのような傷を受けたのか、それが情緒や行動傾向また人格形成にどのような影響を与えたのかを知ることは、非行少年を理解する上で欠くことのできない重要なポイントだということです。

　本稿では、特に、女子少年に焦点を当てました。女子の場合は、虐待や愛着障害の影響が思春期に表面化するとしても、摂食障害やリストカットなど精神保健上の問題となることの方が多く、非行・犯罪という形をとりにくいことは事実です。しかし、そうであるからこそ女子非行少年には極めて深刻な問題を有しているケースの割合が多いと言えます。

　女子の非行・犯罪において、女子少年院の統計から見ても、性的被害経験との関連は大きいと思われます。性的な被害を受けることは、PTSDを始めとした精神保健上の問題を引き起こしますし、非行犯罪の原因にもなるほどに深刻な外傷になるのです。それを考えれば、家庭内外での性加害性被害に対して、社会はより敏感になり、被害者を生まないようなシステム作りが必要であると思われます。また、早期発見と早期介入及び治療が可能になるように、児童相談所を中心とし学校をも巻き込んだ体制の拡充がなされることは、女子が非行犯罪に至ることのないように予防する目的にもかなうでしょう。

　また、矯正施設で生まれる児に対して、国は目を向けるべきです。子どもの権利条約９条には「締約国は、児童がその父母の意思に反してその父母から分離されないことを確保する」との条文があるのです。日本は、子どもの権利条約批准国なのですからこの条文を無視することはできません。

　刑事収容施設法66条および少年院法59条に、施設内で子どもを養育することが最長１歳６カ月まで可能であると規定されているにもかかわらず、それがほとんど実現していない背景には、女子処遇現場ならではの困難さもあると思われます。虐待や性被害の後遺症に苦しみ心身のさまざまな症状を有し、職員にも依存や反発を強く向け激しい行動化を示す女子・女性の処遇には、時に莫大な職員の手間や労力が費やされます。男子集団と女子集団を比べれば、その困難さは時に数倍になるのではないかと思われるのですが、その上に、新生児乳児の世話となると現場からの悲鳴が聞こえてくるようで、反発されるのは無理からぬことでしょう。したがって、これは、一女子施設としてではなく、国として現場の実情を踏まえ問題点を認識した上で本腰を入れて取り組む問題ではないかと思うのです。

　非行・犯罪に陥っている少年達は、弱く被害を受けやすい子どもの中でも、最も悲惨な状況に置かれ、最も助けを必要としている存在と言っても過言ではないかもしれません。加害行動や違法行為に対する矯正教育は当然必要ですが、同時に少年らの受けてきた被害にも目を向けて、その傷付きからの影響を洞察することなくして少年を正しく理解し処遇することはできません。少年の正しい理解がなされてこそ、適切で有効な矯正教育や更生保護がなされうるのであり、ひいては確実な再犯防止にもつながるのではないでしょうか。

クールソーシャルワーカーから見える被害

非行少年たちが受けた「被害」

堀井智帆(ほりい・ちほ)　　　　　　　　　[スクールソーシャルワーカー]

「非行少年大好き」になるまで

　「非行少年大好き、非行少年なしの人生は考えられない堀井です」が長年の私のキャッチフレーズでした。私は、今は、フリーランスという立場で学校現場において、スクールソーシャルワーカーやスクールカウンセラーとして働いていますが、これまで21年間は、福岡県警の少年サポートセンターで少年育成指導官として非行少年の更生支援を行ってきました。その間の子どもたちとの関わりについては、拙著『非行少年たちの神様』(青灯社、2022年)にも記しているので、是非ご一読いただけると幸いです。

　そもそも、私が、この道に入ったきっかけは大学時代でした。実習で行った児童相談所の一時保護所で一時保護されている子どもたちを目の当たりにしたときに、「こんなにも身近なところでこんなにもたくさんの子どもたちが親から愛されることができずに育っているという現実がなぜ起こってしまうのか……」と引きずり込まれるようにこの世界に入りました。

　大学卒業時の私の夢は、児童相談所の児童福祉司になることでした。しかし、当時の児童相談所は、専門職が配置される部署ではなく、いつ児童相談所に行けるかも、いつまでいられるかもわかりません。まったく関係のない部署で行政事務を行わなければならず、児童相談支援の専門職としての道を極めた

い者にとっては、とてつもなく不安定な職場でした。子どもの支援を真にしたい者が行けない職場、それが当時の児童相談所の実態でした。子どもの命を守るべき児童相談所の在り方として、これは長らく日本の児童福祉の重大な課題でした。今もなお、全国で、親が愛すべき子どもの命を奪うというとても悲しい児童虐待は後を絶ちません。にもかかわらず、一般職として採用され、児童相談所で働くことなど想像もせず、福祉の勉強をしていない者が相談を受ける。これが、長らく日本の子どもの命を守るべき機関の実態でした。

　以来、私は、児童福祉司になることを諦め、児童福祉分野で専門職としての道を極めるべく、「採用」から「退職」まで子どもの支援に携わることができる職場を求めてこれまで数カ所の現場で経験を積んできましたし、今もその途中です。

　私の初めての就職先は、虐待やそのほか家庭の事情で家庭で生活することができなくなった子どもたちを保護・養育する児童養護施設でした。そこには、これまでの私の人生では想像もできないくらい過酷な家庭環境で育ってきた子どもたちが、施設の定員一杯に入所していました。それぞれのケース記録には、小説も顔負けの重たい出来事の数々が書き記されていました。私は、その施設で、日々子どもたちと向き合い、汗水涙を流しながら仕事をしました。だけど、そんな私に向かって子どもたちが放つのは、「お母さんは？」「お父さんは？」といった言葉ばかりです。子どもたちがどれだけ家庭を、親を求めているのかを痛感し、私は、しだいに家庭にいる親子を支援することに興味を持つようになりました。

　専門職として、家庭支援ができる児童福祉の職場はそう多くはありません。どこか子どもとその家庭を支援できる職場はないかと探していたところ、何と警察の中に家庭を丸ごと支援できる少年育成指導官という専門職があるということを知り、最初は、「福祉」とは縁遠い「警察」という機関に一抹の不安はあったものの思い切って転職することにしたのです。

　「傷付いた子どもたちを救いたい」。それが私の信念です。その信念を胸に、警察の専門職としての私の歩みが始まりました。そして、そこで初めて出

会ったのは、金髪に、ダボダボ服、肩で風を切って、鋭い目をした、いわゆる「非行少年」と呼ばれる子どもたちでした。こちらが、いくら関わりたいと思っても、相手は、まったく大人を求めていません。自分の思い描いていたお仕事ライフとは、かけ離れており正直続けられるか不安なままその仕事が始まったのです。

　私が出会う子どもたちは、必ず何かしらの問題行動を抱えています。少年育成指導官時代に関わった子どもたちは、窃盗や薬物、暴走行為や家出、家庭内暴力など非行の課題を抱えた子どもたちです。大人のことが大嫌いで、私が「こんにちは」と声をかけても、返ってくる言葉は、「ウザい」「キモイ」、携帯番号を聞いても「国家権力には教えたくない」と言われ、この子に携帯番号を教えてもらうのには２年かかりました。

　警察では、毎年夏に非行少年たちを思う大人たちが集まって非行防止大会という会合を持っています。私は、その大会に参加しながら、「こんなにたくさんの大人があの子たちのことを思っているのだ」と感じる半面、「きっとあの子たち自身にとっては、そんなことどこ吹く風なのだよな」と非行少年に対して大人の心配や愛情を伝えることの難しさを感じていたものでした。

　私は、拒否されながらも、彼らの起こす問題行動を止めるべく、一人ひとりの子どもたちの生い立ちや家庭にまで踏み込んで支援を行ってきました。そして、非行少年たちが、大人に対して強い拒否や不信があるのは、その背景には、その年まで成長する間に親や社会の大人からの「暴言」「暴力」「裏切り」「無関心」「拒否」「排除」、いわゆる多くの「傷付き体験」があるからだと考えています。

　非行で自分や人を傷付けている子どもたちは、多くの傷付き体験があるということです。私は、その傷に触れるにつれ、その中を生き抜いてきた一人ひとりの子どもたちが愛おしくなり、何とか力になりたいと必死で子どもたちと関わるようになったのです。

　非行の背景にある子どもたちの被害体験や心の傷を知らずして、子どもたちに必要な支援は届きません。そして、その被害体験は親や周囲の大人はもちろ

んですが、社会の仕組みや制度といった幅広い面で影響を受けているのです。

　本章では、これまで私が子ども支援のいくつかの現場で感じた彼らの「被害体験」について皆さんと共有します。今後の非行少年の被害体験に対する理解が深まることと温かい支援が施されることを願っています。

関係機関につなぐ

1　責任感のある大人の重要性

　とある高校で、養護教諭の先生から、「実は堀井さんに会ってほしい生徒がいます」と相談を受けました。この養護教諭の先生は、これまで数々の、いわゆる教育困難校で腕を磨いてきた凄腕の先生です。何よりも子どもへの思いが人一倍強く、保健室には、話を聞いてもらいたい生徒たちが入れ代わり立ち代わり訪れます。その話は、最近の恋愛事情や友達との喧嘩といったよくある話からリストカット、妊娠、薬物といった普通大人には、ましてや先生には話したくない重たい話まで多岐にわたります。その空間にいると、いかに生徒が全幅の信頼を置いているかを肌で感じることができます。そして多機関連携にも深い理解があり、必要な機関に必要な子どもをつなぐスペシャリストでもあります。

　私が考える多機関連携のスペシャリストとは、多くの関係機関と繋がりがある、関係機関の役割を幅広く知っているということだけではありません。この養護教諭の先生は、「私が大丈夫という大人にしか子どもに紹介できません」と言い切ります。その機関にいる人なら誰でも紹介できるというわけではないというのです。この姿勢は、私もとても大切な感覚だと思っています。しかし、はたしてどれだけの人が、ここまで自分が責任を持って子どもを関係機関に繋げられているでしょうか。「こういうケースなら、あの相談機関と決まっているからとりあえずその機関に繋ごう」という機関連携もまだまだ実際には少なくないように思えます。引継ぎ先の大人が子どもの期待に応えてくれるような

大人ではなかった場合は、またも子どもは大人から傷付けられることになります。私は、そういった光景をこれまで何度も子どものそばで一緒に見ては子どもと一緒に落胆したものでした。

　私は、これまでこの仕事で「腹立つことはないのですか？」とか「傷付けられるのでは？」と聞かれることがあります。私は、これまで数々の修羅場を経験してきました。しかし、担当したケースの子どもに対して、どれだけ大変であっても腹が立ったり傷付いたりすることはありませんでした。この質問で、いつも私が、この仕事で大変だと思うのは、「子どもと関わる責任感のない大人に出会ったとき」です。自分のために仕事をして、子どものために仕事をしない人をたくさん見てきました。そんな大人に出会ったときには、本当にエネルギーを奪われますし、いつも心の中で「やめちまえ‼」とブチ切れています。もしかしたら、心の中ではすまなかったこともあるかもしれません。

　この養護教諭の先生から紹介を受けた高校２年生の男の子もまさにそういった経験をもつ当事者でした。

2　非行少年が受けている3つの被害

　本章では、非行少年が受ける被害を大きく３つに分けて考察していきます。

　まず１つ目の被害は、家庭から受ける虐待被害です。私が、この世界に引き込まれたきっかけは、この虐待です。愛されるべき親から愛情を受けられないということがなぜ起こってしまうのか。そのことが、気にかかって気にかかって仕方がなかったのです。そして、非行は被虐待児の子ども時代最後のSOSです。親に、大人に、「見てほしい」「関わってほしい」「愛されているのかを試したい」。そんな心の叫びが、非行という形で顕れるのです。だけど悲しいかな、「非行」を社会の多くの大人は、「SOS」「サイン」と受け取ることはできません。だから、社会の大人は、白い目で見て、冷たい目で排除しようとします。これが、２つ目の被害です。悪いことをしてサインを出す子どもたちに温かいまなざしと手を差し伸べることのできる大人が実に少ないのが現実です。

　私は、2020年、NHKのドキュメンタリー番組『プロフェッショナル　仕事の

流儀』(「非行の根っこに寄り添う〜少年育成指導官・堀井智帆」〔初回放送：2020年10月20日〕)に取り上げられました。愛する担当の子どもたちとのやりとりの数々の記録を映像として残してもらえたことは、私にとってとてもありがたい経験になりました。しかし、私が、非行少年を可愛いと懸命に関わる姿が、全国の稀有な存在として取り上げられてしまうという現状には、一抹のやるせなさを感じざるをえません。社会の大人が、当たり前に彼らの心の傷に寄り添うことができれば、もしかしたら、非行少年はいなかったかもしれません。非行少年は、家庭だけが生み出すものではありません。半分は社会の責任だと私は思っています。

　3つ目は、無責任な支援者です。個人的には、無責任な時点で「支援者」という言葉ではなく「素人」と表記したいくらいですが、そうすると誰のことか伝わりにくくなるため、今回はぐっと堪えて「無責任な」を付け加えてみました。その類の人たちは、いろいろな機関に潜んでいます。学校、児童相談所、もちろん警察だって例外ではありません。職員全員が同じ子どもを守りたいという温度で仕事をするなんて到底かなわないことだということくらいわかっているつもりです。ただ、そういう大人によって子どもがどのように二次被害を受けているのかについては、子どもと関わる大人としては、知っておく必要があると思います。

　私は、いつも私の思いや考えを伝える機会がある際には、私の考えや意見だけではなく、必ず、親や子どもたちのメッセージも預かって伝えるようにしています。私は、彼らの代弁者でありたいと思っていますし、それが一番伝わる方法だと思っています。

3　「話したくない」の理由

　先述の養護教諭の先生から受けた相談は、家出中の生徒がいるということでした。その家出を繰り返す高校2年生の男子は、これまでも家出先で窃盗を繰り返しているとのこと。このままでは、出席日数の不足や不良行為が原因で高校に在籍することが難しくなるのではないかと学校は心配をしていました。そ

して、その家出の背景には「家庭にいたくない理由があるのではないか」、すなわち、何かしらの虐待があるのではないかと考えており、彼が登校してきたら、是非会ってほしいとの学校からの依頼でした。

　すると1週間ほどで、警察に発見され、家出から戻ってくることとなったため、やっと学校での初回面接がかないました。

　細身の体は少し猫背で、視線は前髪で遮られ、暗い雰囲気をまとった男の子でした。きっと帰ってきたくて帰ってきたわけではなく、仕方なく連れ帰られて抗うことができない現実に失望しているように見えました。見るからに大人を信用していない、できれば話なんてしたくない、言われたから仕方なく来たといった無言のメッセージがひしひしと伝わってきました。

　同席してくれた養護教諭の先生の助け舟のおかげで、家出中の生活のこと、これまで彼がどのようにして育ってきたのかということがわかってきました。彼の家族は、母と姉、小学校低学年の頃に母親が再婚した継父との4人家族でした。継父が、とても厳しい人で、部屋が散らかっている、洗濯物がたたまれていないといったささいなことで、ことあるごとに殴られる、蹴られる、何時間も正座で座らされ説教を受ける、ひどいときには鉄パイプのようなもので叩かれる、といったこともあったそうです。

　私がこれまで支援してきた多くの非行少年たちの背景には、このように何かしらの虐待の問題が潜んでいます。私は、非行の背景には、かつての被害体験が根底にあり、その被害体験が加害行為すなわち非行に走らせている原因だと考えています。そして、この子の話は私がこれまで受けてきた相談の中でもかなり重篤な身体的虐待のケースでした。家出せざるをえないし、たとえ寒空の下でも外の方が安心できたという彼の話は、理解にかたくない状況でした。

　私は、すぐに、児童相談所での一時保護を提案しました。家出しながら寒空の下、手持ちのお金もなく街の中をさまよう生活より、温かい場所で三食心配することなく、布団の中で眠ることができる生活の方がはるかにいいのではないか、と思ったからです。しかし、彼は、「絶対に嫌だ」と言い張ります。

　というのも、一時保護は、すでにこの子にとっては苦しい場所として、記憶

に刻まれていたからです。児童相談所には、これまで何度も中学校が通告していたそうです。当時の中学校の先生に話を聞くと、ことあるごとに児童相談所には何度も通告しているにもかかわらず、不思議なくらいに家庭引取りになったそうです。あんなに虐待が明らかであるにもかかわらず、本当に不思議だったと話をしていました。そして彼自身も、むしろそれが事態を悪化させたと話し、「児童相談所だけは絶対に嫌だ」と言い張りました。子どもを守るはずの機関で何があったのか……。

　結果として、彼は今、無事に自立援助ホームに入所し、穏やかな生活を送っています。家庭環境の厳しさに今日一日のことすら考えられなかった子が、今は自分も困った人を助けられる福祉職に就くと将来を見据えることができるまでになりました。

　先日、先生が彼が学校で書いた作文を私に送ってきてくれました。本人と学校の了承の元、ここでその彼自身の言葉で、お伝えしたいと思います。

どうしても伝えたいこと

　皆さんは、家族は好きですか？　私は嫌いです。私は15歳まで家出を繰り返していました。理由は、義父から逃れるためです。小学生の頃、ささいなことがきっかけで暴力を受け、その暴力の支配は日に日に激しくなり、毎日が怖くて仕方ありませんでした。もちろん、虐待を受けている間、いろいろな大人に助けを求めました。児童相談所にも数えきれないほど行きました。相談した大人はみんな「親に一回確認するね」と言います。それは業務上当たり前のことだと思います。でもその結果、どうなると思いますか。

　子どもはさらに酷い暴力を受けることになります。

　最初に児童相談所に行けたのは弟のおかげです。約1カ月の間、児童相談所に保護され気持ちは一時的に休まりました。これで、虐待は終わると思っていました。しかし、虐待は、終わるのではなく、日に日に悪化していきました。その後も、勇気を出して大人に相談しては、家に帰されるの

を繰り返し、いつも絶望的な気持ちになっていました。そのうちに、大人に頼ることを止め、兄弟で家出をすることで身を守るようになりました。家出をしている間は、心は落ち着きましたが、決して楽で楽しかったわけではありませんでした。

その時の私は家出の手段しかないと思っていました。

高校に入学したのは、高校にそんなに期待はしていなかったのですが、高校に入学してから私の人生は変わり始めました。

一人の先生が私の異変に気づき、話しかけてくれました。もちろん最初は一切信じていませんでしたが、しばらく話していくうちに「この人なら信じられる」と思い、久しぶりに虐待されていることを打ち明けました。先生は、私が話した内容をそのまま親に伝えたりせず、誰にどんなふうに伝えるのかを私に確認して、北九州少年サポートセンターの人に会うことを勧めてくれました。もう一度勇気を出して、北九州少年サポートセンターの人に会ってからは、状況が大きく変わっていきました。いろいろな職業の人が親と戦って私を守ってくれました。こうして私は、やっと親から離れることができました。

私は今、自立援助ホームという施設に住んでいます。そこでは、年齢も違う他人と暮らしています。とても楽しく、本当の家のような居心地の良さがあり、安心して生活ができています。仕事をして、自分のお金で生活をしていくことは大変なときもありますが、私は高校に来てから、人を信じることができ始め、いろいろな人と関わることで、明るく楽しく充実した毎日を送っています。そして、今は、将来困っている子どもを助ける仕事ができるように、資格を取得するため、進学しようと頑張っています。前を見て生きるようになってからは、幸せで楽しい日々なので、最高です。最後に、どうしても伝えたいことが三つあります。一つ目は、辛いときに支えてくれた人への感謝の気持ちです。私を守ってくれた方々にはもちろん感謝をしていますが、今、特に伝えたいのは、母と友人に対してです。母は、どんなに悪いことをしても、優しく叱ってくれました。食事の準備

や家事をしてくれたことにも感謝をしています。いつか伝えたい母への思いです。友人は、私が長期間学校に来なくてもいつでも普通に接してくれました。辛い日々の中で、友人との何気ない楽しい会話に救われていました。迷惑をかけても、一緒に過ごしてくれたことに感謝しています。

　二つ目は、子どもから相談を受けた大人にお願いです。大人に相談するのは、相当な勇気がいることです。せっかくの勇気が水の泡となり、子どもが危険な目に遭うこと、命を落としたくなるほど絶望するということを忘れないでください。

　そして、今、虐待を受けているなど困っていることがある人は、簡単なことではないと思いますが、自分でしっかり見極めて、もう一度大人を頼ってみてください。少年サポートセンターや先生に頼ってみてください。絶対に動いてくれると思います。勇気はいると思いますが、人生を変える一歩なので、勇気を出してみてください。

　虐待がなくなることを願っています。

さらなる被害を防ぐために

　この作文を読めば、彼に何があったのか伝わったのではないでしょうか。彼のケースで問題となるのは下記の４点です。

①　学校で虐待体験の話をする
②　学校が本人の同意を得ず通告する
③　児童相談所が本人と親同席のもと事実確認を行う
④　児童相談所が、本人と親同席のもと家庭引取りへの意思確認を行う

　実は、この流れは、決してレアケースではなく、これまで何度もこのような子どもの訴えを私は受け止めてきました。

　大切なことは２点です。１点目は、通告する際にしっかり子ども本人の同意

をとること。2点目は、親の前で子どもが親から受けた被害の確認をしないことです。虐待の第一発見機関となりやすいのが、学校や病院です。そこで子どもからの偶発的な虐待の開示を受ければ、当然ですが通告の義務があります（児童福祉法25条）。

　通告の義務はあるものの、本人の同意をとることまでは明記されていません。しかしながら、子どもの心のことを考えれば、子どもに対して説明を尽くし、本人の納得を得て通告をするのは当然のことではないでしょうか。その当然のことがなされず、本人にこれから先に起こる手続のことなどを話さなければ、その後、子どもが、予期せぬ出来事の連続に、「大人になんて話さなければよかった」と大人への不信感を募らせることになりかねません。このケースはまさにその一例です。

　しかし、学校現場では、リストカットや妊娠などさまざまな子どもからの開示に、子ども本人の同意を得ず、「知ったからには親に知らせなければいけない」という学校の立場や保身が先に立ち、本人の説得に時間と労力をかけず話が進んでしまうことが珍しくありません。

　子どもは、多くの場合、「絶対に親に言わないで」と言います。それを言われると、行政機関・公的機関・相談機関としては、そういうわけにもいかずジレンマを抱えることも少なくありません。しかし、この「親に言わないで」という子どもの気持ちを軽んじてケースワークを進めることは、「子どものため」ではなく「大人のため」にケースワークをしていることにほかならないのです。

　私も、多くの「親には言わないで」という子どもの気持ちと対峙してきました。親に言わないでほしいと言われると、支援者としてはとてもつらい立場に追い込まれます。立場的に言わないわけにもいかず、しかし、たやすく言ってしまえば、子どもとの信頼関係が壊れてしまうからです。

　しかし、この「親に言わないで」という子どもの気持ちにはきちんとした対応法があります。慌てて無理をして動く必要はありません。子どもが親に言わないでほしいと訴えているときには、親に言われることで何か困ることがあるからです。何を恐れているのかについてしっかりと聴き取り、その子が恐れてい

ることが起きないよう親を説得することを子どもに伝えます。たとえば、外出禁止や携帯電話の没収といった罰を恐れる子が多いため、罰を与えないことを親に約束してもらうよう親との面談を行う旨、子どもに伝えてわかってもらえれば、子どもは納得して親に話すことについて同意してくれるものです。

　これは、伝える相手が児童相談所でも同じことです。児童相談所に連絡をすることで何が困るのかをしっかりと聴き取り、子どもが困ってしまう事態が起こらないように調整するのです。

　高校２年生の彼は、「児童相談所に言ったら親の前で虐待事実の確認をされて、親の前で家庭引取りの意思確認をされる」ことを恐れていました。実際にこの子は、何度も学校での虐待開示を児童相談所で撤回していました。そして中学校の先生が首をかしげるほどあっという間に家庭引取りになっていたのです。

　絶対に虐待の事実確認と今後の方針に関する子どもへの意思確認は、親の前ではしないということを児童相談所には約束してもらうこととして、この子は、その言葉に賭けて通告を許可してくれました。

　その点を踏まえた上で、児童相談所と綿密な打ち合わせをして、児童相談所も当然子どもの前での確認はしないと約束をしてくれ、そしてこの子は一時保護を希望したため、学校から管轄の警察署を通して身柄付きの通告をすることとなりました。

　無事にこの子が一時保護所のドアをくぐった数十分後、連絡を受けたこの子の継父は、児童相談所に怒鳴り込んできました。

　どんな父親が来るのか。サポートセンター職員一同、息を呑んで待ち構えていました。福岡県警の少年サポートセンターは、５カ所中４カ所が児童相談所と同じフロアにあります。そして、少年サポートセンターには、現職の警察官がいます。児童相談所とサポートセンターの職員が連携して保護者対応ができる体制があります。

　私は、この時サポートセンターの事務所にいましたが、この継父が到着したことは、部屋を出ずともわかりました。廊下から怒号が聞こえてきたからで

す。この継父は、これまでにも児童相談所の事務所に押し入って、職員に怒鳴り散らかしたこともありました。サポートセンターの事務所にいた警察官は、この声が聞こえた瞬間に部屋を飛び出していきました。同僚ながら、頼もしかったのを覚えています。ドアの外からは、男たちが何を言っているのかもわからない大声で怒鳴り合っていました。私は、一瞬ドアの外に出ることをためらいました。「恐怖」を感じたのです。

　千葉県野田市でも似たようなケースがありました。威圧的な保護者に負けて子どもを返したり情報提供したりしてしまっていた事案です。私は、この一瞬で、あのケースに対応した職員の気持ちが理解できました。こんな場面に慣れている人は行政機関には多くはいません。果敢に立ち向かえる職員は日本全国探しても決して多くはないでしょう。幸い、福岡には、同じフロアに少年サポートンターがあり、協働してケースに当たることができます。

　私は、恐怖で体が震えました。これは、私なんて出る幕じゃないから、「この部屋で収まるまで待っていようかな」という情けない考えも脳裏を掠めました。しかし、「この子の思いを聞いてきたのは、この私だ」と恐怖心を振り払って、思い切って私もドアを出ました。ドアから出たときには、同僚の警察官と継父はあと数センチとばかりに顔を近づけ、睨み合っていました。「まぁまぁまぁお父さん」と、この二人を引き離すところから始まり、私も自己紹介をしました。「子どもを返せ」「あいつに会わせろ」「お前の話は聞かん」と怒鳴られながら、相談室に入って話をしようと伝えても、断固として部屋には入りません。途中、何度も激昂する父親と警察官の間で緊迫する場面がありましたが、絶対に父親の「会わせろ」という要求に屈することなく、深夜2時過ぎに父親は諦めて帰っていきました。この時、ドアを出てからすでに8時間が経過していました。

　とにかく守り切ったと、疲れた体で一時保護所に報告に行きました。この子は、待ち疲れたのか布団で眠っていました。起きたときに不安だろうと、そっと起こして「もう大丈夫。帰ったよ」「今後も会わなくても大丈夫だよ」と伝えると、この子は安心した表情で布団にくるまれて再び眠りにつきました。

　その後も、何日も何時間も父親からの電話が児童相談所やサポートセンターへかかってきました。保険証や通帳などのささいなことで支援が滞り、父親に協力を仰ぎますが、絶対にわかり合えることはありません。さまざまなものに親の同意が求められます。このような支援をしていると、我が国における親権の権限の強さに打ち砕かれます。しかし、ここでも助っ人が現れます。子どもの権利擁護の活動をしている弁護士に相談すると、「裁判所に離縁の申し立てをしましょう」と提案してくれ、全面サポートで支援してくれました。

　まさに、多職種連携チームで子どもを支えたのです。しかし、こんなにうまく連携チームが形成されることは決して多くはないのではないでしょうか。実際に、全国で起こっている虐待の悲しいケースの多くは、多機関連携がうまく機能していないことで起こっています。この連携がうまくいかないということも、子どもにとっては、命取りになります。私は、連携が築けないことが、子どもの被害体験の大きな一要因だと考えています。

　このケースから見てもわかるように、非行の背景には、何かしらの形で「虐待被害」が潜んでおり、そしてその虐待対応において社会の支援機能が機能しないことが、第二の被害だと考えています。

おわりに

　子どもを虐待被害から救うことができなければ、非行はなくせません。そのためには、多機関連携体制が不可欠です。そしてもう一つ、この多機関連携に欠かせないのは、そのメンバーの「熱い心」です。ただ機関がたくさんあっても、機能を有していても、そこにいる「人」の心に熱いものが宿っていなければ、そこに真に子どもを救う支援は成り立ちません。

　そんな大人が増えていくこと。そんな大人が繋がっていくこと。それが、私は非行の子どもたちが救われていくことに繋がっているのだと信じています。

校教員から
から見える被害と救済

学校で受けとめる子どもの声なき声

田中慎一朗（たなか・しんいちろう）　　　　　　　　　［熊本市立帯山中学校］

非行少年との出会い

　「僕は世界一嫌いな人間が中学校の先生です。中学校の先生にもっと愛があれば、僕は高校に入っていて、今では青春ができていたと思います」。これは、私がある少年院に出向き、そこで暮らす少年たちに講話をしたときにもらった感想です。講話の最後に設けられた質問タイム。そこで彼らの口から出た言葉は、「苦しくなったときに先生に相談していいですか」「出院後、再び違法薬物に手を出してしまいそうで怖いのですが、そんな僕にアドバイスをもらえませんか」といったものでした。彼らは、素直に助けを求めていて、そしてそれは自分の気持ちを受け止めてくれる大人を必死に求めているのだと感じた一場面でした。

　長年中学校の教員として、非行少年に関わることの多かった私ですが、その月日の中で感じていたことがあります。それは、目の前の非行を繰り返す少年も被害者なのではないかということです。小学生の頃からバイクの窃盗をしていたある少年は、両親もきちんと就労しており、一見何の問題もない家庭で育ちました。しかし、彼は自分が間違いをいくら犯しても叱ってくれない親に対し、苦しみを抱えていました。いつになったら、親は僕を怒ってくれるのだろう。そう思いながら、いろんな行為を繰り返すうちに、犯罪にまで手を染める

ようになってしまいました。彼がほしかったのは親から子への理解ではなく、親が子から逃げずに向き合う姿勢だったのだと彼自身の話から気づかされました。別の女子生徒は、どんなにがんばっても優等生である姉と比べられ、親に認めてもらえないことに苦しんでいました。自分の声に耳を傾けない親に対し、家に居場所がないと感じ喫煙や深夜徘徊を繰り返すようになりました。卒業後、久しぶりに成人式で会ったその子は、お祝いの会の二次会で、泣きながら自分の今を語りました。中学生の時には、悪態ばかりをついて指導に従わなかったその子が「なんで私、先生に相談してるんだろう。でも、話を聞いてくれてありがとね」と言いました。やはり、どの子どもも苦しみを抱えた自分と向き合ってくれる大人を探していたのだと感じました。

　シンナーを吸ったり喫煙をしたりした当時の子ども達。自宅ではなく、いつも学校の近くの公園で問題行動を繰り広げていました。学校に地域から通報があり駆け付けるのですが、反抗的な態度を取る彼らが心では「しっかり見ろ。先生助けてくれ」と言っているような気がしていました。最近では当時のような非行は少なくなってきました。警察の発表によると非行少年の数も減少しています。学校現場も同様で校内での当時の荒れは見られなくなってきました。しかしながら、昔と変わらず傷ついている子ども達がいて、被害から生じた問題行動は存在します。問題行動を反社会的行動と非社会的行動に分けるのであれば、反社会的行動が外向き、非社会的行動が内向きということになります。非行少年は、犯罪に手を染めてしまったり周囲を攻撃したりするので、外向きになりますが、心身症や自殺、不登校の一部などは、攻撃の対象が自分に向けられた内向きの問題行動と言えます。そのような視点で考えれば、非行少年の数が減少したからといって、子ども達が幸せになったわけではないということがわかります。問題行動を子どもから発せられた援助希求行動、すなわちSOS行動と捉えると彼らがどこに傷ついて、結果的に社会や自分にマイナスな影響が出る行動を取るようになったかということが見えてきます。ここでは、そういったSOS行動を取る子どもの被害を掘り下げつつ、彼らの声なき声をどう受け止めていくかを読者の皆様と考えていくことにします。

サバイバーである子ども達

1　SOS行動の背景

　先にも述べましたが、窃盗や暴力行為から援助交際やパパ活、またオーバードーズやリストカットにいたるまで、それらをSOS行動として大きく捉えることとします。そのようなくくりで考えたとき、そういった行動はなぜ生じるのでしょう。私は、学校現場で教員としてこれらの課題に向き合ったことがありますが、関わったすべての子どもがその行動をやめたいと考えていました。社会一般においては、問題行動を取る子どもは自らその行動を進んで選び、どこかに欠陥があるという捉え方をされがちですが、決してそのようなことはありません。少年院の子ども達も同じく、できるならば誰かに自分を止めてもらいたいと考えていました。それこそが、彼らが被害者である証拠ではないでしょうか。背景にあるのは、心に受けた傷です。劣悪な家庭環境やその子自身が持つ発達特性による周囲から受けた傷。それらが彼らを自分自身や社会全般に対してマイナスな影響を与える行動へと導いているのです。

　非行少年と聞くと一般的に粗暴なイメージがあり、周囲に対して攻撃性が強いように思えますがそうではありません。彼らは、純粋でなおかつ騙されやすいといった傾向を持っています。甘い声かけに弱く、同じ境遇の人の声を簡単に信じてしまいます。それは、これまでに彼らの周りに適切に頼れる大人がいなかったことを表しています。生きていく上でつらかったり不安になったりすることは誰にでもあります。しかし、そのような不快感情を一緒に受け止める安心安全な大人の存在が彼らにはありません。自分だけで背負うことができない課題に直面した際、その荷物を一人で持てずに誰かに一緒に抱えてもらいたくなるのは当たり前のことです。

　子どもにとって、その手助けをしてくれる一番身近な存在が親にあたります。ある女子中学生の母親は、小学校の頃から娘が学校で友達と揉め事を起こした際、学校を批判していました。揉め事の相手に対しても攻撃の手を緩めま

せん。子どもであれば、お互いの気持ちがぶつかりクラスメイト同士で喧嘩を
することもあります。その女子生徒も当然、友達を攻撃したこともありまし
た。その結果、彼女は周りから文句を言われます。親に対して、自分の都合の
悪いことを素直に話す子どもはあまりいません。彼女は友達から受けた嫌な態
度や言葉を自分だけでは受け止められず親に伝えました。親は彼女のことを
100％信じ、過度な期待をかけています。したがって、家庭の中では良い子で
なくてはなりません。自分だけでは抱えきれない愚痴や弱音を親に受け止めて
ほしかっただけなのに、学校や友達に対して暴走する母親。彼女は、結果的に
同級生からも孤立し家庭も安心できる場所ではなくなりました。彼女は次第に
外の世界に救いを求めるようになり、インターネットで成人男性とつながるよ
うになりました。出会った男性はみんな優しくて、どんな話でも素直に受け止
めてくれました。その結果、求められた性交渉についても許してしまいます。
お金は相手がすべて出してくれます。出会って自分のつらい話を聞いてもら
い、お金をもらって性交渉をする。これを彼女の性非行と呼んでよいものか私
は疑問を持ちます。

2　子ども達が背負っているもの

　子ども達にとっての被害とはいったい何なのでしょう。「苦しさやつらい家
庭環境なんて誰でも経験している。同じ境遇で非行に走らなかった子どももた
くさんいる。やはり、非行に走った子どもの中に課題がある」という声も一方
で聞こえてきそうです。はたしてそうでしょうか。本当に私たちは、その子の
立場に立ってそれぞれの非行を評価できているでしょうか。私はそうは思いま
せん。

　話は少し変わりますが、二点閾値というものがあります。これは、身体の二
カ所を触れ、どのくらいの距離を離したら二カ所と感じるかという実験です。
実は、私たちの身体は場所によって感じ方が異なります。舌であるとその距離
は１ミリで手の平だと15ミリ、背中だと65ミリになります。舌と手の平と背中
では、感覚的な事実が異なるということになります。これは私たちも同じで、

生まれながらの脳のつくりや発達のスピード、またそれまで育った環境などのさまざまな影響を受け、物事の感じ方や捉え方は人によって異なります。寂しいと感じるその受け取り方は、子どもによって違うのです。子どもは自分に合わせたケアを子育てや学校の教育の中で受ける権利があり、私たち大人にはそれを行う義務があります。本当は安全運転が好きなのに、「あなたが一生乗る車はこれです」とF1カーみたいな車を渡されたとすればどうでしょう。アクセルを少し踏んだだけで、いきなりトップスピードが出て、ハンドルもほんの少し動かしただけで急カーブをします。そういった車であれば、乗り初めは当然周りも自分も傷つけてしまいます。しかし、その子どもはF1カーを上手に運転できるようにならなければいけないのです。嫌なら、その車を降りるしかありません。もしくは、周囲が傷ついたり、自分の身がぼろぼろになったりすることを覚悟して運転するしかありません。自殺や人を傷つける犯罪に手を染めるようになるのは、このようにして起こるのではないかと私は思います。そのような車を渡された子どもほど丁寧に運転を教えるべきです。そのくせ周囲の大人は、運転の仕方が悪いとその子を責めます。これでは、子どもが上手に運転したいという気持ちが起こるはずはありません。

　被害は、それぞれの子どもの数だけ存在します。しかし、何が被害であるかということはなかなか見えにくいものです。被害は、その子にとっての課題から生まれます。しかし、その課題が子どものものではなく、周囲の大人の課題であったということは多々あります。子どもにとっての課題というとマイナスなイメージがありますが、それらがすべて悪いとは限りません。その中には自ら乗り越え克服することで、生きていく上で必要なスキルを身につけられるものもあります。私たちが成長と呼んでいるのは、それにあたります。課題があること自体が悪いのではなく、その課題がその子がそもそも抱えなくてもよかった、言い換えれば抱えさせられたものであるかどうかを見極めることが大切です。後者である抱えさせられた不条理といえる課題は、子どもが一人で持つには重すぎます。先に述べた、むしろ周囲の大人の課題であり、生きていく上で身近な大人や社会が一緒に抱えなければ乗り越えられません。私たち大人

には子どもを被害から救済する社会を作る義務があります。そういう視点で子どもを見たとき、その子の被害が見えてきます。被害が見えてきたら、大人がそれに向き合うことができます。非行少年の被害に対しての救済や埋め合わせは学校ではその子に寄り添うことで行います。いじめや教員の関わり方など学校生活に原因がある場合は、学校が環境を変容させることで直接救済に作用させることができます。しかし、家庭での生育過程が影響している場合は、それを改善させることは困難です。そのように家庭環境を変化させられず、つらさの総量を減らすことが難しいときは、肯定感を得られる体験やつらさを一緒に受け止めることで、心の痛みの体感温度を下げる取組みを行います。学級担任をしていたとき、帰りの会の後に毎日クラスの机を並べる生徒がいました。私はすぐに職員室に戻らず、毎日一緒に並べていました。そういったことを繰り返す日々で、ある日その子が自分の抱えるつらさを語ってくれたことがありました。その生徒にとって、私と一緒に机を並べる時間がつらさを受け止めてもらう時間だったと後になってわかりました。

底つき体験の真実

1　自らを傷つける子ども達

「もうあの子はどん底を味合わないとわからないよ」。私も残念ながらこの言葉を使ったことがあります。深く関わる教員として何度も裏切られ、嘘をつかれ悪態を浴びる経験は、そういった場面を味わった者しかわかりません。支援者の教員にも感情はあります。学校という集団生活の場では、規則がどうしても家庭や施設に比べ多くなります。しかも、個別対応だけではなく集団の運営も同時に行います。体育大会に、オートバイで乗り入れようとする少年の対応をしたことがあります。彼個人も大事にしなくてはなりませんが、体育大会に普通に参加している生徒も大切です。抱えさせられている課題があるからといって、体育大会中に運動場を1回だけオートバイで走らせてやろうとはなり

ません。そこで非行少年と教員の衝突が生じるのは当たり前のことです。「この教室は、真面目なやつしかいないから、あいつがいる別のクラスで給食を食べる」。それを言われて、じゃああなただけ特別に好きなクラスを選んで給食を食べていいよとはなりません。私は、無免許でオートバイを乗り回す生徒に危険であると丁寧に何度も真剣に伝えました。一向に話を聞く素振りはなく「うざい。俺に関わるな」の一言で返されます。正直、この生徒は一度事故に遭わないとわからないと思ったことがありました。しかし、そう思った自分を私は一生後悔しています。私が関わった生徒の中に、授業中に無免許で原付を二人乗りし、車との接触事故にあって命を失った子どもがいます。仏前で手を合わし、自分と向き合いましたがその時の自分にはなぜこのようなことになったのか、答えが出てきませんでした。

　SOS行動としての問題行動を取る子どもに共通していることは、多くが自らを傷つける行動を回避しようとしないという点です。シンナー等の薬物もオートバイでの暴走行為も不特定多数との性交渉も、すべて自らに危険が及ぶ行為です。オーバードーズやリストカット、自殺未遂も同様です。ではなぜ、彼らは自らが傷つく可能性がある場に簡単に身を投じるのでしょう。インターネット上で交際相手を探す生徒がいました。その生徒は、トラブルに巻き込まれ被害に遭いそうになったことがあります。危険な目に遭いそうになったその生徒に私は、「今回のことで危ない目に遭うことを身に染みたから、もう懲りただろう」と声をかけました。しかし、返って来た言葉は「先生、危ないことがあるくらいわかっています。もしも、被害に遭ったときは運が悪かったぐらいにしか思っていません。インターネットは私を救ってくれます。少々の危険性があっても私はやめません」というものでした。その生徒は、自分の人生がつらくて生きるのをやめたいと常に思っていました。しかしながら、自ら死ぬのは痛いので勇気はありません。でも、偶然交通事故に遭うのであれば仕方ないと考えていたのです。子ども達は「死にたい」と思っているのではなく、「生きるのがつらい」と感じています。

　彼らが自らの人生の歩みを止める方法は二つあります。一つは社会的問題に

もなっている子どもの自殺です。新型コロナ禍前までの特徴でいえば、大人の自殺が減少傾向であるのに対し子どもは高止まりの状態であり、むしろ微増しているといった見方もありました。なぜ、自ら死のうとするのか、これは大人がそういったリスクの高い子どもに早急に向き合わなければならない課題の一つです。ただ見落とされがちなのがもう一つの方です。「死にたい」と思っている子どもが取る行動にはもう一つのパターンがあります。それは、自ら命を絶つのではなく間接的に死のうとするケースです。たとえば、不安がない安心安全な環境で育っている子どもは自らを大切にします。交通量の多い道路では、車と接触事故を起こさないように歩道を通行し、なるべく走行している車と距離を取ります。走っている車を怖いと感じるのです。ところが、生きることをやめたいと思っている子どもは、近道であれば車道を通行します。仮に、交通事故に遭って命を落としたとしても諦めがつくと感じているのです。むしろ死ねなかった自分の手助けをしてくれたと思うのです。先に説明した、攻撃が内側に向いている非社会的問題行動を取る子どもの多くは、このような状態にあります。では、攻撃対象が外に向いている反社会的行動を取る子どもは違うかと問われれば、周囲を攻撃すると同時に自分自身も攻撃する傾向が見られます。オートバイでの暴走行為は、周囲も自分も傷つける行為です。

2　底は存在しない

　さて、以上のような話を踏まえた上で、底つき体験の話をします。底つき体験を推奨する人は、底まで行った人は落ちるところまで落ちている状態だから見方を変えればあとは這い上がるだけだと言います。どん底を見せ当事者に這いあがる覚悟を決めさせることも有効であると言うのです。はたしてそうでしょうか、本当に良くなるのでしょうか。問題行動を取る子どもを被害者として捉え直します。はたして生育過程で人から傷つけられた子どもが再び人を信じて、這い上がろうとするでしょうか。そもそも底というのは、ずっと下がっていて上向きになるその直前の部分を指すものと考えます。傷を受けた子どもが適切な人に出会い、その人とのつながりをきっかけとして上昇に転じたので

す。そう考えれば適切な人との出会いが遅ければ遅いほど、深く沈んでいくことになります。もしも最後まで出会わなかったとしたら、落ちていくだけなのです。人生を諦めた子どもは、適切な人との出会いがなければつらさを抱えたまま歳を重ねてやがて大人になります。その先は、二つしかありません。途中で、背負わされた課題が重すぎて自ら命を絶ち自分の人生を終わりにするか、もしくは周囲を攻撃し周囲と一緒に自分を壊すことで痛みに鈍感になって生きていくかです。後者は犯罪に手を染めていくことになります。社会に怒りを覚え罪なき周りの命を道ずれに自分を殺そうとする事件も今までたくさん起こっています。つまり、底というものは最初から存在しないのです。そうであるとすれば、沈んでしまう前に救い出さなくてはなりません。苦しんでいる目の前の子どもに適切な支援者を出会わせることに全力を注がなくてはなりません。家族との関係に苦しみ家に居場所がない生徒は、福祉につながっていなければ学校の教員しか出会える大人がいません。繰り返しますが、冒頭の少年院にいる少年が書いた感想の中の「僕は世界一嫌いな人間が中学校の先生です。中学校の先生にもっと愛があれば、僕は高校に入っていて、今では青春ができていたと思います」という言葉は、問題行動を取らざるをえなかった自分たちの現状を先生達は理解した上で自分に関わってきたのか、という怒りが混ざった感想だったのかもしれません。つらい人生の中での適切な大人との関わりこそが、彼らの被害に対する救済です。これから二つの事例をもとに登場する子どもの被害と救済について考えてみます。

2人の事例から被害と救済を考える

1　居場所のない女子中学生

　女子中学生のチズル（仮名）は、小学生の頃から学校の教員の指導にはなかなか従わない生徒でした。中学校に進学してからは、さらにその傾向が顕著になってきて、授業が始まっても教室に入らずに廊下を徘徊します。学校外でも

染髪、眉そり、飲酒、喫煙、万引き、家出を繰り返していました。その生徒に関わる教員の目には、彼女の行動は生活が乱れ周囲のことなど考えずに好き勝手に生きている姿として映っていました。もちろん、最初は教員も彼女を理解しようと努力を重ね、根気強く関わりました。ところが、悪態を何度もつかれるうちに積極的に彼女に関わろうとする教員の数は次第に減っていきます。学校には好きな時間に来て帰りたくなったら帰宅する彼女。友達も距離を取るようになり、その数も少しずつ減っていきました。最終的には、学校の中にチズルの居場所はなくなってしまいました。

　学校に居場所を求めたのは、家に居場所がないことが原因でした。小学生の高学年のとき母親に新しいパートナーができました。それまでの母娘の二人の生活が一変し、その男性との同居生活が始まります。男性にはすでに子どもが2人おり、彼女が夕食等を作ることが多くなりました。男性の子どもの小学校の送り迎えも彼女がすることになりました。母親と男性は自宅に帰らない日もあります。夕食は自分で用意しなくてはなりません。福祉機関にもつながってはいましたが、彼女は自分が家庭からいなくなることで、幼い妹と弟がどうにかなることを心配していました。自分たちだけで食べる夕食。その頃には毎日夕食を摂るという習慣がなくなっていました。体は次第に痩せ細っていきました。チズルには、インターネット上に年上の彼氏がいました。彼女は自由になるための金がほしいと周囲に常に漏らしていました。学校もそういった家庭環境は把握していました。関わろうとするのですが、チズルは、教員との関わりで自分の気にそぐわないことがあるとそのことを母親に告げ、母親が学校へクレームを言いに来るので、多くの教員が彼女を腫れ物に触る扱いをするようになっていきました。

　ある日のこと、チズルはいつものように授業に入らず校内を徘徊していました。偶然、担当学年が違う教員のセイイチ（仮名）が生徒昇降口で座り込んでいる彼女に出会いました。セイイチは歩み寄り「なんか寂しそうな顔をしているね」と声をかけました。学校の廊下に置いてある水槽をチズルが覗き込む姿を目にしていたセイイチは彼女に水槽にいた観賞魚の話を持ち掛けました。する

と堰を切ったようにチズルは観賞魚のことを話し出しました。そして最後に「アルツハイマーになりたいなぁ」と彼女はつぶやきました。唐突な言葉に驚いたセイイチは優しくその理由を尋ねました。すると彼女は「だって、何もかも忘れてしまえるから」とポツリと答えました。人一倍感受性が強い性格は、周りの人の気持ちを敏感に感じ過ぎてしまいます。チズルは自分を取り巻く周囲の人々が怖くなりどんどん距離を取るようになっていました。観賞魚のことを話したことがきっかけで、チズルは今まで関係が薄かった他学年の教員であるセイイチと次第に廊下ですれ違う度に世間話をするようになっていきました。ある日、チズルが給食を食べていないことがありました。そういったことは、過去にも何度もあり、食べさせようとしても拒否するので、担任をはじめチズルの学年の教員はそれに対し何も対応できずにいました。世間話をするようになったセイイチがその日たまたまそこを通りかかりました。そこでセイイチは娘を迎えに来たチズルの母親に偶然出会いました。セイイチは母親にこう話しかけました。「給食を食べていないから、きっとお腹を空かしていると思います。家に帰ったらたらふくご飯を食べさせてあげてください」。その時いつもは学校に対し苦情ばかりを言う母親が涙を流しました。実は母親も子育てに悩み、自分に反抗する娘をどうにもできずに困っていました。母親の子育てには課題がありますが、母親自身も幼少期に苦しい家庭環境で育った被害者の一人でした。チズルの母親にも寄り添う人間はこれまでに現れませんでした。そういった中で母親が出会ったのが新しいパートナーだったのです。

　チズルも母親も周囲から孤立していることに苦しんでいました。チズルがインターネット上の彼氏に、そして母親が新しいパートナーに求めたものは寂しさを埋めてくれる存在でした。二人に必要なのは自分に向き合ってくれる人だったのです。チズルは学校では教室以外の部屋で過ごしていましたが、寂しさを感じていました。その部屋には学習のためのプリントも用意されています。勉強を教える教員もいます。ただ、そこにいる人が自分に向き合っているとは感じられませんでした。学習を嫌がるチズルに多くの教員は積極的に関わろうとしませんでした。彼女はその状態を「先生たちは本気を出していない」と

表現していました。

　ここで考えるチズルの被害とは何でしょう。一つひとつ挙げるときりがあり
ません。家庭環境も彼女にマイナスな影響を与える一因であったと思われま
す。彼女の情緒面を支えるはずの家庭における親子の不安定な関係が、学校生
活における不適応を引き起こした可能性はあります。しかしながら、安定しな
い養育環境の子どもがすべて問題行動に走るかと言えばそうではありません。
保護者から虐待を受けている子どもでも学校や社会に適応しているケースは数
多くあります。適応しているケースに共通して見られるのは、当事者に関わる
大人の存在です。そういった意味では、学校はサバイバー的な生き方をしてい
る子どもにとって、保護者以外の支援者に出会える最初の場となることが数多
くあります。教員が目の前の子どもに抱えさせられた背景を理解し、適切な支
援者としての関わりを行えば学校に適応していくことも可能です。生育歴から
校内で対人トラブルを繰り返す子どもも教員との出会いで、周囲との関わり方
を次第に覚えていきます。不幸なのは家庭で傷ついた子どもが、学校の教員に
よって再度傷つけられるケースです。これは、その後の福祉機関などにいる大
人の支援者へ繋がる機会が奪われることにもなります。教員によって傷つけら
れた心は、大人全体を信用できなくなり二度と大人を頼ろうとしなくなりま
す。学校が単に校内のルールを守れないからといって排除しようとすると、行
き場は完全になくなります。この事例では校内でチズルに対し関心を持ち、話
しかける教員の姿がありました。この教員がしたことといえば、日常的に話を
聞くだけでしたが、チズルにとってはそれが自分と一緒の時間を過ごす大人が
いる安心安全な居場所となっていました。彼女の母親も同様で、子育ての弱音
を吐ける存在がいなくて苦しんでいました。自分の娘に話しかける教員の姿に
安心を覚え、母親もその教員に子育ての相談ができるようになっていきまし
た。チズルも母親も悩みながらも自分の人生を生きています。このケースでの
救済とは、ただ同じ時間を過ごし、話を聞くということだったのです。

2 教師を試す少年

「先生、もう俺の家だめかも」。ある日の夜中、中学校の生徒指導主事である
ミチル(仮名)の携帯に突然同じ学校の生徒であるアキオ(仮名)からメッセージ
が入りました。「大丈夫か？　今からすぐに家に行くから待っとけ」というミチ
ルからのメッセージに「別にどっちでもいいよ」とアキオは返します。しかし、
すぐさま彼はアキオが住む団地へと向かいました。

アキオは中学入学時より目立つ生徒でした。兄は少年院に入ったこともあり
彼を取り巻く家庭環境は安心できるものではありません。他校の生徒とも頻繁
に揉め事を起こし、暴力行為や恐喝、盗みなども犯しました。注意しようとし
た教員に反抗的な態度を取るなど校内では対教師暴力も起こしました。ミチル
はアキオが問題を起こすたびに、彼を落ち着かせ起こったことを紙に書いて
ゆっくり説明していました。アキオは毎回一生懸命自分に関わり説明しようと
する生徒指導主事のミチルのことを信頼するようになっていきました。もちろ
ん、信頼を得るまでの道のりはここで書くような数行のものではありません。
非行経験がある多くの子どもは大人を試します。教員は口癖のように「あなた
のことを信頼しているからね」と子どもに告げます。問題行動を取る子どもた
ちは、そのほとんどが生育過程で大人に心の傷をつけられていると言っても過
言ではありません。ゆえに、彼らは大人や社会を容易には信用しません。あえ
て、感情を逆撫でするような態度で接してくるときがあります。しかし、それ
は試し行動の一つで、目の前の大人が自分から逃げるかどうかを見ています。
口先で信頼すると言うのは簡単です。教員は目の前の子どもが自分を裏切った
瞬間、「私は信頼していたのに、あなたはそれを台なしにした。そんなことな
ら、周りの人があなたから離れていくよ」と言い放ちます。子どもからすれば、
やっぱりこの大人も口先だけだったと感じるわけです。このようにして、彼ら
は自ら傷つく体験を重ねていき大人を信用しなくなっていきます。

アキオに話を戻します。生徒指導主事のミチルが車で駆けつけたとき、なん
とアキオは団地の駐車場にいたのです。その場所はいつもミチルがアキオを

送って行ったり迎えに行ったりするところでした。後でわかった話ですがアキオは「別にどっちでもいいよ」と言いながらもいつもの駐車場で日頃自分と向き合ってくれている先生を待っていたのです。ミチルはアキオを自分の車に乗せゆっくり話を聞きました。そこからわかってきたのは、彼が早朝に起き仕事に行く家族が昼に食べる弁当を作っているといった実態でした。アキオは、酔っ払った母親から絡まれたり夫婦喧嘩を聞かされたりするたびに夜に目を覚さなければなりません。弁当作りのために早朝に起きなければならない彼は、寝不足で学校に来たときに問題を起こしていたのです。それを聞いたミチルは、話を聞いたあとコンビニに惣菜を買いに行きました。そして、「明日はこれを弁当に入れると早起きして料理しなくてすむよな。ぐっすり寝るのだぞ」と言いナイロン袋に入った惣菜を渡しました。アキオは家に戻り、教員であるミチルも自宅に戻りました。すでに時計の針は午前0時を回っていました。するとミチルの携帯に再びメッセージが届きました。「先生、今日は遅くまで俺に付き合ってくれてありがとう。寝る時間が少なくなってごめんね」。普段大人ぶっているアキオが素直な子どもに戻った瞬間でした。

　その後も似たような出来事が二人の間には何度もありました。しかし、アキオは繰り返し学校で問題を起こします。学校でこういった場合よく聞かれる声は、「あれだけお世話になったのに、あの子は恩を仇で返すようなことばかりしている」というものです。私はそんなことはないと思っています。彼らは、上手な表現の仕方を知らないのです。どのようにして感謝の気持ちを伝えれば良いのか、その術を生育過程で学んでいません。安心安全な環境で育った子どもであれば話は別です。学びの機会を奪われただけではなく傷つきを繰り返してきた彼らには、その回数を上回る分の愛情を注ぐしかありません。1回だけで彼らの心が癒されると考えることこそが大人のおごった捉え方ではないかと思います。目の前の大人が自分から逃げずに最後まで寄り添うかどうかが不安でたまらないのです。頼りたいからこそ安心を得るためにその大人を試す行動を繰り返します。しかし、それに付き合う大人も根気が必要です。ゆえに、こういった子どもたちと向き合う大人を支える仕組みも必要です。残念ながら学

校現場にそのようなものはありません。個々の教員の努力やボランティアによって成り立っているのが現状です。

　このようなスキルや熱量を持った教員は年々減ってきているような気がします。問題行動を起こす少年たちは、学校の教員が対応するのではなく警察や司法の手に委ねるべきだと主張する教員もいます。むしろ、世の中も働き方改革などでそちらへシフトしてきてそれぞれの業務を見直すべきだという考えが一般的になってきているようです。そうであれば、アキオを救済できるのは一体誰だろうと悩みます。彼は、児童相談所にも保護された経験を持ちます。保護観察もついて保護司の関わりもありました。勤務時間外のアキオからのメッセージをミチルは無視すべきだったのでしょうか。「また、明日ゆっくり話を聞く」と返信すべきだったのでしょうか。学校現場は日々、このような場面に出くわし葛藤しながら対応しています。アキオは中学の卒業式に無事出ることができました。顔面をくしゃくしゃにしながら涙をいっぱい流し、式歌を歌う彼の姿にミチルは自分のしてきたことは間違いではなかったと確信しました。式の後、彼からミチルにメッセージが届きました。「先生今までありがとう。俺、先生がいなかったら絶対少年院に入っていたと思う。先生がいてくれてよかった」。それは、彼の前から決して逃げなかったミチルに届いた勲章のような言葉でした。

SOS行動を取る子どもと向き合う

　ここでは、大きく二つの事例を取り上げました。チズルの事例は、言ってみれば誰にでも可能な寄り添いです。しかし、アキオの事例は誰にでもできるものではありません。ただ、二つの事例に共通することは、非行に走る一見身勝手な子どもに対して向き合おうとした教員がいたという点です。その存在が、２つの事例の子どもを救っています。親が出かけたときに一人で留守番ができる子どもは、その親が必ず自分のところに帰ってくると信じることができる子どもです。幼少期より安心安全な環境で育つと、親が自分を置いて出かけても

不安にならずにすみます。しかし、親が出て行ったきり一生会えないかもしれないという環境で育った子どもはどうでしょう。親が出かけるときは泣いて行かないでと止めるでしょう。そういった子どもを前にしたとき、その子が聞き分けのない子と映るのかそれとも何かを抱えさせられている子と映るのかで支援者が取る行動が変わってきます。

　犯罪に走ってしまう少年は、彼らが育ってきた過程の中で大人から被害を受けていたことがほとんどです。彼らは自分の出自を恨み自らをなかった存在にするために、自分で自分を傷つけようとします。ただ扱いが難しいのは、彼らが事件の加害者になっている場合です。その時は被害者が存在します。何も罪もなく普通に生きてきた人が、突然暴行を受けてしまうこともあります。また、いじめ等で傷つけられている場合もあります。被害を受けた人からすれば、個々の行為については許しがたいものがあるでしょう。自分と同じつらさを味合わせないと受けた傷の埋め合わせはできないと考えるのも当然です。しかしながら、内省ができなければ加害者になった子どもは再び問題を繰り返します。再犯率についてよく議論がされますが、それは加害者である彼らが今までに背負わされてきたものに向き合わないがゆえに、再び問題を起こすのだと考えます。更生をしたいという気持ちは、自分のことを大切に思えるからこそ内から湧き起こります。仮に犯罪を犯したとしても、自分が人生のどん底でそれ以上生きる望みがない場合は、自分のしたことと向き合おうとはしないでしょう。人は、幸せで安心安全な環境に置かれて初めて相手の気持ちを思いやることができ、自分の犯した罪を後悔できるのです。そう考えたとき、非行少年を厳罰に処すだけでは社会は何も変わらないということがわかります。そういった少年には被害の埋め合わせ経験が必要で、負った傷を埋めてくれる自分に寄り添い続ける存在が必要です。

　犯罪や非行に走る子どもたちの話を今までしてきましたが、背負わされた課題に耐えきれず自分自身を壊そうとする子どももいます。ある日一人の生徒から発せられたメッセージがあります。それは以下のようなものでした。

これが最後の質問になるかもしれないです。もし私が死んでしまったときに、先生方はどういう対応をしますか？　迷惑かけそうですよね。その時はごめんなさい。

誰が送ってきたメッセージかわからなかったので、その教員は生徒全員にメッセージを届けました。内容をきちんと受け取ったということと今抱えているつらさについて一緒に考えたいということをその中で伝えました。数日後、その生徒が発したと思われるメッセージが再び届きました。

先生、想いを伝えていただきとても感謝します。私は一年ほど前から精神がかなり不安定でした。この場から死んでしまいたい、消えてしまいたいと毎日のように思い、自傷行為を繰り返しどうにか延命する日々でした。そして今、本当に自殺をしそうになったとき、この学校内で相談を送れる仕組みを知り、相談を書くようになりました。こんなどうしようもない私を受け止めてほしいと必死に書いた相談。そして返ってきたメッセージにはこれまでにないような長文が書かれてありました。その中でも印象に残ったものは「生きるのがつらくなっている相談について、私もいつもいっしょに考えています。命が大切とよく言いますが、そんなことはみんな十分わかっています。それでもなお、それが軽く思えるくらいのつらさを抱えているからこそ、天秤のように命の方が軽くなっているのだと思います。だとすれば、そのつらさを私は少しでも全力で軽くしたいと思います」という言葉です。私はこんなに全力で生徒のためにつくす先生はいないと心の中で確信しました。とても感激しました。そして私も先生のように誰かのために何か役に立てる仕事に就きたい。と考えるまでになりました。先生のおかげで明日を生きることができ、またほんの少しだけ生きることに希望が持てるようになりました。本当にありがとうございます。

これを読むと、とてもすごいことをその教員がしたように聞こえますがそう

ではありません。その子が抱えているつらさを一緒に抱えたい、そして知りたいと思いどうせ届かないと諦めずに手を伸ばし続けただけなのです。気の利いた言葉が必要なのではなく、心を救うスキルが必要なのではなく、助けを求める子どもの隣にいたいと思えるかどうかが大切なのだと考えます。

　SOSを出せずに苦しむ子どもたちがいます。彼らは、自分の現状を解決してほしいというより、つらさを抱えながら生きているということを知ってほしいと思っています。ある生徒は、つらさの内容さえ知らなくてもいいと私に言いました。非行少年の問題を考えるとき、その非行は彼らの問題なのではなく、行動に至るまでSOSを受け止められなかった大人や社会の問題だと私は考えます。目の前にいる少年が、大人や社会が問題とする少年なのか、それとも大人や社会に対して問題を提起してくれている少年なのか、どちらとして捉えるかで目の前の少年の未来は大きく変わります。最後に冒頭で示した少年院での少年の感想をもう一つ紹介します。

> 中学生の時に、こういう話を聞きたかったなと思いました。

> 実際に本気でぶつかって本当に本気で自分の事を考えてくれる人がいることに感動したし、出院後、困ったり壁にぶち当たりくじけそうになったりしたときに電話してアドバイス等をしてもらいたいと思いました。

　学校現場においても非行少年と向かい合うとき、大人としての責任の重さを感じます。彼らから逃げてはいけません。

童福祉施設経験者を支援する立場から見える被害

「親を頼れない若者」と非行

山下祈恵(やました・きえ)　　　　　　　　　　　　　　［NPO法人トナリビト］

「親を頼れない」から非行に繋がる若者たち

　「俺は糞みたいな親から生まれて、糞みたいな人生を送る、糞みたいな存在だから……」。これは親元から逃げ出して私のもとにやってきた15歳の若者が吐き捨てるように言った言葉です。私は「『自分は愛されるために生まれてきた』とすべての子ども・若者が思える未来を目指して」というビジョンのもと、NPO法人トナリビトという民間団体を立ち上げ、親を頼れない10代から20代の若者の支援を行っています。元々病院の経営部で働くサラリーマンでしたが、2019年に若者のための自立支援シェアハウスを立ち上げ、今では社会の狭間で孤立しやすい若者の日々のSOSに応えるために、相談窓口、居場所スペース、緊急宿泊用シェルターなどを併せて運営しています。

　トナリビトに繋がる若者たちは、児童養護施設や里親といった社会的養護下で育つ若者たちや、児童相談所や警察が未介入のまま10代になった虐待・ネグレクト(育児放棄)被害者の若者たちなど、公的機関との繋がりの有り無しにかかわらず「親を頼れない」事情を抱える若者たち。それぞれが抱える課題はさまざまですが、トナリビトの一番コアとなる支援は、シェルターや自立支援シェアハウスIPPOを通じた自立支援と生活支援。親や家庭から支援が得られない15歳から23歳の若者たちが、保証人や貯金などがなくても住むことができ、支

援者の見守りやサポートを受けながら、自立に向けて一緒に生活するための場です。2019年からこれまで、私はシェアハウスの管理人として計16名の若者たちの自立に伴走してきました。卒業生の大半は最終的には生活や仕事が安定し、一人暮らしのアパートに巣立っていきましたが、シェアハウスにたどり着いた当初はみんな大変な状況にある若者ばかり。そしてその中には、非行少年（もちろん、男女ともに含みます）という枠にあてはまる若者も少なくありません。

「非行少年」というキーワードを主語にして語るとき、「非行少年たちの多くは恵まれない家庭環境や実際の家庭での被害体験を有する」というのを最近よく耳にします。私が関わってきた非行少年たちは数でみると大変少ないのですが、子どもから大人へ育つ狭間の期間をともに生活する中で私が見てきたものとは、まさに「親を頼れない」状況に置かれた若者たちがいかにして非行少年（と呼ばれる状況）になっていくのか、ということです。「非行少年」というと、一般的に素行が悪く問題行動を起こす、どちらかというと攻撃的な若者をイメージする方もいらっしゃるかもしれません。しかし、私が関わってきた元非行少年たちは、みんなごく普通の若者たちでした。ただ一つ「普通」と違ったのは、親や家庭から大きく深い傷を負わされ、世間の当たり前からはかけ離れた価値観や文化の中で育てられた背景を持っていたということです。私はリアルタイムで若者たちが非行やときには犯罪に繋がっていく姿を見ながらも、一度たりともこれが若者たちの自己責任だと感じたことはありません。むしろ、私たちが平然と暮らしているこの社会というものが、大人の都合や社会の狭間で痛み、傷ついていた脆弱な若者を救うどころか、彼らの心の隙間につけこみ、抗えない力で引きずり込んでいく様を、一番間近でまざまざと見せつけられたのです。

自分を守る術を持たない若者たち

IPPOにやってくる若者は、ほとんどの子が10代。一番若くて15歳、高校1

年生の歳です。冒頭にも述べた通り、大半が虐待やネグレクト、幼少期の捨てられ体験をもった若者たちです。親の疾病や死別などで家庭を頼れない子と一番違う特徴は、それらの体験からくる自己肯定感の低さだと感じています。「俺は糞みたいな親から生まれて、糞みたいな人生を送る、糞みたいな存在だから」。ある若者のこの言葉はまさに、その表れでした。自己肯定感が低いというのは、単に自信が持てないといった単純な問題ではありません。自己肯定感は社会の中で自分という存在がどこに位置するのか、どんな存在なのか、という自己認識を形成していきます。そしてこの自己認識に基づいて私たちは物事に対するボーダーライン（境界線）を引いていきます。

　親を始めとする身近な大人と愛着形成ができ、具体的に伝わる形で愛情が注がれてきた子どもには、「自分が自分である」ために必要なボーダーラインが育つ過程の中で明確に引かれていきます。「自分はこういう扱いを受けるべき人間だ（こういう扱いを受けてもいい人間だ）」とか、「人としてこの一線は越えたくない」といった、一人ひとりがもつセルフイメージに紐づくラインです。私たちはそれぞれさまざまに異なるボーダーラインを持っていますが、このボーダーラインこそが私たちが生きていく上で重要な力、すなわち「自分を守る力」に直結していきます。

　私が以前ある性教育の研修に参加した際に、非常に印象的だった研究結果がありました。詳細は省きますが、そこで言われていたのは「女の子は、自分の父親が自分をどう扱ったかを基準に、他の男性を判断する」ということを、性被害等のデータを元に分析したものでした。端的に言えば、自分を殴らずに丁寧に取り扱った父親のもとで育った子は、他の男性に殴る、罵倒されるなどの扱いを受けたときに違和感を感じ、相手を拒絶する傾向が高い、ということです。反対に、育つ過程の中で暴力を受けたり、身体的距離が不適切であった父親のもとで育てば、他の男性からそのような取り扱いを受けても、受け入れてしまう傾向が強くなるのです。実際に私がこれまで関わった若者で、10代で不特定多数の男性との性的関係を止められない女の子の中には、子ども時代に父親や他の男性から性的な接触や関係を無理強いされた経験を抱えている子が多

数います。大人になって異性から身体を触られた際に、「これまでも普通に
あったことだから、大したことはない」と思っていたら、そのまま性行為を強
制され被害を受けたケースもありました。これこそが、ボーダーラインの大切
さです。子どもは自分が育つ過程の中で触れる価値観や経験の中から、「自分
が自分である」ためのボーダーラインを形成していきます。しかし、親や家庭
から不適切な取り扱いを受けた経験をもつ子どもは、このラインが曖昧になっ
ていたり、ときにはラインそのものがない状態になってしまうことがありま
す。そのような場合、若者は外からの不適切なアプローチに対して、あまりに
も無防備です。自分を守るために、どこで線引きをし、どこでアクションをと
ればよいかわからないからです。実際に私が出会った非行少年たちも、一般的
に考えれば踏み込まないラインを、よくわからないままに躊躇せずに超えてし
まう……。そんな姿を見てきました。しかし残念なことに、このような若者が
トラブルや犯罪に巻き込まれると、私たち大人は往々にして「なぜ断らなかっ
たのか」「嫌だったら逃げればよかったのに」「自分から望んでやったことだから
自己責任だ」と若者を責め立て、片づけてしまうのです。

　本当にこれは自己責任なのでしょうか。自己責任の意味を調べてみると、
「自分が選択したことにより利益を受けるだけでなく失敗のリスクも自ら負う
こと」とあります。しかし、私が出会った非行少年たちは、はたして自分で「選
択」していたのでしょうか?　私から見た彼らは、自分自身を守る術を持たな
い若者たちでした。自分自身を守る、ということの意味も理解できない環境で
育ってきた子もいました。いくつか私が出会った事例についてお話していきた
いと思います。

自分を守る術を持てなかった3人の子どもたち

1　窃盗が止められない少女

　15歳で出会ったハルカ(仮名)は、2人姉妹の長女で、ネグレクト状態で育ち

ました。家ではご飯もたまに出る程度。幼少期から、「お腹がすいた」と父親に訴えると、「〇〇（店の名前）から盗ってこい」と言われ、たびたび妹とお店に食べ物を盗みに行っては食べる、を繰り返す生活でした。高校生になってもその生活は続き、小腹がすいたらどこかから盗って食べる、というのがハルカにとっては当たり前になっていたそうです。高校１年生で親が蒸発し、学校を退学になったタイミングで出会ったのですが、もともと食や身だしなみに対して無頓着で、ご飯は気が向いたら食べる、お風呂には２～３日入らないのが普通といった状態でした。そんな状態でしたが無事就職。初めて自分の給与が入ることになるので、一緒に必要になる生活費の計算や、貯蓄目標を立てたりしました。実際に仕事を始めてみると、手に入ったお金はすべて衝動的に自分のほしいものに消えていき……、毎月あっという間にお金がなくなっていったのです。それでも本人に焦る様子はまったくなく、「ご飯はなくても平気だから」と、家賃などの生活費は職場から前借したりしながらしのいでいました。しかし、気がつくと本人の部屋にはスナック菓子やカップラーメンなどの残骸が転がっています。「おかしいな、今月残金はもう500円を切ってるはずなのに……」と不思議に思って本人に聞いたところ、「もらってきた」と一言。違和感を感じながらもしばらく様子を見ていると、あきらかに新しいお菓子やパンなどが増えていくのです。あとからわかったことですが、ハルカは仕事を始めた後も、日常的に近くのお店から食べ物を盗んで食べていたのです。ある日、本人のバッグの中に、大量のパンとお菓子が入っているのを見つけてこのことが発覚したのですが、その後何度約束をしても、一緒にお金の管理をしてみても、ハルカは食べ物を盗ることをなかなか止めることができません。

　私は、「今回はどうしたん？」「なんかあったん？」と辛抱強く話を聴き続けました。するとある日、ハルカがニヤリとしながらぼそっと言ったのです。「中学校の先生も、いっつもハルカが物盗るから一緒に謝り行ってた」。私が「そうだったんだ。一緒に謝りに行ってたんだ」と答えると、ハルカはこう続けました。「でも、うち小さい時からさ、親がさ、『盗ってこい』ていうからさ、行くじゃん？　だってみんなしてた。親も、おじさんもおばさんも。多分周りの人

とかもわかってた。高校の先生も絶対わかってた。でも誰も何も言わんかったし、うち、そうしないとご飯ないじゃん？　でもご飯食べないと死ぬじゃん。でも誰も助けてくれない。だからいつもそうしてた。お腹すいて、目の前に食べ物あったらさ、それ盗っちゃダメ、とか考えないじゃん」。

2　闇バイトに手を出した少年

　ケイタ（仮名）は小学生の時からシングルマザーの母親と、母親の恋人からの暴力や、「死ね」といった言葉を日常的に受けており、家の外に締め出されることも頻繁にありました。母親の恋人の影響もあり、自分自身もたびたび他人への暴力・暴言でトラブルを起こしていたことから、クラスでは問題児としてみられていました。一方で、「警察に言えば捕まるのはお前」「こっちは警察の偉い人とつながってるから、お前が何か言っても簡単にもみ消せる」といったことをよく母親の恋人から言われており、自分が何をしても無駄なんだと考えていました。しかし、高校2年生の時に冬に外に締め出された際に「このままでは死ぬ」と思いそのまま家出。路頭に迷っていたところを助けてくれたのが、知り合いの先輩でした。

　家に泊めてくれたり、ご飯をおごってくれたり、服を買ってくれる先輩に、「いい先輩と出会ったな」と感じていました。トナリビトに繋がりシェアハウスに入居した後も、この先輩との関係は続きました。そして後日その先輩から「別の先輩が人手がほしいと言ってる。1日で30万稼げる仕事があるから紹介してやる」と言われ、そんなに稼げるバイトがあるなら、と喜んで承諾しました。仕事内容を聞いてみると、渡された電話番号のリストに電話をかけたり、決められた時間に人から物をもらってくるだけ。そして実際にやってみると、5万とか10万といったお金がもらえたのです。「こんな仕事があるなら、俺でもやれるかも」。ケイタは自信を取り戻したような気持ちになったそうです。

　しかしその後、徐々に先輩の態度が強くなり、他の若者を勧誘してくるように命令された頃には、自分がしている仕事がまともな仕事ではない、いわゆる「闇バイト」だと気づきました。その時点ではすでに先輩にスマートフォンの位

置情報を押さえられ、「絶対逃げられんぞ」「もし逆らったら親に連絡する」と脅された上、手書きの契約書を見せられ「契約書があるから警察に言っても何もできんぞ」と言われました。ケイタは誰にも相談できず、そのまま闇バイトに手を出し続けることになってしまいました。

3　不特定多数の男性に愛情を求める少女

　リナ(仮名)は華やかな見た目のかわいい女の子でした。母親は幼少期からよく手が出るタイプで、当時母親と母親の恋人の男性と暮らしていたのですが、母親に頻繁に殴られ、ついには高校2年生のとき家を追い出されてしまいました。リナは友人宅を転々としながら17歳からは風俗店のオーナーに誘われお店で働き始め、不特定多数の男性と関係をもつ中でたびたびトラブルにあっていました。しかし、店を辞めることはなく、日替わりで自分を買った男性と関係を持つような生活でした。そんな生活を送るリナと私はたくさん話をする中で、風俗の仕事や男性との関係を続けていたい理由を聞きました(この時点では18歳を超えていました)。リナの答えは、「この仕事が好きだから」でした。私は、「最終的にはあなたの選択を私は尊重する。でも忘れないでほしい。あなたがこれから出会う男性たちの中には、あなたを大事にしなかったり、傷つけるような人が必ずいる。でもあなたは、そんなふうに扱われていい存在じゃない。愛されるために生まれてきた大事な存在なの。それだけは覚えておいて」と伝えました。最終的に彼女は今の生活を続けることを選び、トラブルに巻き込まれるたびに連絡が来ました。トラブルになるたびに、こちらはハラハラです。男性に実際に暴力を振るわれたり、嫌な思いをしても、関係を辞めることなく、また次のトラブルが起こるのです。

　しかし、リナと話す中でわかってきたのは、彼女のこれまでの生い立ちの中で彼女が積み重ねてきた傷の深さでした。幼少期からずっと母親に暴言を吐かれたり、殴られていたこと。10代の頃、性被害にあったこと。でも性被害にあったときに、「こんな自分を求めてくれる人がいる」と心の底から感動した自分がいたことや、その後も頭では「ついていったらヤバいんじゃないかな」とわ

かっていても、求められると嬉しさが上回って何も考えられなくなってしまうこと。17歳で出会った風俗店のオーナーが自分の人生の中で優しかったし、一番自分をありのままで受け入れてくれたと感じた、ということ（でも実際には、言われるままに身分証明書や通帳と印鑑などを預けてしまい、逃げられない状況に陥っていたのですが……）。私は毎回話を聴きながら、リナが言った「この仕事が好きだから」に込められた意味をヒシヒシと感じながらも、やめたかったらいつでもやめていいんだよ、自分を大事にしていいんだよ、と言い続け、SOSが来たら応えて、を繰り返しました。

その後、リナに彼女を大事にしてくれるパートナーができました。そしてある日突然、彼女は夜の仕事をやめ、不特定多数の男性と関係を持つことを止めました。彼女は風俗を辞めたことについて、「（男性から）あーゆー扱いをされるのはもういっかな、って感じ」と言っていましたが、きっと自分を大事にしてくれる人間が周りに一人、また一人と増える中で、自分を大事にするためのボーダーラインを彼女が引き直せた結果ではないかな、と私は感じました。

「被害者」である「加害者」たち

事例にあげた若者たちは、ごく一部のケースです。彼らは非行を行う加害者でしょうか。彼らは社会的には窃盗や、売春、闇バイトをする「問題児」または「困った子」だったかもしれません。しかし彼らの中に、自ら望んで「非行」と呼ばれる行為を選んでいったケースはありませんでした。親を頼れない若者たちと繋がる中で見えてきたものは、複雑な家庭背景の中で育ち、歪んだ価値観や文化を持っているがゆえに非行に繋がっていく若者がいるということ。さらには、ケイタやリナのように親から逃げてきた若者たちにとって、非行そのものが居場所を失った彼らの受け皿になっている現実でした。また事例には挙げませんでしたが、家や親が頼れない状況に置かれた若者の中には「何も上手くやれない自分には、犯罪しか残っていない」「犯罪をしないと誰も自分をみてくれない」と、周りの大人や環境に追い詰められ、非行に繋がっていく若者もいま

す。私は彼らの普段の生活を身近で見ながら伴走してきましたが、等身大の彼らは年相応に無知で素直な若者たちでした。10代半ばの早い時期に社会に放り出された彼らが自分自身を守る術を持たなかったのは、彼らの責任だったのでしょうか？　自分自身を守るためのボーダーラインがどこかもわからず生きてきたのは、若者たちのせいでしょうか？

　私はこのような若者たちは被害者だと考えます。しかし、現実にはこのような若者が一度非行や犯罪に手を出すと、途端に彼らは「加害者」となります。周りの大人は、いかに彼らを反省させ、更生させるか、という視点が先立ち、彼らの生い立ちや、抱える傷、精神的・情緒的発達の程度、心の状態に対する想像力が失われてしまうのです。このような若者たちに必要なのは、厳しい刑罰でも、社会的な規制でもありません。彼らに必要なのは、安心・安全だと実感できる環境の中で彼らを受け止めてくれる大人の存在であり、彼らのSOSを見逃すことなく拾うことのできる社会です。自分の今の状況や、育った環境に関わらず、自分を受け入れてくれる存在と居場所が必要なのです。受け入れてくれる大人、安心できる環境があって初めて、若者たちは心を開くことができるのです。

価値観の上書きと埋め合わせ体験

　そして、心を開くことができて初めて、若者たちはこれまで自分が培ってきた価値観の上書きをする心の余裕が生まれます。被害者であり、加害者である若者たちが回復していくためには、この「価値観の上書き」と、それに伴う「埋め合わせ体験」というものが不可欠だと私は考えています。非行に繋がっていく若者の中には、出会った当初には耳を疑うような価値観を語る子がいます。まだ10代半ばの若者たちが、「男に口答えする女はシメないといけないから」「これは自分のせいだから、殴られても何されても仕方ない……落とし前つけないといけない」「うちみたいな落ちこぼれはセックスしてもらえるだけでも感謝しないと」……。こんな台詞を吐くのです。

　私たちは出会う若者たちにできる限り「あなたは愛されるために生まれてきたんだよ」「大事な存在なんだよ」「幸せになっていいんだよ」と直接伝えるようにしていますが、最初出会うときにはこのような言葉は若者たちの中に入っていかないことが多くあります。「いや、なにゆってんの」という反応をされることもあります。「お前はいらない」「生まれてこなければよかった」「頑張ったって無駄だ」「どうせできないくせに」。逆にこのようなネガティブなメッセージばかり受け取ってきた若者たちの自己肯定感を回復させるためには、何倍ものポジティブな声掛けと、愛情を感じる行動を繰り返し見せていかなければなりません。「あなたは大事だよ」なんて言葉は、親や家庭に課題を抱える若者たちにとっては、最初はとても薄っぺらいものに感じるでしょう。しかし、赤ちゃんができないことを何度も失敗して、やり直して、できるようになっていくように、10代の彼らも新たな人間関係の中で、安心して失敗して、やり直して、を繰り返していくことで、少しずつ変化し、成長していきます。その失敗に身近な大人が寄り添い、受け入れ、見守ることで初めて、「あなたは大事だよ」という言葉が彼らの中にじわじわと染み込んでいくのだと思います。「自分は大事なんだ」と思うことができ始めると、初めてそこに価値観の上書きが始まります。自分自身の価値を認める、すなわち自己肯定感を育んでいく、という作業は、とてもエネルギーがいります。これまで自分が育ってきた環境や親のことを客観的に見、ときには自分が信じてきたものを否定しなければならないこともあるからです。ですが、自分自身の価値を自分で認め、受け入れることができ始めたそのときに、その若者の人生の価値観は大きく変わり始めていきます。

　そして、価値観の上書きが始まったときに気づくのが、自分がこれまで当たり前だと思っていたさまざまなことと新たな価値観とのギャップです。「普通の家ではこうなのに、うちでは違った……」「うちの親が正しいと思ってたけど、全部が正しかったわけじゃないんだ」「自分は本当は、もっとこうしてほしかったんだ」「こういうことを願っちゃいけないと思ってたけど、してよかったんだ」「こうしなきゃいけないと思ってたけど、しなくてよかったんだ」……。

そういう気づきが出てくると、若者たちはこれまでの自分の体験も、新たな価値観で上書きをしていこうという動きを見せます。このギャップを埋める作業は人によってさまざまですが、トナリビトが関わる若者たちに圧倒的に多いのは〝他者からの愛され体験〟です。実親との関係の中では得られなかったものを他人との関係の中で埋め合わそうとするのです。たとえば、「手を繋ぎたい」「頭をなでてほしい」「ハグしてほしい」と言った身体的な接触であったり、「一緒に買い物に行ってほしい」「親子として○○に参加してみたい」「一緒に遊園地に行ってみたい」といった行動的なもの、「自分が困ったときに駆けつけてくれる」「自分が求めたときにすべてを置いてきてくれる」といった信頼関係の程度を確認できるもの（いわゆる試し行動）などです。中には「朝起きるまで一緒に寝てほしい」「母乳を飲みたい」といったかなりプライベートでディープな体験を求めている若者もいます。ですが、この「埋め合わせ体験」こそが、若者たちの自己肯定感を再構築し、生い立ちの中で負った傷から回復していくためにとても大事なことなのです。

　以前私が関わっていた女の子で、自傷をしたり、パニックを起こしたりと、当初とても精神的に不安定な若者がいました。彼女は親に愛された実感が弱く、極端にスキンシップの少ない家庭で育ったことが話す中でわかりました。私たちは言葉で「あなたは大事な存在なんだ」と伝え、彼女の話に耳を傾け、一緒に時間を過ごしましたが、彼女の不安定さは続きました。すると、あるとき彼女と一緒に過ごしていたスタッフの一人が「彼女は添い寝をしてほしいと思ってるんじゃないかなぁ？」と言ったのです。皆で話をしてみると、たしかにその子は身体的な接触を求めていたり、添い寝をほのめかすような言動がありました。次の日に彼女と会ったときに、私たちは自然な話の流れの中で「一緒に寝ちゃえ」と彼女の隣にゴロンと寝そべってみたのです。すると彼女が静かに体を寄せてきたので、私たちはしばらくそのまま添い寝して過ごしました。その後の彼女の変化は顕著でした。その日を境に彼女の表情はつきものが落ちたかのように穏やかになり、徐々にではありますが不安定さが落ち着いていったのです。この「添い寝」という行為が、彼女に中でどれほどの価値や重要

性を持っていたのかは私には想像することしかできませんが、あの日の「添い寝」が彼女にとって安心に繋がる、何かしらの「埋め合わせ体験」になったのではないかと感じています。

おわりに

　私たちは非行少年の背景に家庭の事情があるとわかったとき、「なるほど、大変な事情があったのね」までは理解するのですが、家庭環境というものは目に見えづらく、そこで暮らしていた人にしか理解できない空気感や文化が存在します。そのため周りの大人や支援者でさえ、本当の意味で生い立ちや家庭が若者たちに与える影響力の大きさや、彼らが負っている傷の深さにまでなかなか想像が及ばないかもしれません。私も実際に非行少年たちと関わる中で、同じ若者に繋がるほかの関係者や支援者から「大変な環境の中でも頑張っている子もいるのだから……（この子も頑張れたはず）」といった言葉や、「一度痛い目をみないとわからない」「一度どん底まで落ちればわかるはず」という言葉をよく聞きます。しかし、私たちが彼らのしんどさを勝手にレベル分けすることに何の意味があるでしょうか。自分が生きる意味を探してもがく彼らをさらに痛い目に合わせ、どん底までつき落としたとして、それが本当の意味での回復に繋がるでしょうか。それよりも、一人でも多くの大人が彼らに関心を持ち、愛情を持って接し、家族のように成長の過程に寄り添ってくれることのほうが、どれだけ若者たちの回復に繋がるだろうか、と思います。人の回復には時間がかかり、忍耐が必要です。家庭に事情を抱えた非行少年たちが自己肯定感を回復し、価値観を上書きし、新たな価値観のもとで自分に足りない経験を埋め合わせていく過程は、気が遠くなるほど長いかもしれません。しかし、その過程を社会の中で見守っていける、そんな寛容さが今の社会には求められているのではないでしょうか。

　「子どもの貧困」が社会問題として取り上げられることが増えてきた昨今ですが、貧困は経済的な困窮だけに留まらず、それぞれの家庭で育つ子ども・若者

たちの心の貧困にまで影響を及ぼし始めています。子ども・若者の姿は、私た
ちの社会の鏡のようなものです。非行少年に限らず、日本の子ども・若者たち
の心の豊かさを取り戻していくためには、彼らの小さなSOSに耳を傾け、彼ら
の抱える問題から目を背けることなく、寄り添い、私たち自身の問題として受
け止めていくことが必要だと感じています。もちろん、トナリビトに繋がる若
者たちは、ニーズを抱えた若者たちのごく一部に過ぎません。中にはSOSを出
すこともできず、自分を守る術を持たないまま、日々の生活を続けている若者
たちもたくさんいます。また私が出会った若者たちとはまったく背景も事情も
異なる若者もたくさんいると思います。ですが、どんな環境で生まれ育ったと
しても、すべての子ども・若者たちが愛され、支えられ、社会の狭間で孤立す
ることのない未来に少しでも近づいていけたら——そう願ってやみません。

年院出院者の語りから捉える見えざる「被害」

犯罪者アイデンティティとの狭間で

都島梨紗(つしま・りさ)　　　　　　　　　　　　　[岡山県立大学]

はじめに

　筆者は、大学院に進学したころから少年院を出院した若者に対して、インタビュー調査を行いました[1]。かれこれ10年もの期間に渡りコツコツとインタビュー回数を積み重ねた結果、その人数は20名以上になります。インタビュー調査では、少年院に入院する前の生活と、少年院での生活、そして出院してからの生活を中心に聞き取りました。そうした話題の中で、学校でいじめられた過去、家族や児童養護施設の中で暴力を受けた過去、先輩から暴力を受け、理不尽な要求をされた過去、そして支援者から不適切な関わりを施された過去を話す人が何名もいました。

　筆者自身は、非行や犯罪とは無縁な生活を送ってきました。ですがインタビューを重ね、彼らの臨場感溢れるエピソードに耳を傾けるたびに、「ほんの紙一重のちがいで私だって少年院に送致されていたのかもしれない」と考えるようになりました。もしも物心つく頃から養育者や先輩に、暴力で押さえつけられ、暴力が正義だと教え込まれたら、自分が不利にならないよう、弱い人に

1　少年院出院者を対象とした調査研究については、都島梨紗『非行からの「立ち直り」とは何か』（晃洋書房、2021年）にまとめています。

暴力的な関わりをしてしまうかもしれません。一方、お節介なほどに友達思いなところのある筆者は、もしも友達が養育者や支援者から、虐待を受けていると知ったら、友達を守るために仕返しをしていたかもしれません。

　さて、たとえば先輩から暴力を受けたと語った彼らに対して筆者が「誰か助けてくれなかったんですか」と質問すると、「怖くて誰にも言ってない」「絶対言ったら更にやられるじゃないですか」と少年だった当時、誰にも打ち明けることがなかったと答えました。

　法務教官など、支援に携わる専門家による不適切な関わりについては、問題化しないよう、配慮して慎重に語る人もいました。たとえば、「（少年院に収容されていた頃から）10年も経っちゃったから忘れちゃったし」「今はもうそんな教育方針じゃないと信じてる」とのように自らの経験を過去の曖昧なものとするように語る人がいました。「被害」の経験として断定することに対して、抵抗感を抱いているように、聞き取る筆者は感じました。

　さらに少年院出院後の事例として、自身が不当な被害を体験しているにもかかわらず、「我慢しなければならない」「気づかないふりをしなければならない」と考えている人もいました。筆者が調査を行った若者の中には、出院後に結婚をした女性がいますが、彼女はパートナーから、DV被害に遭っています。彼女は、「私は我慢ができなくて悪いことをしていた過去があるから」とパートナーからのDV被害を我慢して一緒に暮らすべきか、別居するべきかを葛藤していると筆者に話していました。

　つまり、彼らは自身が経験した「被害」と呼んでもよいような出来事について「被害」として語ろうとしない特徴がある、ということが、筆者の有するデータから見えてきたのです。そこで本稿では、なぜ彼らが過去・現在に経験した出来事を「被害経験」として意味づけ、語り出すことが困難であるのかについて、筆者が拠り所とする社会学的な視座を援用しながら検討していきます。

相互作用の中で現れる「被害」と「加害」

　本章では少年院出院者の「被害」について取り上げます。では、「被害」とはいったいどのようなことを指すのでしょうか。また、「被害者」とはいったいどのような人のことを呼ぶのでしょうか。

　筆者が拠り所とする社会学には、いくつかの立場がありますが、今回は筆者が依拠する人々の相互作用を軸とし、問題やカテゴリーが構築されていく過程に注目する社会構築主義的アプローチを紹介します[2]。

　土井隆義は「私たち人間の現実は、語られることによって創られていく」とし、「暴力の暴力たる所以は、私たちがある状況を暴力的だと考え、そう語るところにある」と述べています[3]。土井はある対教師暴力事件を取り上げ、その中で少年が「加害者」として語られるばかりでなく、「被害者」として語られる場合があることも取り上げています。土井の研究では「言語的な相互作用」[4]を通して「暴力」が語られ、記述されていく過程が描かれています。

　ホルスタインとミラーも同様に、マスメディアにおける言語的な実践を取り上げながら、「被害者」として語られる人々の特徴について示しています[5]。ホルスタインとミラーによれば、被害者は「不当に傷つけられ、ダメージを負った人々」[6]であると人々に認識されています。「被害者」は「未熟さ」や「無邪気さ」を免罪符にしながら、責任を免除される特徴があるといいます。また、「被害者」には「受動的で無力」[7]な存在としてのイメージもあるため、「被害者」と呼ぶことで個人を「無力化」する場合もあると述べます。

2　社会構築主義的アプローチでは言説実践の記述というような言葉を通した相互作用を重複する傾向にあります。

3　土井隆義「加害者としての少年、被害者としての少年―ある対教師暴力事件をめぐる記述の政治学」犯罪社会学研究第 23 号（1998 年）90 頁。

4　土井・前掲註 3 論文 91 頁。

5　Holstein, J. A., and Miller, G., 1990, "Rethinking Victimization: An Interactional Approach to Victimology", *Symbolic Interaction*: 103-122.

6　*ibid.*, p. 105.

7　*ibid.*, p. 119.

つまり、これらの研究を踏まえると、私たちの日常的な相互作用の中から「被害者」や「加害者」は生まれるという考え方ができます。私たちは特定の文脈の中である少年を「非行少年」「加害者」として扱う場合もあれば「被害者」として扱う場合もあるということです。さらに「被害者」も一枚岩ではなく、これもまた私たちの日常的になやりとりを通してさまざまな意味が与えられていると言えます。

　上記のような主張を目にすると、皆さんの中には「非行事実があるのだから非行少年は非行少年である。れっきとした加害者でもあるのに、なぜわざわざ相互作用に着目するのか」と不思議に思う人もいるかもしれません。ですが、筆者の依拠する立場からすれば、非行行為の認定プロセスにだって、人々の相互作用が関わっているのです。たとえば、ある少年が万引きをしたときに、その店が警察に通報することに代えて、少年を諭したとします。「もう二度と万引きはしてはいけないよ」と厳重に注意して被害届を出さないとなれば、非行行為として警察に認知されることはありません。

　以上を踏まえ、筆者は「被害者」も「加害者」も人々の相互作用を通じて現れてくるものだと考えます。さらに「被害」を「被害」として捉え、そのように語る人がいるからこそ成立するものであると考える立場を取っています。これについては、少年院出院者と話をし、データを読み込む筆者にも該当します。筆者は本人たちと話をしながら「そんなにも酷い経験をしたんですか」という意図で、会話の中でびっくりした声を上げたり、「本当に？」と問い返したりといったリアクションを返しています。インタビューを終えてから、改めて文字起こしを読み込んでみても、やはり筆者は彼らが受けた暴力や不当な扱いに対して「被害」として捉え、話を聞く姿勢を保っていたように振り返ります。

　こうした背景を受けて本章では、少年院出院者自身は「被害」体験として名付けていない出来事を取り上げて文章化しようとしています。彼らからすればお節介な介入なのかもしれません。ですが筆者は、彼らの日常生活に暴力をもたらす関わりや、不当な扱いというエピソードに着目したうえで、なぜ彼らがその経験を「被害」として語ろうとしないのかについて、検討していきたいと思い

ます。

「被害」として経験を語らない非行少年

1　暴力の連鎖の中にいる非行少年

　本章では、大きく分けて2つの事例を紹介します。そして、「被害」と呼べるような経験をしていたとしても、そのように語らない彼らの背景について検討したいと思います。まず、暴力を振るわれたときや、不当な扱いを受けたときに、誰かに助けを求めることが困難である状況について取り上げます。

　ここでは、少年院出院者の中村すえこさん[8]が自身の経験について記した文章を紹介します。すえこさんはレディース暴走族に所属し、総長まで上り詰め、少年院送致された過去があります。現在は、当事者としてのさまざまな経験を活かして、少年院経験者の声を発信し続ける活動を行っています[9]。

　下記に引用するのはすえこさんが少年院送致となったあとの出来事についてです。すえこさんは少年院を出院する際には「レディースに戻ると決めていた。待っている仲間がいるんだから」と考えたそうです。仲間からの「待っていたよ」という呼び出しに応え、仲間の元へと出かけていきました。

　私を待っていたのは、仲間の笑顔じゃなくて……、「リンチ」だった。
　私の生きがいであり、何よりも大事なレディースと仲間は、もういなかった。

〈中略〉

8　引用文章では、実名で自身の経験を記されていることから、ここでは匿名化処理を行っていません。

9　たとえば、中村すえこ『女子少年院の少女たち』（さくら舎、2020年）では、少年院送致となった少女たちのエピソードがまとめられており、「彼女たちは、加害者になる前に被害者だった」（同書228頁）と述べられています。主に養育者からの虐待エピソードが取り上げられており、本章のテーマについて理解を深めることができる書籍です。

「てめー、なめてんのか。おめーの居場所はもうねぇんだよ」

　順番にひとりひとりヤキを入れる。これがうちらのやり方のヤキ。ひとりが力尽きるまでヤキを入れる。全員が終わるまで続くんだ。

　自分がヤキをもらって初めて気が付いた。暴力、リンチは、身体が痛いのと心が痛いのと両方なんだ。恐怖は消えない [10]。

　手記を踏まえると、すえこさんは「ヤキ」と呼ばれる壮絶な集団リンチを経験したことがわかります。すえこさんは、仲間から出院を労われ、「待っていたよ」と歓迎されるどころか、実際には「ヤキ」という形で仲間からの暴力被害を経験し、レディースを「破門」させられています。それでもすえこさんは同手記において、「チクることなんてできない。これはけじめなんだ」と述べ [11]、仲間からの暴力を被害として訴えることはせずに、甘んじて受け入れている様子が記述されていました。「ヤキ」に対して「恐怖」を感じていたにもかかわらずです。それどころか、「あの時もし……、この時にこうやっていたら……破門にならずにすんだかも」と考えていたそうです [12]。当時のすえこさんにとって、暴力を受けるという苦しみだけではなく、仲間から「破門」され「総長」としての立場を失ってしまうという喪失の苦しみも甚大であったといえるでしょう。

　沖縄の暴走族やヤンキーに調査を行った打越正行は、「彼らにとって暴力沙汰は珍しいことではなかった」と述べます [13]。打越は、男性も女性も一様にして彼らの日常には暴力がありふれていることを丹念なエスノグラフィーを通して明らかにしました。すえこさんについても、「これがうちらのやり方のヤキ」と述べるように、レディース内の関係性の中で「ヤキ（≒リンチ）」が存在することは当たり前であると考えていたことを手記から窺い知ることができます。それ

10　中村すえこ「私、少年院出院者です」セカンドチャンス！編『セカンドチャンス！―人生が変わった少年院出院者たち』（新科学出版社、2011年）90頁。

11　中村・前掲註10手記92頁。

12　中村・前掲註10手記93頁。

13　打越正行『ヤンキーと地元』（筑摩書房、2019年）17頁。

ゆえ、すえこさん自身も「ヤキ」という暴力を受けたことについては受け止めており、「チクることなんてできない」という考えに至ったのだといえるでしょう。

　みなさんの中には、「殴り・殴られるような関係性の交友関係にこだわらずに、暴力関係に囚われないような"ともだち"を新しく作ればいいじゃないか」と考えている方もいるかもしれません。実際に少年処遇の現場では、「不良交友断絶」を目指した、さまざまなプログラムが行われています[14]。しかし、過去の交友関係を断ち切り、新しいともだちを作ることはそれほど簡単ではないことが、以下のすえこさんの文章からわかります。

　　誰かに話しても、また裏切られたらって思うと、自分から友達を作ることもできない。「ともだち」ってどうやって作るんだっけ？[15]

　なお、すえこさんのように新しくともだちを作ることに悩み苦労したというエピソードは他の少年院出院者からも聞いたことがあります。同じく女性の少年院出院者である、ゆかさん[16]もまた、その一人でした。ゆかさんは少年院を出院した後に通った学校で、心機一転させてともだちを作ろう！と頑張ったことがあるものの、新しいともだちに少年院のことや非行のことを話すことができず、本音で向き合うことができなかったと話していました。そのためにまた過去と似たような生活に戻ってしまったと語ります。

　さて、新しいともだちを作ることなく、ひとりぼっちになってしまったすえこさんは、結果として薬物に手を出してしまったと手記では述べています。

　　「覚せい剤やめますか？　それともあなた人間やめますか？」、そんなテ

14　たとえば少年院では交友関係をテーマとする教育プログラムがあります。また保護観察では遵守事項として不良交友を行わないことを定めることがあります。

15　中村・前掲註 10 手記 93 頁。

16　本章で掲載するゆかさん、ケントさん、ヒロトさん、タカシさん、レイさんはいずれも仮名です。

レビ CM が流れていて、なぜかそれがずっと頭にあった。だから、覚せい剤を打つことは、人間をやめることになる怖い薬物だって思っていた。
　それでも、私は打つことを選んだ。だって私は生きていても仕方のない人間、だからそれが合っていると思った[17]。

　仲間から暴力に遭っただけではなく、裏切られるという経験をしたすえこさんは、自分自身のことを「生きていても仕方のない人間」とまで貶めるような思考に至っていた様子が手記からはわかります。それでも「死にたい」とまでは思っていなかったため、薬物を使用することにしたそうです。

　改めて当時のことについてすえこさんに話を聞いてみたところ、「薬による快楽はある」けれど、「それによって楽になりたいとかを期待していたわけじゃない」と教えてくれました。すえこさんは「落ちることばかり考え、下を見ていた」状態であり、「回復できる方法を知らなかった。知っている方法は犯罪しかなく、この時は、誰かを傷つける暴力的な犯罪ではなく、自らを傷つける自傷行為に近いこと」をしていたのだと振り返ります。

　すえこさんの事例からは、非行少年の「被害」に向き合うために重要なポイントが2点あると言えます。1点目は、暴力があまりに日常に溶け込んでいる状況では、殴られたり、裏切られたりといった被害を経験したとしても、言い出すことが困難であることです。また、仲間から裏切られたとしても、新しく別のともだち関係を構築することも容易ではないことにも注意を払う必要があります。なぜなら、裏切られたことによる傷つきの経験があるからです。

　2点目は、裏切りや、孤独という経験により生きる意味を見失った状態では、新たに非行行為をすることがあると言うことです。すえこさんの事例では違法薬物を使用することがそれに当てはまります。覚せい剤の使用はすえこさんにとって、「人間をやめる」ことと、「自死」との間に位置する自傷行為であったことを念頭に置いておく必要があると言えます。つまり、非行行為をしてい

---

17 中村・前掲註 10 手記 93 〜 94 頁。

るからといって、「凝りもせず悪いことをしている」と犯罪者化するのではなく、一旦立ち止まって彼らの状況を俯瞰することが必要だということです。行為だけに目を向けて、安易に加害者性や有害性に注目してしまうことで、非行少年の悩みや苦しみを理解せずに処遇を進め、結果として新しい「被害」を少年にもたらす可能性があると言えます。

2　犯罪者アイデンティティと拮抗する「被害者」アイデンティティ

　これまで紹介してきた事例は非行少年の交友関係に関するものでした。彼らの交友関係から垣間見えてきたのは、日常生活の中に暴力が溶け込み、「被害者」と「加害者」は入れ代わり、立ち代わっていくような環境だったといえます。

　もう1つ、別の事例を紹介したいと思います。ここでは、筆者がインタビューを行ったケントさんの語りを引用します。ケントさんは少年院に一度送致された経験があります。インタビューではケントさんの出院期間が予定より半月間も延長してしまったという話題が上りました。ケントさんは、延長の理由について、「懲罰房」に入れられたからだと言っていました。丁寧語で同寮の少年と口論をしていたところを先生にボタンで報告されたために、懲罰の対象となったと説明します。ケントさんはボタンで報告をした法務教官については「だいぶ若手の先生やったんですけど、たぶん判断ができなかったと思う」と述べています。その時の状況について、以下のようにケントさんは語っています。

> ケント：はい。ボタン一つで半月遅れるんです。たまったもんじゃない。
> 筆　者：そうよね。言い争い的には意外な展開というか、こんなことでみ
> 　　　　たいな。
> ケント：そうですね。しかも土曜日で、休日で、先生がちょっと少なかっ
> 　　　　たときにもめ事があると、先生すごく警戒してるんですよ、やら
> 　　　　れるんじゃないかと思って。すぐに呼ぶんですよ、ほかの人とか。
> 　　　　1回物事が大きくなったら収拾つかなくなっちゃって、しかもケ

ンカとして処理されてみたいな感じで。

筆　者：じゃ、当たり外れがあるというか。

ケント：ありますね。ベテランの先生やったら、うまいことなだめて止め
　　　　て、「もうすんなよ」で終わるんですけど、若手の先生とかやっ
　　　　ぱりパニックになっちゃうんで、先生がもうパニックになるんで、
　　　　けんかしている、どうしよう、ヤバい、ヤバいってピッと押すん
　　　　ですよ。そんなに大したことじゃないのに。そういうこともあり
　　　　ましたね。

　ケントさんの語りを踏まえれば、少年の目線からは「当たり外れ」により、出院期間が延長してしまうという経験があることがわかります。たとえば休日で出勤している法務教官が少ないという状況や、口論の目撃者がたまたま経験の少ない若手法務教官であったことといった、少年院側の環境的要因により、少年の在院日数が長引くことがあるのです。

　しかしながら10代の青少年にとって、馴染みのある場所からまったく知らない少年院に身柄を置き、真新しい生活を送ることはとても大きなストレスとなる可能性があります。実際に、筆者がインタビューした少年院出院者たちは「逮捕されなければ外で自由に生活できたのに」と生活の不自由さを語る人も多くいました。また、少年院内で成人式を迎えたという経験を持つ人もおり、「外で袴とか着たいじゃないですか。〈中略〉なんか悲しいなぁと思って」と、当時の気持ちを振り返っていました。

　筆者はケントさんに「出院が延びたことについて、違和感はなかったの？ 不公平に感じなかった？」と質問したところ、「正直なところ、そのような気持ちです」と筆者に同意し「当時は運が悪かったと思っていました。自分に非があるとは思っていませんでした」と述べていました。また、ケントさんは報告した若手の法務教官がトラブルの後に他の教官から怒られたそうだと話していました。ケントさんは、「他の教官から怒られているということは、僕だけではなく新人教官にも落ち度があったと言うことだと思います」と語りましたが、

それに対して怒りを露わにすることはありませんでした。

　こうしたケントさんの一連の反応から、筆者は「少年院の環境不備が原因と言ってもよいのだから、もっと不満を訴えてもいいはずだ。それなのに、随分と控えめな応答をするんだなぁ」とケントさんの反応に対して違和感を抱いていました。ですがケントさんは不満を述べることなく、以下のように現在の考えを述べます。

ケント：それでも、問題を起こしたのは自分自身なので、大小問わず、僕
　　　　が悪かったんだろうと思います。向こうから売られた喧嘩です
　　　　が、すべての原因は自分にあると、今ではそう思えるようになり
　　　　ました。
筆　者：そうなんですね。相手にしなければそもそも起きなかったのに、
　　　　という感じ？
ケント：いまではそう考えられるようになりました。

　出院が延びた理由を、ケントさんは、自分自身の「原因」であるという考えを示しています。「大小問わず、僕が悪かったんだろう」と言うように、出来事の責任すべてを自身で引き受けようとしています。さきほどケントさんが話したように、少年院の側にも落ち度があったという解釈も持ち合わせていたにもかかわらず、「相手にしなければそもそも起きなかった」という部分を引き受けて、「僕が悪かった」と考えているようです。

　それにしてもなぜ、ケントさんは上記のような考え方を持つようになったのでしょうか。筆者はその背景として、少年院の教育のあり方が関係していると考えています。

　少年院の教育は、**図1**のようにまず、少年に対して「問題のある少年」というまなざしが向けられています。少年院に送致される少年は「不健全な価値観や生活スタイル」「非行のおそれ」という性質を有するという暗黙の前提があります。そんな「問題のある少年」に対し、処遇プログラムを通して、非行や犯罪に

結びつくような問題性を解決するという指導の特徴があります。こうした教育指導の中では、自身の非行行為に向き合い、非行の原因となる自分自身の問題を見つけるような働きかけが法務教官によって、行われます。

図1　少年院の教育プログラムの特徴

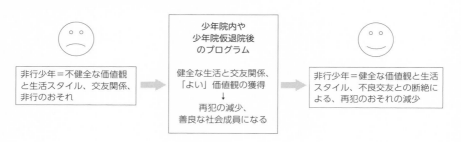

＊都島梨紗『非行からの「立ち直り」とは何か』（晃洋書房、2021年）45頁より引用。

　筆者がインタビューをした少年院出院者の中にヒロトさんという人がいます。ヒロトさんは、法務教官から「今はやったことを。そんな、自分がされたことじゃなくて、やったことを考えろ」と指導されたと話します。彼は少年院送致前に、暴力的な教育方針を取る団体により、「更生」の名の下、拉致まがいに連行され、さらに暴力的で不適切な関わりを受けたという経験を持っています。こうした団体による暴力的な教育方針について、「あんなの尋常じゃない」「けど持ち上げられる。でも、僕がおんなじことすると逮捕される」と不満を吐露しています。ですが少年院では、「やったこと」、つまり、自身の非行行為に優先して向き合うように指導されていたということです。ほかにも、タカシさんという少年出院者は少年院生活中に、水虫ができたので薬がほしいと要求したところ「薬なんかお前、水虫よりも被害者のこと考えたら、そんな薬くださいなんかいえる立場じゃねぇだろ」と言われた経験があると話していました。

　以上の事例を踏まえると、少年院は自身が受けた「被害」と呼べる経験よりも自身の非行行為、つまり「加害」に向き合うことが優先されるような教育のあり

方だということが見えてきます。つまり、少年院では「被害者アイデンティティ」よりも「犯罪者アイデンティティ」を獲得することが優先されているということです。また、少年院内での不快な生活についても「被害者」を引き合いに、快適な生活を要求できるような立場ではないという働きかけもありました。これらを踏まえれば、少年院教育において促されている「犯罪者アイデンティティ」は、あらゆる行為の責任を自分自身で引き受け、自分の中にある「問題性」に向き合うような人であるとともに、「被害者」を念頭に置いて慎ましやかな生活スタイルを送ることのできる人であると言えます。

　こうした背景を踏まえれば、ケントさん自身が出院延長に対する意味づけとして、自身の問題による顛末であり、自分の責任として引き受けていたことにも納得がいきます。つまりケントさんは、少年院教育の甲斐あって、「犯罪者アイデンティティ」を身に付け、元少年院生として、あらゆる責任を引き受ける主体を獲得したのだということがわかります。

　ですが、こうした「犯罪者アイデンティティ」を用いて少年院教育を実践することに対して筆者は批判的な考えを持っています。なぜならまず、「被害者なき犯罪」が存在するからです。たとえば、薬物使用をめぐる犯罪は「被害者なき犯罪」と呼ばれており、薬物の自己使用のみであれば誰かに加害行為を加えているわけではありません。実際に「水虫」のエピソードを話したタカシさんは覚醒剤で少年院送致となっており、「被害者なき犯罪」によるものでした。それにもかかわらず、「被害者」を念頭に置いて慎ましやかな生活スタイルを送るようにと指導されています。当時についてタカシさんは「人間扱いされなかった」と振り返ります。

　「犯罪者アイデンティティ」を生み出し、少年に身に付けさせようと促す少年院は、相互作用論的に言えば、「犯罪者」を生み出していると捉えることができます。というのも、「被害者アイデンティティ」あるいは、そのほかのアイデンティティを生み出すことも可能であるはずなのに、少年院における相互作用を通して、「犯罪者アイデンティティ」を生み出し、積極的に付与しているからです。それでもケントさんのように、結果として「問題を起こさないようにする」

とのように、自らを律する主体化に成功すれば、たとえ「犯罪者」のレッテルを付与されたのだとしても、再犯防止の効果があると言えるかもしれません。ですが、ラベリング理論の考え方を採用すれば、逸脱者としてのレッテルを貼られた主体は、自らを逸脱者としてアイデンティファイし、さらに逸脱者になっていく、という可能性も否定できません[18]。

　また、少年院教育の甲斐あって、自らの問題性を強く認識するようになることで、意図せざる結果を招きうることについても目を向ける必要があります。たとえば、出院後のさらなる「被害」に鈍感になり、当事者の不利益になる可能性もあります。本章の「はじめに」でも触れましたが、出院後に結婚をした女性のレイさんは、パートナーから、DV被害に遭っています。最終的にはDVを証明する公的書類が発行されるほどの「被害」を経験していたわけですが、彼女は、「これってDVなのかな？」と何度も筆者に相談していました。相談をする中で、彼女は「レイは昔っから我慢が苦手じゃん？　だから少年院まで行ってるわけだし。やっぱレイが我慢しなきゃいけないのかな」「レイが悪いのかな」「レイがわがままなのかな」と何度も葛藤している様子を口にしていました。

　つまり、レイさんは自身の問題性として「我慢ができないことやわがままであること」を引き受けており、そのことがDVを見えづらくし、彼女を暴力被害の中へ引き留めることに繋がっていたのです。なお、涙を流しながらパートナーへのストレスや痛みを吐露するレイさんに対し、筆者は積極的に「それってDVだよ」と応答し続けました。こうした応答により筆者は、彼女の中にある有責性を弱めるとともに、被害者としてのアイデンティティ付与に積極的に関与していたと振り返ります。

　その意味で、研究者である筆者自身もまた、彼／彼女たちのアイデンティティ付与に関与する存在であると言えます。こうした筆者の関わりに対し、ケアに対してまったくの素人研究者のくせに、踏み込みすぎであるといった意見

18　ハワード・S・ベッカー（村上直之訳）『アウトサイダーズ──ラベリング理論とはなにか』（新泉社、1978年）。

もあるかもしれません。ですが、レイさんはパートナーのことを思い出すたびに恐怖に怯え、不眠症となって眠れない夜を過ごしていました。そんなレイさんを目の当たりにした筆者には、とても彼女が「我慢ができないわがままな非行少年」だと思えなかったのです。それと同時に、レイさんをはじめ、少年院出院者はいつまでも犯罪者アイデンティティに留まり続ける必要はまったくなく、文脈や相互作用に応じて、別のアイデンティティのあり方で自身をカテゴライズする方が良いと考えました。

おわりに

　本章では、少年院出院者が語る、彼らの日常生活に暴力をもたらす関わりや、不当な扱いというエピソードに着目したうえで、なぜ彼らが自身の体験を「被害」と名付けて語ろうとしないのか、について検討してきました。検討の結果、本稿では2つの背景を見出しました。1つは、暴力があまりに日常に溶け込んでいる状況であるために、殴られたり、裏切られたりといった被害を経験したとしても、言い出すことが困難であるということです。暴力行為ありきで仲間とさまざまなルールを取り交わしていたからこそ、そこから抜け出すことは容易ではありません。

　もう1つは、少年院において「犯罪者アイデンティティ」を獲得することが優先されているために、暴力や不当な扱いを経験したとしても、自らの「問題性」に引き付けて全面的に責任を引き受けがちであるということです。「犯罪者アイデンティティ」は、出院後の対人トラブルを避けるという意味では、再犯の予防に効果があると言えなくはないでしょう。ですが、あらゆる行為に対して自らの責任を引き受けてしまうために、何らかの被害や不当な経験を受けていたとしても、自ら言い出すことが困難であるということが言えます。自身の有責性を過度に自覚することで、被害を認識することが困難化するのです。

　本章では、相互作用論的アプローチをベースに捉えながら、社会構築主義の立場に依拠して論を進めてきました。もう一度社会構築主義の発想に立ち返れ

ば、非行少年が暴力の経験や不当な扱いについて、言い出しやすいような相互
作用を展開することが、現状を変えるために有効だと言えます。彼らをめぐる
相互作用に介入したり、働きかけたりすればよいということが言えるでしょ
う。つまり、私たち自身が非行少年に対して別のアイデンティティ付与を行う
ような相互作用を実践すれば良いわけです。

　非行少年のイメージやアイデンティティは、少年個人で成立しているもので
はありません。常に、非行少年をある特定のイメージ・枠組みを通してまなざ
す側の人々がいるからこそ、従来のカテゴリーは成立しています。本章での議
論を経て、みなさん自身が非行少年をどのように捉えているのかを一度立ち止
まって捉え直してみてはいかがでしょうか。捉えにくい彼らの「被害」に光を当
てる第一歩を踏み出してみませんか。

務教官から見える被害

少年院における入院者の被害者性について

長橋孝典(ながはし・こうすけ)　　　　　　　　　　　　　［法務教官］

はじめに

　本章では、何らかの非行事実により少年院送致の決定を受けた者に焦点を当て、そこに至る経緯について、考察をしていきます。現職の国家公務員という筆者の立場上、守秘義務違反や倫理規定違反に当たらないよう既出の情報を元に説明するため、少々意図が掴みにくい部分もあるかもしれませんが、読者の皆様には読み進めていく間に、それぞれの観点から当事者の心境を考察していただきたいと思います。

　筆者は、20歳で会社経営者となり、少年院出院者、刑事施設出所者を積極的に雇用する中で、学歴社会からこぼれ落ちた人達の地位向上を掲げて、地方議会議員を目指す20代を送りました。縁あって33歳で国家公務員に採用され、法務教官として少年院在院者と最前線で関わる勤務を7年間続けています。また、少年院での業務とは別に、自立援助ホームや少年院出院者自助団体等との関わりも深め、施設の外からも少年院の機能を研究しています。本章はそのような私の半生を通して関わってきた、非行少年に関わるさまざまな人の想いを乗せたドキュメントとなっています。

　なお、メインテーマとして少年院に入院した者の被害者性に焦点を当てており、犯罪被害者やそのご家族を思えば心苦しくもありますが、客観的な視点を

忘れずに書き進めていきますのでご理解いただけたら幸いです。

少年院入院者の推移

　少年院入院者とは、主に何らかの犯罪行為への関与によって家庭裁判所の審判に付され、第1種ないし第3種いずれかの少年院送致決定がなされた者です。他には、少年院において刑の執行を受ける第4種や新たに創設された第5種少年院の対象者もいますが、2021年においてこれらの決定を受けたものはいませんでした。その犯罪行為の態様はさまざまであり、18歳未満においては、ぐ犯（将来罪を犯し、または刑罰法令に触れる行為をする虞のある者）も対象となっています。

図1　少年院入院者数推移

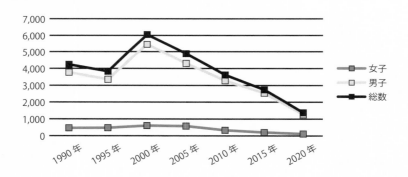

＊法務省法務総合研究所『令和4年版犯罪白書』（2022年）130頁参照。

　少年院入院者数は、2000年に6,052人という直近のピークを記録して以降減少の一途をたどっています。『令和4年版犯罪白書』によると、2021年の少年院入院者は1,377人となり、1949年以降の記録上、最低人数を更新しました。

　各種報道では若年者の事件の方が大きく取り上げられやすいことから、一般的には少年犯罪や少年院入院者が増えていると思われがちですが、実際には年

代別人口比で検討しても大きく減少しています。

そして、2021年における新収容者の非行名構成比は概略以下のようになっています。近年は、男女ともに詐欺に加担した少年の割合が上昇傾向にある中で、窃盗や道路交通法の割合は減少傾向にあり、少年院に入院する者の人物像や、その者を取り巻く環境は社会情勢とともに変化してきていると言えます。

表1　少年院新収容者非行名構成比　2021年

2021年	窃盗	傷害・暴行	詐欺	強制わいせつ・強制性交等	強盗	恐喝	覚醒剤取締法	道路交通法	ぐ犯	その他
男子 (1258人)	21.5%	20.2%	9.7%	6.4%	4.9%	4.0%	3.1%	6.7%	2.9%	20.7%
女子 (119人)	22.7%	14.3%	9.2%	0.8%	0.8%	0.8%	15.1%	0.8%	10.9%	24.4%

＊法務省『少年矯正統計』「少年院別　新収容者の非行名」(2022年)参照〈https://www.e-stat.go.jp/stat-search/files?page=1&layout=datalist&toukei=00250006&tstat=000001012846&cycle=7&year=20210&month=0&tclass1=000001012848（2023年1月18日最終確認)〉。

その中で、法務省は2016年から犯罪白書の中で、被虐待経験を有する少年院入院者の割合を公表するようになり、同年には男子少年の27％、女子少年の42％が入院段階で被虐待経験を申告していることが明らかになりました。これは少年院を出院する際に保護者の元へ帰住させるべきか否かを判断するうえで重要な情報となる側面だけでなく、さまざまな事情があるのではないかと考えています。

表2　少年院入院者の被虐待経験別申告者数　2015年6〜12月に入院した者

区分	総数	身体的	性的	ネグレクト	心理的	虐待なし	不詳
総数	1,791	391	4	79	24	1,269	24
男子	1,666	354	3	70	18	1,199	22
女子	125	37	1	9	6	70	2

＊法務省法務総合研究所『平成28年版犯罪白書』(2016年)参照。

そこで初めに考えていただきたいのは、児童虐待相談の対応件数と少年犯罪の関係についてです。他の筆者も挙げている通り、我が国における児童相談所

の児童虐待相談の対応件数は上昇の一途を辿り、毎年おおむね前年比５％ほどの上昇傾向を示しています。一方前述の通り、少年犯罪は減少しています。少年院在院者の被虐待経験に関する羽間京子による先行研究[1]や本書の他の章を参考にするのであれば、これは児童虐待が増加傾向にあるわけではなく、児童虐待を発見しやすくなったことを意味しているものと考えられます。

　その事情としては児童虐待防止法の施行により、児童虐待の定義や行政の責任が明確となり、社会的にも児童虐待への関心が高まったことや、児童相談所の予算や職員定員が大きく増加したことが原因しているものと考えられますが、それでもなお、気づかれていない被害が相当数あることも示唆しています。児童虐待を初めとするさまざまな被害体験発見の難しさは、本章で示したいテーマともなっています。

　本章では、はじめに少年院に入院する者が少年院にたどり着くまでの一般的な流れを体験者の話をもとに追っていきます。次に、少年院において虐待の申告が多いことへの考察をし、保護者や学校教育といった非行少年に影響を及ぼしたと考えられる要因に焦点を当てて検討を進めていきます。なお、本章で紹介する初出の事例は実在する人物への取材によるものですが、筆者が国家公務員に採用される以前から有している情報を元にしてあり、本人および家族の同意も得られているため紹介いたします。

少年院に至る道のり

1　逮捕・送検・勾留生活（およそ23日間以内）

　少年院にたどり着くまでの道のりは思いのほか遠い。ここでは一般的な流れを追いかけていきたいと思います。実務家や研究者の方には知った話かとは思

1　羽間京子「少年院在院者の被虐待体験等の被害体験に関する調査について」刑政 128 巻4
　号（2017 年）14 ～ 23 頁参照。

いますが、少年院への到着は、その者にとってどのような意味を持つのか、その心境に寄り添いながら考えていただけたら新しい発見があるかもしれません。なお、この部分は少年院送致と懲役刑をそれぞれ1回ずつ受けた経験を持つAさんと、少年院送致と罰金刑を受けた経験を持つBさんの語りを中心に構成しており、関東方面の警察および検察の実情となっています。

　まず、さまざまな犯罪に関与した嫌疑がかけられ、現行犯逮捕、通常逮捕または緊急逮捕によって警察による取調べを受けることとなります。この際、身柄を拘束されるかどうかによって本人の負担は大きく変わってきます。手錠を掛けられ、パトカーに乗せられ、狭く何もない留置施設に連行される。その経験だけでトラウマになる人も多く、身柄拘束の経験を有する者への聞き取りを進める中では、その状況や酷似した状況を長期間夢に見ると聞きます。

　本人達も、自分が罪を犯したことは知っていますから、仕方ないと納得する部分もあるかもしれませんが、その状況には何らかの失敗を契機として身体的虐待を受ける子どもとの類似性も指摘できると思います。

　警察は、48時間以内に被疑者を釈放するか、身柄拘束をしたまま検察官へ送るか（送検）を判断しますが、少年院に入院するほとんどの者は身柄拘束を受けたまま送検されます。本人たちはそこまで詳しいことはわかっておらず、取調べを受けてご飯を食べて、寝て、ボーっとして取調べを受けてを繰り返します。

　そして、送検されると大勢の被疑者とともに地方検察庁に向けて護送車での大移動が始まります。いくつかの警察署を巡回して被疑者を乗車させ、地方検察庁に向かっていく護送車の中で少年達は何を思っているのでしょうか。そして、地方検察庁での取調べを待つ時間、狭い雑居房や待機室に予定時間を知らされることもなく、手錠を掛けられたまま何時間も冷たく硬い椅子に座る人間の心境はどのようなものなのか。ようやく検察での取調べを終え、警察署に戻り、見知った警察官に声を掛けられると、なんだか安心するというものなのかもしれません。

　送検を受けたのち、家に帰れる場合もありますが、多くの場合は勾留の決定

がなされ、そこから10日間、警察署内の留置施設生活が続きます。この間は頻繁に取調べを受けることもあれば、1日中留置施設の中で新聞や本を読んで過ごすこともあります。留置施設によっては快適な場所もあるのかもしれませんが、筆者が聞く留置施設は、食事をするための机もなく、6畳から10畳ほどの部屋に外から丸見えのトイレがあるだけの場所であるとのことです。

　2021年の検察統計を見てみると、勾留が延長された事件は6割を超えており、多くの者はさらに10日間の留置施設生活を送ることとなっています。また、その期間中に再逮捕や追起訴が繰り返されることもあり、独居になりやすい少年の場合、自由に会話をすることもできず、長期間にわたる孤独な拘禁生活は成長期の少年にどのような影響を与えていくのでしょうか。

　勾留中の生活について、Aさんは「夏でもエアコンが効きすぎていて寒く、体調を崩した」「警察官とトラブルになり、保護室に入れられ、特殊な手錠と縄で両手両足を拘束され手首が変色してしまった」「検察庁では毎回5時間以上公園のベンチのような椅子に座らされ、会話もできず、昼食はパンとジュースしか出されない中で、罰を受けているようであった」と述べていました。

2　観護措置・審判（原則28日間以内）

　20歳未満の者が捜査機関に逮捕された場合（少年事件）、原則としてすべての取調べが終わると検察官は家庭裁判所に事件を送致します。成人の刑事事件との違いはここからであり、このように審判に付される事案を保護事件と呼んでいます。

　事案によってはそこで、家に帰れることもありますが観護措置決定がなされると、少年鑑別所に護送され引き続き身柄拘束がなされたまま少年審判を待つことになります。なお、観護措置とは実務上は、審判を受けるまでの期間を少年鑑別所で過ごすことであり、家庭裁判所は審判のため必要があれば決定により措置を行なうことができるとされています（少年法17条1項）。2021年の退所事由に占める割合の内、観護措置の取消は6％ほどとなっており、少年鑑別所退所者の内1,381人が少年院送致となっていることから少年院に送致されたほ

ぼすべての者は少年鑑別所での生活を経験していることがわかります[2]。

観護措置は基本的には2週間とされていますが、ほとんどの場合、期間の延長を受けて4週間弱の拘禁生活が続くことになります。これらは少年法および少年鑑別所法等を根拠としており、その中では主に審判に向けての鑑別（非行に影響を及ぼした資質上及び環境上の問題を明らかにする為の検査）と観護処遇（少年鑑別所法に明記される少年鑑別所での生活全般に関する処遇）を行ないます。

鑑別業務については別の筆者が担当する章があるため割愛しますが、少年鑑別所では規則正しい生活の中で、各種心理検査や運動、読書などをして穏やかに過ごすものの、さまざまな検査や生活態度が審判の結果を左右すると考えれば、本人達にとっては不本意にも定められた規則に従う必要があり、極めて高いストレス環境である可能性は否定できません。また、要注意となる言動やトラブルがあれば24時間監視されるカメラ室や保護室に収容されることもあり、Bさんによると「入所初日の夜に同部屋の少年とトラブルになり、そこから28日間カメラ室で過ごした」「天井にカメラが付いていて監視されているようで気味が悪かった」とのことでした。

そして、審判の日はすべての荷物を持って家庭裁判所へと護送され、非公開の審判廷で審判を受けることになります（裁判所の事情により少年鑑別所で審判を行なうこともあります）。少なくとも家庭裁判所からは裁判官・調査官・書記官が参加し、多くの場合保護者と付添人である弁護士が同席し、護送を担当する少年鑑別所職員も審判に立ち会うこととなります。また、一定の重大事件においては検察官の出席や被害者等の傍聴が認められることもあり、2021年においては24件の審判で被害者等の傍聴が認められていました[3]。

少年法22条1項によれば審判は「懇切を旨として、和やかに行うとともに、

2　法務省『少年矯正統計』「少年鑑別所入退所事由及び1日平均収容人員」（2022年）参照。『少年矯正統計』は、以下のURLで参照できます〈https://www.e-stat.go.jp/stat-search/files?page=1&layout=datalist&toukei=00400001&tstat=000001011528&cycle=0&tclass1=000001021812&tclass2val=0（2023年1月18日最終確認）〉。

3　法務省法務総合研究所『令和4年版犯罪白書』（2022年）278頁参照。

非行のある少年に対して自己の非行について内省を促すもの」とされており、その理屈は司法関係者にはなじみ深いものでありますが、はたして審判を受ける当事者に、それを受け止めるだけの精神的な余裕があるのかどうかには疑問も残ります。

なお、2004年に対象事件を重大事件で勾留された被疑者に限って始まった被疑者国選弁護制度が、2018年には被疑者が勾留されている全事件に拡大し、その過程で、2014年に家庭裁判所段階での国選付添人制度の拡大がなされたことにより、身柄拘束を受けた早期から国費での弁護士への相談が可能となりました。『弁護士白書2022年版』によると、2021年の国選付添人数は2,576人であり、少年鑑別所に収容された者の70.6%にまで増加しており、少年院送致決定を受けた事案に至っては91%が国選付添人の対象事件となっていました[4]。

我々は日頃、個人のプライバシーが守られた生活を送っており、トイレを人に覗かれることも、24時間を誰かに監視されることもありません。しかしながら、ひとたび犯罪を行ない（行なっていなくとも）逮捕されればこのような生活を送らなくてはいけなくなります。その中で、拘禁生活と言うサバイバルに適応するために、さまざまな防衛機制を働かせるものと考えられます。後述する非行少年の被虐待等の申告には、このような素地があることを理解すれば、なぜ少年院在院者の被虐待申告が多いのかが見えてくるように思えます。

3　少年院送致決定を受けて

審判により少年院送致を決定された者は、原則少年鑑別所に収容されることとなります。その際、裁判官から少年院に収容する期間に関する勧告が付されることがあり、11カ月が標準とされる少年院での生活を長期間にしたり短期間に設定することが申し添えられることもあります（18歳・19歳の特定少年は、少年院における収容期間が3年以下の範囲で家庭裁判所によって決定されます〔少年法64条3項〕）。

4　日本弁護士連合会『弁護士白書2022年版』（2022年）85頁参照。

　少年鑑別所に戻ってきた少年は、移送される少年院との調整がすみ次第、すみやかに護送されることになります。この護送先は少年鑑別所長により指定され、少年の特性に応じた少年院が選ばれることとなりますが、当事者には当然のように選択権はなく、移送先の少年院に関する説明を受けた少年達はどのような気持ちになるのでしょうか。

　その移送について、Ｂさんから興味深い話がありました。「少年鑑別所での朝食後に少し広い部屋に連れていかれ、そこに少年院から来たと名乗る職員がやってきた。荷物をまとめて車に乗ると、乗車していた一人の職員の態度が豹変し、胸倉を掴まれて脅迫を受けた」と言います。密室で行なわれたことであり、信憑性の高い証拠が残っているわけではありませんが、少年院や刑務所の歴史と特殊性を鑑みればご紹介することで考察の幅が広がるものと考えます。直近では名古屋刑務所における大規模な不適正処遇事案が公表されましたが、拘禁施設とはそのような支配関係に陥りやすく、その内情は児童虐待が発生しやすい家庭との類似性も指摘できるのではないでしょうか。

4　少年院への到着

　少年院に到着すると、初めに識別のための身体検査（少年院法21条）や入浴（少年院法施行規則30条）とともに、男子であれば理髪が行われ丸刈りすることとなっています（同規則31条、在院者の保健衛生及び医療に関する訓令６条）[5]。これらは少年院法や少年院法施行規則等に定められており、明確に男女の差が設けられている我が国でも特殊な法令と言えます。

　そして、多くの少年院ではそこから数日間を単独寮と呼ばれる、ユニットで過ごすこととなります。それまでの勾留生活では、仕出し弁当が中心の食事生活を送ってきましたが、少年院にやってくると自庁で調理した暖かい食事にありつけます。50日以上の期間、冷めた食事を時には机も椅子もない所で食べて

5　訓令上はショートバック（スポーツ刈り）も可となっていますが、入院直後において多くの男子少年院では丸刈りが通例となっています。

いた者が、温かく、ボリュームもある食事を食べたらどのようなことを感じるのでしょうか。

　また、少年院法は少年院の在院者を集団に編成して処遇するものと定めており、一定期間後は集団生活を送るユニットで生活を送ります。ここから本格的に少年院生活が始まり、個人別の矯正教育計画に沿った教育を受けることとなります。

　矯正教育の内容は**表3**に記した5分野と定められており、それぞれに定められたいくつかの内容で構成されています（少年院法第5章第2節「矯正教育の内容」）。この内容に対応して、さらに細分化された教育プログラムが少年院ごと又は各個人に合わせて実施されていますが、想像以上に多岐にわたる教育がなされています。そのような矯正教育は一日最大13時間行なわれ（少年院法施行規則23条）、正当な理由なく矯正教育を拒否できないとされており、違反した場合には20日以内の謹慎等の懲戒処分を行なえる（少年院法113条〜115条）ものとしています。そして、矯正教育目標の達成状況や生活状況を評価する制度により矯正教育の効果を把握し、その成績によって処遇の段階を向上させていき、処遇の段階が最高に達することで仮退院の申請（同法135条）を行なうことができ、少年院から出院していく流れとなっています。

　これらが定められている少年院法は2015年6月に施行された比較的新しい法律ですが、法改正に当たっては、2009年に明らかとなった広島少年院において多数の職員が関係した特別公務員暴行陵虐事件が影響しており、国会への法改正案提出に当たっても、その事実が適示されています。

　なお、事件の一部については裁判所の判例検索で閲読できるようになっていますので、職員集団と在院者の間にどのような関係が構築されていったのかどうぞご確認ください[6]。拘禁施設という特殊な環境下では、管理者と被拘禁者という役割の固定化によって支配関係の構造ができやすく、我が国だけでなく多

6　広島地判平21・11・1下級裁判所裁判例速報〈https://www.courts.go.jp/app/hanrei_jp/detail4?id=81086（令和5年1月14日最終確認）〉。

表3　矯正教育の分野と内容

分野	内容
生活指導 （少年院法 24 条）	・基本的生活訓練 ・被害者心情理解指導 ・問題行動指導 ・保護関係調整指導 ・治療的指導 ・進路指導 ・特定生活指導
職業指導 （少年院法 25 条）	・職業生活設計指導 ・職業能力開発指導
教科指導 （少年院法 26 条、27 条）	・義務教育指導 ・補習教育指導 ・高等学校教育指導
体育指導 （少年院法 28 条）	・各種スポーツ種目、ダンス等
特別活動指導 （少年院法 29 条）	・自主的活動 ・行事 ・クラブ活動 ・社会貢献活動 ・情操的活動

＊法務省法務総合研究所『令和4年版犯罪白書』（2022 年）136 ～ 139 頁参照。

くの国において、その正常化は課題となってきました。支配関係ではなく、求められる支援関係を構築するためには何が必要なのか。筆者も折に触れて考えています。

　ここまで見てきたように、犯罪行為等によって身柄拘束を受けた者が少年院に入院し、矯正教育を受けるまでの道のりは意外にも長く、そこからさらに11カ月の標準期間を多岐にわたる遵守事項と成績評価によるプレッシャーを受けながら生活していきます。そこでの気づきや学びは、すべてそれらの外圧下で

発生していることをご理解いただけるのではないでしょうか。

　しかしながら少年院に入院した者にとって、そこが暖かい家であることには変わりません。多くの職員と仲間に囲まれて額に汗を流し、さまざまなことを学び合う。温かいご飯を食べて広い風呂に入り、時にはふざけてみたり叱られてみたり。その日々は不安定な社会生活やそれまでの拘禁生活とは大きく違い、人が成長していく場所として十分な機能を備えています。だからこそ、過度で不適切な支配関係は排除しなければならず、形はどうであれ、傷付いた子ども達の回復の場となっていく必要があるのかと思います。

少年院入院者の被害者性

1　被虐待経験の申告と発見

　図2のように、被虐待経験を申告する少年院入院者の割合は年々増加しています。

図2　少年院入院者の被虐待経験割合推移

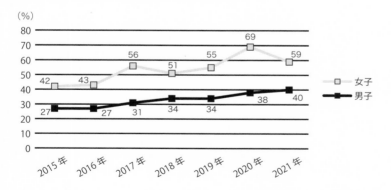

＊法務省法務総合研究所『平成28年版犯罪白書』（2016年）～『令和4年版犯罪白書』（2022年）少年院入院者の被虐待経験別構成比参照。

　このように右肩上がりの傾向を示していることについて、単純に被虐待経験を有する者が増加していると考えることには疑問が残り、何らかの要因によって、発見が容易になったと考えることもできます。前述のとおり、少年院入院者のほとんどは長期間の拘禁生活の中でさまざまな取調べや調査を受けてきており、限られた相手との対話を通して、さまざまな過去の出来事を振り返るだけの時間があります。その中で、自己が被害者であったとの発言は増えるのでしょうか？　それとも減るのでしょうか？　男子少年と女子少年を比べても明らかに男子少年の方がその申告割合が少ないことからも「虐待経験を有する者が多いような気がする」程度に留めておく必要があるのかと思います。

　そうした事情を考慮しても、少年院入院者に被虐待経験を有する者が一定数いることは確かであり、2015年に少年院での調査を行った羽間は、調査対象の内6割の少年が被虐待経験を有すると回答したとの報告をしており[7]、この数値は同年に法務省が行った調査よりも3割以上高い数値が出ています。また、家族以外の第三者からの被害体験を有する者はおよそ8割にも及んでおり、少年院在院者にはさまざまな被害体験を有する者が相当数いることは窺えますが、具体的なケースに注目することでさらに理解が深まるものと考えます。そして、見過ごされてきた、または手当されずに過ごしてきた少年へのケアは、被虐待経験を発見しやすい、少年院という場所に求められている機能のひとつといえるのかもしれません。

2　保護者状況

　2021年の少年院入院者の保護者状況は**表4**の通りです。

　昭和から平成に入り家族の形が変化していったとは言え、ひとり親と思われる世帯がおよそ50％となっており、その中でも実父の存在が、実母に比べて明らかに少ないことは注目すべき点です。そこから推察すると、保護者の収入は相対的に低くなり、文化教養に使用できるコストも少なくなるのかもしれませ

7　羽間・前掲註1論文18頁参照。

表4　少年院新収容者の保護者状況　2021年

区分	総数	実父母	実父	実母	実父義母	義父実母	養父（母）	その他	保護者なし
総数	1,377	450	114	554	27	173	16	38	5
男子	1,258	414	105	505	25	159	14	31	5
女子	119	36	9	49	2	14	2	7	–

＊法務省『少年矯正統計』「新収容者の保護者とその職業」(2021年) 参照。

ん。それが意味するところは何かと言えば、生まれ育った家庭環境による格差であり、家庭での十分な教育を得られなかった者が一定数いることを示しています。

　そして保護事件は、要保護性(再非行の危険性、矯正可能性、保護相当性)と非行事実について審理がなされることから、保護者を中心とする生活環境の悪い者ほど少年院に送致される可能性が高くなります。

　この点において当事者には何ら責任はなく、生まれ育った家庭環境の悪い者の方が、より長期間の拘禁生活を送ることとなっているのであれば、どのような審判であっても当事者には納得できない処分になってしまう可能性があります。

　筆者が経営していた会社でも多くの非行少年を雇用してきましたが、その中では信じられないような家庭環境に育ってきた者も少なくなく、自分がその家庭に育ってきたらはたして今と同じ道が歩めているかどうか、常々考えさせられました。全国各地で協力雇用主として、少年院出院者や刑務所出所者の雇用を続けている多くの企業には、そのことを実感している経営者も多いのではないかと思います。

　ここでは過去に少年院関係者から論文等として発表されたものの中から具体的な例を紹介させていただきます。

　まず鈴木郁美[8]からは、ぐ犯で少年院送致となった女子少年の家族関係が紹

8　鈴木郁美「性的虐待経験によるトラウマとしての性非行の理解」矯正教育研究67号 (2022年)

介されています。

　「入院時Ｃさんは17歳で９人兄弟の第６子。両親は無職で兄姉とＣさんの収入、弟の児童手当等で生活費を賄っていた。父親は受刑歴を有し、家族への暴力や実子への性的虐待が繰り返されていた。Ｃさんも小学校高学年になると性行為を強要されるようになり、次いで長兄からも性行為を強要されるようになった」。要約するとこのような保護者状況になりますが、これは少年院に入院した者の一面を表していると思います。

　次に青木治によるパネルディスカッションの記録[9]の中には、処遇困難であった男子少年のケースが見られました。

　「Ｄさんの実母は結婚離婚を何度も繰り返し、不安定な家庭の中で幼少期からネグレクトが見られ、養父からは身体的虐待を受けてきた。母親は面会の予約をしては当日急にキャンセルすることを繰り返す」。IQは105ということですから、本人の能力は低くないものの、処遇が非常に難しかったとのことでした。

　最後に田村優佳ほか[10]は、伝統的な処遇プログラムである集中内観の対象者の家庭環境を記していました。

　「Ｅさんの家庭は生後間もない時期に両親が離婚し、幼少期に実母が再婚したが、10代前半で離婚した。10代中頃に実母が３回目の婚姻、新家族を持つに当たりＥさんは養父に引き取られた」。情報が少ないため、Ｅさんが実母と離れなければいけなくなったとき、どのような心境であったかはわかりませんが、読者にはそれを考える余裕があるのではないかと思います。

　これら３例は極めて稀有な例かもしれませんし、よくある実情なのかもしれません。それは当事者についての具体的な研究(質的研究)が進まなければわか

４〜５頁参照。

9　青木治「少年院在院者の被虐待体験等の被害体験について」矯正教育研究62号（2017年）30頁参照。

10　田村優佳ほか「家庭内葛藤により自己顕示性が強い在院者の集中内観後の変化」矯正教育研究62号（2017年）117頁参照。

らないものであり、今後矯正行政に期待される研究ではないかと考えます。筆者も自身の知っていることだけが真実であると誤信しないためにも、より多くの事例に触れる機会があればと考えています。

3　学校への適応

2022年、我が国における高等教育機関への進学率が83.8％となる中[11]、少年院の入院者では男女ともに中学卒業及び高校中退が6割以上を占めており、出院時に復学や進学が決定している者が1割に満たないこと[12]を考慮すれば、犯罪行為をした者、とりわけ犯罪性の進んでいる非行少年の大部分は、学校教育との関係が早期に断たれていると言えます。

そして、刑務所新収容者数に対する中学卒業および高校中退の割合がおよそ6割であることからも学校教育への関わりが早期に断たれていることと、その後の犯罪行為への関わりには因果関係があることが確認できます。

学校教育の効果がどうであるかは議論しないにしても、高校や大学へ通うことは犯罪抑制要因として働き、学校教育の枠外にいる者には極めて高い犯罪リスクがあると言えます。

ではそれだけのリスクがあるのに、どうして学校との関係が断たれてしまったのでしょうか？　順を追って仮説を説明していきます。

第一に、発達上の問題や個人の特性（内的要因）、家庭環境や地域性（外的要因）など、その者に個別の事情があると考えられます。『令和4年版犯罪白書』によれば、何らかの精神障害を有すると診断された少年院入院者は3割に及び[13]、診断名の付かない「発達障害の疑い」を含めればその割合はさらに大きなものとなります。集団生活に適応できない特性を持つことや前述した家庭の事

---

[11]　文部科学省『学校基本調査』「高等教育機関への入学状況の推移」（2022年）参照。『学校基本調査』は、以下のURLで参照できます〈https://www.e-stat.go.jp/stat-search/files?page=1&layout=datalist&toukei=00400001&tstat=000001011528&cycle=0&tclass1=000001021812&tclass2val=0（2023年1月18日最終確認）〉。
[12]　法務省法務総合研究所・前掲註3書140頁参照。
[13]　法務省法務総合研究所・前掲註3書231頁参照。

情を考慮すれば、学校からの強力な支援が必要であった者が少年院には一定数いることが想像できます。

第二に、学校運営者側としては、学校生活に馴染まない者に高いコストを支払い続けるわけにもいかず、義務教育の終了とともに教育の場からの排除対象となり、その者に教育が必要であっても学校教育を強いることはできない事情があります。

その中で、義務教育における不登校児童は増加の一途をたどっており、極端な例（同年代の児童の中でも最も学校に適応できない一部の児童）や学校の特徴によっては取りこぼされている者が一定数いても不思議ではありません。本来は、障がいを有する者や生活環境に恵まれない者にはより高密度の教育や支援が必要になりますが、そのニーズが満たされなかった者が犯罪者化しているという考え方もできます。

第三に、少年院入院者も以前は生徒であったにもかかわらず、校則違反や犯罪行為、怠学を繰り返す中で学校との関係が悪化してしまったことが挙げられます。我が国において児童の9割以上が高等学校に入学、卒業[14]を経験する中で、少年院出院時に復学や進学が決定している者は1割にも及びません。学校での教育に居心地の悪さを感じてしまったからこそ、そこに戻る決断をできずに過ごしたと考えることもできます。

一方で、高等学校における通信制教育の生徒割合の増加も近年顕著となってきており、学校生活に馴染まない者をフォローアップする仕組みが構築されつつあることも付け加えておきます。

以上の事情から、少年院入院者の一定数は、学校教育に馴染めなかったか、必要な支援が得られなかったことで、教育現場から姿を消してしまったのだと筆者は考えています。学校教育に馴染まない者への指導は極めて難しく、関係者にも大変な苦労があったことは十分に察することはできますが、健康で文化的な人物を育成できなかったことを、すべて児童の責任としてはいけないよう

---

14 文部科学省『学校基本調査』「高等学校等への進学者数」（2022年）参照。

にも思えます。

　そして、学校教育の場からこぼれ落ちた者はどこに行ってしまうのでしょうか。引きこもり、社会と関係を断って生活していく者も一定数いるかと思いますが、非行少年との関係性が高く、その受け皿として機能しているものとして、地域の不良集団[15]や小規模な建設事業者[16]が挙げられます。前者からは主に同じような境遇の仲間と価値観を得られ、適法違法問わず多くのことを学んでいき、後者からは学歴を問わない男性社会の中で成功していくロールモデルを学ぶことになります。非行少年の世界は想像以上に厳しいもので、暴力や略奪も日常茶飯事に発生しますし、違法薬物や犯罪行為等への誘惑も多いものです。それもまた、生きる上での教育の形のひとつなのかも知れませんが、少なくとも筆者は、愛する我が子にそのような教育を受けさせたいとは思いません。

　大人の言うことを聞かない悪い子には罰を与えるべきか、教育に導くべきか。罰を与えた所で、心身の成長に悪影響が出ることは今さら説明するようなことではありません。そのような境遇にいる者にとって、本人が願わずとも少年院への入院は地獄に降りてきた一本の蜘蛛の糸と言えるのだと思います。だからこそ少年院という教育の場が、個人の特性に応じて本人の最善の利益を目指して行われることには大きな意味があると考えられます。

おわりに

　本章では、非行少年の中でもとりわけ犯罪性の進んだ者とされる、少年院入院者に焦点を当てて説明をしてきましたが、犯罪白書等の公表されているデー

15　2021年の少年院の新収容者で、不良集団に関係していた者の中では、地域不良集団に関係していた者が最も多い。法務省『少年矯正統計』「新収容者の矯正教育課程別　不良集団及び薬物等使用関係　不良集団関係」（2021年）参照。

16　2021年の少年院の新収容者で、有職者の中では、建設・採掘業に就いていた者が最も多い。法務省『少年矯正統計』「新収容者の教育課程別　職業及び家庭の生活程度」（2021年）参照。

タだけではその実情を説明するのは難しいものです。実際の所は、平素から関わり続けなければ理解は進んでいかないのかもしれません。しかしながら、本書におけるさまざまな筆者の視点を取り入れることで複眼的に実態を掴めていけるのではないかと思います。

読者の皆様には本章を通して、まだ社会を知らない児童が不安定な家庭環境に生まれ育ち、学校教育に適応できずに非行少年化し、繰り返される逮捕経験を通して少年院にやって来るまでを想像していただけたら幸いです。その想像をすることで、今後出会うさまざまな犯罪への見え方が変化してくるものと思います。

我々が平穏に日常生活を送る中で、隣の家では何が起きているのかなど知るよしもありません。家庭内暴力も児童虐待も犯罪行為も、社会からの関係が断たれ、孤立を深めている者の周りでこそエスカレートしていくものです。だからこそ、事件が起きる前に手当をしていくことが本当に求められている支援なのだと思います。

もちろん、犯罪は決して許されるものではありません。そのことは何度でも、何度でも丁寧に説明をしていかなければいけません。ただ、そこに他罰的な感情を注いでしまえば、虐待が発生する家庭環境と同じ「信用できない教育」になってしまいます。少年院という温かい家は、傷付いた者を癒し、未来を切り開くための教育の場であってほしいと願っています。

参考文献

▶ 矯正協会『刑政』**128巻4号**(2017年)、**130巻11号**(2019年)、**131巻第5号**(2020年)

▶ 厚生労働省『**2021年国民生活基礎調査　調査の概況**』(2021年)

▶ 日本矯正教育学会『**矯正教育研究**』**62号**(2017年)、**67号**(2022年)

▶ 法務総合研究所『**平成28年版〜令和4年版犯罪白書**』(2016〜2022年)

▶ 文部科学省『**令和4年度学校基本調査**』(2022年)

立準備ホーム
から見える被害

再犯者の非行少年時代の被害を振り返る

千葉龍一(ちば・りゅういち)　　　　　　　　　　　　　　　[株式会社生き直し]

はじめに

　筆者は2013年から2018年まで、新宿にある日本駆け込み寺という公益社団法人の団体職員をしており、歌舞伎町という土地柄、罪を犯した方の相談も多くありました。

　『令和4年版犯罪白書』によると、2021年に刑務所に入った人のうち、すでに一度刑務所に入ったことがある人が占める割合が約6割であり、罪を犯した方々の支援をしなければ被害者が増えてしまうということで、駆け込み寺でもそういった方々の支援をしていました。

　支援の方法として当初は、建設業等の仕事を紹介することが多かったのですが、罪を犯した方々は家がない方も多く、ただ就職先を紹介するだけではなかなか再犯を防ぐことはできないのが現状でした。

　筆者自身は、大学時代に交通事故を起こして友人を亡くし裁判を受け犯罪の加害者になった経験があるので、罪を犯した方にも寄り添えるという思いも強くあり、力になれるのではないかと思っていました。

　しかし、彼らと話していくうちに話が噛み合わない部分があることに気づき、「自分が簡単にできることをなぜ彼らができないのか」と思うようになってきました。そのような状況の中で、「刑務所に行ったことがないのに俺たちの

気持ちなんてわかるはずがない」「お前みたいに普通に生きてきたやつに何か言われたりしたくない」ということもよく言われるようになってきたときに、何が違うのだろうかと思い始めるようになってきました。

　何か都合が悪いことがあると嘘をついたり、逃げ出したり、人のせいにしたりする人が多いことに気がつきました。そして、その人達の背景を調べたり、本人に聞いたりしたところ、少年時代に親からひどい虐待を受けたり、親に嘘ばかりつかれたなど、当時の環境があまりに劣悪な人がいかに多いのかということが見えてきました。

　家がなくて再犯を繰り返す人を目の当たりにする中で、もっと何かできるのではないかと思い、2018年より日本駆け込み寺での経験を活かし独立し、自身で刑務所から出てきた方が住める施設である自立準備ホームを運営するようになりました。

　現在までに４つの施設を運営し、67名の方を受け入れてきました。駆け込み寺時代の78名の受け入れを合わせると、現在までに145名の方を受け入れてきたことになります。

　その中で、再犯を繰り返す人や20代前半の方を受け入れるとやはり、少年時代の環境が悪すぎるということを目の当たりにしてきたので、筆者自身は非行少年と常に関わっているわけではありませんが、非行少年の時の関わり方が変われば、当団体に来ることはなかったのではないか、そんな想いを強く抱くようになりました。

成人の犯罪は非行少年の問題と地続きである

　刑務所に行く人についてはとかく「自己責任」という言葉でまとめられて、本人の特性が語られることがあまりないのが現状です。

　実際に裁判では少年時代の環境が裁判所の判断として汲み取られることは少なく、非行を行っていた「事実」だけを切り取られ、成人しても犯罪をしているからこの人は「反省していない」「悪い人なんだ」と評価されています。

しかし、今まで相談を含めて250名以上の罪を犯した人と関わる中で、少年時代に親からの虐待を受けた人がいかに多いかということを徐々に知ることになりました。

　少年時代に受けた被害によってその後の人生が大きく変わった人もおり、加害者ではあるけれども、実際には「被害者」と言っても過言ではない方もいました。

　被害者が加害者に転じて抜け出せなくなってしまっており、筆者自身の感覚では、被害者が被害者を生み出しているような状態になってしまっています。

　さまざまな人を受け入れる中で、何かしらの被害を少年時代に受け、結果的に自立準備ホームなどの施設（自立準備ホームだけではなく、ホームレスの方が入る施設も同じような感じかもしれません）に来るということは、いわば流れている水を最後に堰き止めているだけの役割のような気がしています。

　なので、川の上流の水の勢いが少ないところで問題を止める、つまり少年時代の被害を見つめ、検証していくことが重要なのではないかと個人的には思っています。

　そこで、以降では、どのような理由から当団体に来たのかを事例を含めてとりあげ、どうしたら最初の流れを堰き止めることができたのかを考察していきます。

少年時代に被害を受けた3人の加害者の事例

1　親の虐待から逃げ出すために──50代男性のケース

　性犯罪を犯して捕まり、当団体に来た50代男性のケースを取り上げます。

　この方は20代から性犯罪を繰り返し、何度も刑務所に行き、親からも勘当されてしまって、50代になり出所後行き場がなく社会から断絶した状態になってしまい、当団体の施設へ来たという方でした。

　彼の支援を始めた最初の頃は、性犯罪を犯してしまった人に対して幼少期の

ことを聞くことはありませんでした。しかし、ふとした時に本人に対し「親が
いるなら、親孝行はしたほうがいいんじゃないか」との話をしたところ、「親に
は絶対に会いたくない」との回答がありました。何かあるのではないかと思い、
聞いてみたところ驚くべき事実が明らかになりました。

　小学生の時に父親から性的虐待を受けたということでした。父親からの性的
虐待が許せなく家にも帰りたくないとの思いが強くなってきたので、学校の先
生に相談したところ、先生からは「父親がそんなことをするはずがないでしょ
う」と話を聞いてもらえず、他の人に相談しても「ありえないでしょ」と話を聞
いてもらうことすらできなかったそうです。

　自分自身の話は誰も聞いてくれない、話せば嘘つきみたいに思われる、と
いった状況から、「こんな社会からは早く逃げ出したい」「父親のもとからも早
くいなくなりたい」という思いが強くなったそうです。

　そして、中学生になった頃から、知人を暴行したり、暴走行為を繰り返し、
少年院に行くことになりました。その時期から「あなたはうちの子じゃない」と
親に言われるようになってきて、「やっぱり俺はこの家には必要ない人間なん
だ」と思うようになったとのことです。

　その後、彼は成人してからは建設関係の会社に勤めるようになりました。体
力に自信があったことから仕事自体はきつくはなかったのですが、どうしても
人間関係がうまくいかずに職場の同僚と揉めてしまい職を転々としている状況
だったそうです。そして、女性との関係もうまく作ることができず、女性との
性行為をしたり、風俗店に行ったりするたびに父親から受けた性虐待を思い出
し、仕事や人間関係がうまくいかないストレスを解消できずにいたそうです。
そんな中、一方的に性犯罪をすることのほうがストレスが発散できると間違っ
た考えに至り、性犯罪を犯すようになり捕まってしまいました。それ以降は、
刑務所を出たり入ったりの繰り返しをしていたそうです。

2　親の虐待がきっかけで——60代男性のケース

　当団体に来た60代男性のケースです。この方は40代頃まで実家に引き籠もっ

ていましたが、父親の死をきっかけに家を出ていかなくてはならなくなり、その後、ホームレスになり、刑務所にも5度入り、当団体に来たという状況でした。

　非行とは何の関係もなさそうな感じでしたが、なぜ引き籠もりだったのかと聞いたところ、親や社会に対しての恨みがあって、それを晴らすために働きもせず、引き籠もっていたということでした。

　この人も小学生から中学生にかけて片親だった父親から暴力を何度も振るわれており、自分の泣き声を聞いた地域の方が警察に電話をしてくれたことがありました。しかし、警察は父親の「しつけの一環だから問題ないです」という言葉を聞いて、助けることもなく帰ってしまいました。また、学校の先生に相談しても話を聞いてもらえず、「誰も俺のことは助けてくれない」と当時は思ったそうです。

　その後、高校生になり、身体も大きくなってきたこともあり、父親からの暴力に対して暴力で反抗するようになり、タバコも吸い始めて、地元の悪い連中とも付き合うようになりました。警察に捕まることで父親を困らせることができると思って万引きを繰り返して最終的には少年院に行ったとのことです。

　警察に捕まったときに、警察官の前で父親にビンタをされて、困らせるために万引きを繰り返したとはいえ、ここでも息子に対して暴力を振るうのかとショックを受けて、「もう父親は父親ではない」と思った記憶があるとのことです。

　少年院から出てきたあとは、何に対してもやる気がなくなってしまい、結局自分が困っていても助けてくれる人はいないし、もっと父親を困らせてやろうと思い、家に引き籠もるようになり、気がついたら40代になっていたとのことでした。

　40代に入って父親が急に亡くなってしまい、どうするか困っていたときに、「誰に相談してもきっと自分のことなんて聞いてくれないんじゃないか」と思い、かつてやっていた万引きをして生計を立てればいいと考え、その後ホームレスになったそうです。

そして、刑務所に入って出所しては万引きをしてまた刑務所に入るということを５回繰り返して、当団体に来たとのことです。

3　母親に振り回されて——20代女性のケース

家にいるのが辛いからという理由で、売春や窃盗を繰り返して、当団体に来た20代女性のケースを見てみます。

この方は最初、自身のことをまったく話そうとはせず、なぜか男性のことを信じていないような感じでした。ただ、根気強く関わっていくうちに筆者に対してもいろいろと話してくれるようになりました。

小さい頃、母親が水商売の仕事をしていて、予期せぬ妊娠で、できてしまった子どもで、母親はシングルマザーとして彼女を育てていた、と彼女は語ってくれました。ネグレクトのような状態で食事も提供されず、児童相談所で一時保護されたこともあったそうです。また、児童相談所では男性職員から性的虐待を受けて、そのことについて他の職員に言ったところ信じてもらえず、その時にはじめて男性に対して嫌悪感を覚えたとのことです。

その後、母親が水商売で知り合ったお客さんと結婚し、家に戻ることになりましたが、母親は彼女の面倒を見ることはありませんでした。母親はその男性とはすぐに離婚をしてしまいますが、男性をとっかえひっかえ家に連れ込むようになりました。彼女は小学生にして、家に帰ると母親が男性と寝ているという光景を目の当たりにしていたそうです。

中学生になってから、母親はお客さんの一人と２回目の結婚をしましたが、その男性から母親がいないときに性的虐待を受けることになります。母親にそのことを言うも母親がその人からDVを受けており、見て見ぬふりをされてしまったそうです。

高校生になる頃には家出を繰り返し、男性のことは信じられなかったが義父に性的被害を受けるくらいなら売春で稼いだほうがいいと思い、売春を繰り返していたそうです。

その後、売春の相手のお金を盗んだりしたため、窃盗罪で捕まってしまい、

当団体に来たということでした。

事例から見える被害の埋め合わせの欠如

1　50代男性のケース

「1 親の虐待から逃げ出すために」における50代男性のケースでは、少年時代のことがきっかけで、少年院に行き、その後、性犯罪に走ってしまいます。

当時は父親が息子に対し性的虐待を繰り返すということが世間的には異常なレアケースという扱いでしたので、周りの人に相談したところで信じてもらえなかったのは容易に想像することができます。

しかし、ありえない話であったとしてもまずは本人の話を聞き、「信じる」ことが必要なのではないでしょうか。

このケースで誰かが父親の性的虐待の事実を信じて彼の話を聞いていれば、その後、彼が何度も捕まるようなことはなかったかもしれません。

彼は父親から性的虐待を受けて、さらに先生などの周囲の人からは信じてもらえない、と何度も傷ついています。そして、最終的に被害者である彼自身が、加害者になってしまうという悲しい結末です。

本件と同じようなケースで周囲の人に家族のことを話しても信じてもらえず、結果的に犯罪に走ってしまうケースが多くあります。

きっかけは少年時代のことかもしれませんが、その時のトラウマをひきずって大人になってしまうと、変に人を信じてしまって騙されたり、人を信じ切れずに罪を犯してしまったりする人が多いと思います。

かつて当団体から出て行って戻ってきた方もいますが、来た当初は、筆者に対して疑いの目を向けるように、「どうせ俺のことを出所者と思っているんですよね」と言われたこともありました。しかし、そういった方でも、何度でも見守り寄り添ううちに「こんな俺のことを大事にしてくれ信じてくれた」と話し始めて、初めて自身の罪について向き合うようになりました。

2　60代男性のケース

「**2 親の虐待がきっかけで**」の60代男性のケースでは、父親から暴力を受けたときに助けてくれる人がいたにもかかわらず、その後の自身の対応も相まって誰も助けてくれなくなり、孤立していき、結果的に犯罪に手を染めていきました。

父親から暴力を振るわれたときに警察が何らかの対応をして本人を助けたり、児童相談所や公的な福祉サービスに繋がることができていれば、当団体に来るようなことはなかったかもしれません。

実際に当団体に来ているかなりの方が、少年時代に親に裏切られたり、何かがあったときに警察や行政に助けてもらえなかったりした経験を持っています。「誰かに頼ったところで解決してくれない」と思っていることが多いのです。

さらに、「誰も助けてくれなかった」と言っている人の話を聞くと、自分の置かれている状況をうまく伝えることができなかったり、親が怖くて言えなかったりという人も多く、「できない子ども」というレッテルを貼られたまま本人の能力も無視されて大きくなっていると感じることすらあります。

周囲の人間が異変に気がつくことは難しいところもあるかもしれませんが、その異変が置き去りにされてそのまま大人になり、成人してから刑務所へ行って、その後も社会復帰が難しくなっている状況を見れば見るほど、子どもの頃に手助け等の誰かが何かしらの介入をしていればと思うことが多くあります。

3　20代女性のケース

「**3 母親に振り回されて**」における20代女性のケースでは、彼女の置かれた家庭環境があまりにも悪すぎたと言えます。

児童相談所で職員から性的虐待を受けたが、他の職員からは信じてもらえず、あげく「あなたが誘ったんじゃないの」ということまで言われ、家に戻れば母親と母親の交際相手の情事の現場を見せられ、さらに義父から性的虐待を受

けるなど、彼女は被害をずっと受け続けてきました。

　児童相談所で「やっと助けてもらえる」と思ったのにもかかわらず、そこで被害に合ってしまった彼女は、「私が相談しても誰も聞いてくれない」「一人で生きていくしかないのかな」と思ったそうです。

　職員がしっかりと彼女と向き合い、家庭環境について聞き取りをして、性的虐待についてもしっかりと向き合っていれば、彼女は、周囲の人に頼るということができるようになっていたかもしれません。そして、何らかしらの支援に繋がっていたのではないかと思っています。

　女性の場合には、売春や風俗店勤務を経てトラブルに巻き込まれて当団体に来てしまうケースが非常に多くあります。その背景には、身近な人からの性的虐待を受けて、その後の相談が奏功しなかったことから、相談ということは意味のないことと思いこんでしまい、犯罪から抜け出すためのルートに乗ることができなくなってしまっているという事情があるような気がしています。

4　親による加害や支援者による加害

　上記のようなケースはかなりまれなケースと言えるかもしれません。

　しかし、現在までに200名以上の罪を犯した方と関わる中で、非行に走ってしまい、その後、成人した後も犯罪を繰り返している方をたくさん見てきました。

　私が関わった当事者たちから聞いた限りですが、約半数は子どもの頃に親から虐待を受けたり、助けを求めても誰も助けてくれなかったりして、非行に走ってしまっています。

　普通の子であればできるようなことができなかったりすると、「できない子」というレッテルを親から貼られ、そして親から虐待を受け、さらには学校でもいじめにあってしまったり、悪い仲間にいいように使われてしまったりして、最終的に刑務所へ行ってしまうというケースが非常に多くあります。ただ、病院に行って診断をすると発達障害やADHD、統合失調症等を抱えており、それが「できない」と思われる原因となっているケースも多くあります。誰かが、

子どもの頃からの障がいに気がついて、適切な支援を受けられていれば、結果的に犯罪の道へ進まずにすんだかもしれません。

　さらに、両親も発達障害やADHD、統合失調症等の精神疾患を抱えており、自分と同じようにできない子どもにイライラして虐待をしているケースもあり、親子で傷つけあう連鎖を止めることができずに当団体に来ているのではないかと思うこともかなりあります。

　そして、親だけではなく支援する立場の人からも被害を受けることが多いのではないかとも考えています。支援する立場の人はいわゆる「普通の両親」が暖かく見守り、何かあればちゃんと叱り、ちゃんと教えてくれているので、虐待を受けた子どもがどうして普通のことができないのかが理解できず、支援者自身が「できない子」というレッテルを彼らに貼ってしまうからかもしれません。結果彼らは、「社会からも自分は阻害されている」と感じるのでしょう。

　『令和4年版犯罪白書』によると刑事施設に再入する者の約7割が無職であるという統計が出ており、再犯を防ぐには就職をさせればいいのではないかということで、受刑者が出所後就職しやすいように制度を整えています。しかし、親から虐待を受けて非行に走ってしまいその後犯罪を繰り返している当団体の入居者が、就職活動をしていたのですが、なぜかなかなか就職先が決まりませんでした。彼と同じ境遇の人が皆同じ状況だったので、どうなのかと思い、本人たちに「面接はちゃんと行っているのか」と聞いたところ、面接にはちゃんと行っているとのことでした。さらに、詳しく聞取りをしたところ、ある人は毎回面接時間に遅刻をしていたり、ある人は履歴書をくちゃくちゃに折りたたんで持っていったり、ある人はコピーした履歴書を持っていったりと普通では考えられないことをやっている人が多いということがわかりました。

　履歴書の書き方や面接の仕方は教えてもらったことがあるけれども、我々からすると教わるまでもないと思っている当たり前のことをこれまで教わってこなかったとのことでした。

　我々が普通だと思っていることであっても彼らにとっては普通ではないことであったりしたときに、普通の家庭に育った人にとっては理解ができず、気が

つかないうちに彼らを傷つけていることが多いのではないでしょうか。

　筆者自身も「何でそんなこともわからないのか」と言ってしまったことがありますが、知らず知らずのうちに支援者側が彼らに被害を加えてしまっている可能性があることに気をつけなければなりません。

おわりに

1　被害の連鎖をどこでとめるのか

　この仕事を始める前は、罪を犯す人は、「自己責任」と言われても仕方がないし、社会復帰の道のりが厳しくなったとしても仕方がないと思っていました。

　しかし、本人たちの話を聞くと、小さい頃に両親を含め大人からの被害を受けていることが多く、被害者としてずっと傷ついてきて、その後、自身が加害者になってしまったという方がいかに多いのかということを実感しました。たしかに、同じような状況でも、実際に罪を繰り返す人がいる一方で、罪を繰り返さずに社会でしっかりと生きている方がいるのも事実です。

　何が違うのかと聞かれて、「本人の性格や意識が違う」という人もいるかもしれません。しかし、環境が違ったり、支援してくれる人が存在したりすれば、何度も罪を犯さずにすんだのではないかと思うこともあります。

　特に精神的に自我ができるまでの期間が最も重要で、この期間に被害を受けてしまった人はそのことが一生のトラウマとなり、犯罪の引き金になってしまっていることすらあるのではないかと思っています。「親を憎んでいる」「支援者を憎んでいる」という声は本当にたくさんの方々から聞きます。

　共通するのは自身の気持ちをわかってもらえず、信じてもらえず、「誰も助けてくれない」と思っている人がいかに多いかということです。

2　支援者として

　支援者が何ができるのかというときに、まず大切なのは、彼らが少年時代に

どのような経験をしてきたのかということを聞き、その気持にどれだけ寄り添えるかということです。

　支援者は、少年時代の経験を聞き出し、その事実を受け止め、そして気持ちに寄り添う重要性よりも現状を何とか打開することに着目してしまい、結果「対処すること」に終始をしてしまいがちです。本人がどう考えているのか、本人がどうしたいのか、そして、本人にとって何が最善なのか、ということが置き去りにされてしまっているような気がしています。

　当団体に来る方に「今後どうしたいのか」と尋ねることがよくあります。今まで、自身の考えを尊重してくれる人が少なかったのが原因なのか、「あなたに決めてほしい」と言ってくる人もいます。

　しかし、支援者の力だけでは本人が変わることはできません。本人の力も当然必要になってきます。支援者は、本人の意見を尊重し本人と伴走することで、本人が変わっていくことができます。そのためにはまず、支援者が目の前にいる人に対して偏見を持つことなく向き合っていくことが重要なのだと思っています。筆者自身も大それたことは言えませんし、失敗したり、被支援者から恨まれていることもあるかもしれません。ただ、支援すればするほど、支援者が上で被支援者が下という状況が作り出され、被害が生じやすいくなっていくのではないかと考えています。特に親子関係ではどちらが上か下というのがよりはっきりするので、被害が生まれやすいのではないかと考えています。

　実際に、罪を犯した方を支援している人が、実は一番差別をしているのではないかという状況も目の当たりにしたこともあります。事例を知り、問題構造を知り、そして、関わり方を考えていくことが重要なのではないでしょうか。

3　社会ができること

　子どもの支援の必要性は多くの方が認識をしています。

　この章を読んで、子ども時代からの支援の必要性を認識されたのではないかでしょうか。

　核家族化が進み、地域で子どもを育てることが難しく、子どものうちに被害

に遭いやすい状況が増えているかもしれません。そうであるならば、地域で子どもの支援をしている行政やNPO等の民間団体は今まで以上に子どもに対して真剣に向き合う必要があるのではないかと考えています。

　成人してから罪を犯した人が更生するには、ものすごく長い時間がかかります。やはり、子どものうちに犯罪の引き金となりうる可能性を摘んでおくことが重要なのではないかと思います。そして、法律も変わり刑務所の処遇はだいぶ変化はしてきていますが、やはり刑務所の受刑者に対しても、少年院と同じような更生プログラムを導入してほしいと個人的には思っています。

　最終的に、当団体のような施設がなくなり、すべての人が生きやすい世の中になれるようにと願っております。

被害を受けた
非行少年の立ち直りに
必要なこと

　非行少年に関わってきた方々が、具体的
な非行少年に積み重ねられてきた被害
の埋め合わせにどのように取り組んできたか
を紹介するのが Part2 です。Part2 で重要な
ことは、非行少年が社会の中で非行や犯罪か
ら離れて成長していくには、被害の埋め合わ
せがなされなければならないこと、そして、
それには長い時間が必要であることに皆さん
に気づいていただくことです。

行事例から少年の被害感と具体的援助を考える

元家庭裁判所調査官の視点

廣田邦義(ひろた・くによし)　　　　　　　　　　　　　[臨床心理士]

基本的な視点

1　はじめに

　筆者は家庭裁判所調査官(以下、「調査官」)として、1973年から38年間、少年事件に係わりました。当時の事件数は日本経済と同じように、右肩上がりで推移していました。家庭裁判所(以下、「家裁」)は、全件送致と全件調査が大原則でしたので、増加する事件数に対応できず、家裁少年部は全国的に機能マヒ状態に陥りました。特に大都市周辺の家裁は多くの未済事件を抱えて、家裁受理後、半年近くも未着手の事件であふれていました。ところがバブル崩壊前後から事件数の減少がみられるようになりました。ようやく、調査官は少年との面接時間や環境調査(家庭、学校、職場訪問等)を増やせるようになりました。調査官は面接調査、環境調査、意見書作成が主要な仕事です。これをケースに応じて、バランスよく組み合わせていかなければなりません。しかし、事件数が多くなると、デスクワーク中心となり、環境調査抜きの調査が増えて、事務的な報告書になることを経験してきました。

　筆者は1990年に高松家裁から同丸亀支部に異動。2011年の退職までの間、同支部で少年事件を担当。高松家裁を合わせると30年香川県内の少年事件に係わ

りました。丸亀支部着任後、事件数の減少もあり、事件処理に追われた生活から解放されて、本来の調査官活動が少しずつできるようになりました。退職後は小中学校のスクールカウンセラー（以下、「SC」）を同一校で10年。現在は高等専門学校のSCをしています。その他、市教委の専門家相談委員として小中学生の非行や不登校などの個別相談とケース会議への出席、NPO法人「グランマール」の思春期相談、県警の親子カウンセリングなどで少年・保護者に面接しています。

2　調査官調査

　少年法や家裁の実務には調査という言葉が頻繁に出てきます。調査官の調査、警察官の調査、社会調査、法的調査などがあります。調査官調査は社会調査と呼ばれ、要保護性の判断に資するための調査と言われています。要保護性は犯罪的危険性、矯正可能性および保護相当性とするのが通説ですが、抽象的な概念です。筆者は調査官調査の目的を明確にするために、少年法に次の二点を明文化すべきと考えます。少年法9条の調査の方針の前段に「少年のもつあらゆる可能性を引き出すために」を挿入し、同法20条2項の検察官送致の「ただし、調査の結果」を「ただし、調査官調査の結果」に改めることにより、調査官の役割が明確になります。これらは調査官が家裁の福祉的機能の担い手として、長年実践してきたことです。また、調査官は少年審判のあらゆる場面に関与するように少年法等に定められています。代表的なものとして、審判への出席と意見陳述、試験観察、被害者からの意見聴取、動向視察等があります。さらに、実務の中から、審判後の少年・保護者への助言や終局後の保護者からの相談等にも取り組んできました。いずれも家裁の福祉的機能を支えるものです。しかし、再三の少年法改正により、家裁の福祉的機能は低下し、厳罰化の流れが鮮明になりました。世界に類を見ない非行・犯罪の少ない我が国が厳罰化によりどのように変化するのでしょうか。逆の見方をすれば、非行・犯罪が少ないがゆえに非行・犯罪を特別視する国民性があるのでしょうか（なお、調査官調査の内容については、季刊刑事弁護連載「家裁調査官の要保護性判断の経験

表1　調査官調査の目的を明確にした少年法改正案

	現在の少年法	筆者提案
少年法9条 (調査の方針)	前条の調査は、なるべく、少年、保護者又は関係人の行状、経歴、素質、環境等について、医学、心理学、教育学、社会学その他の専門的智識特に少年鑑別所の鑑別の結果を活用して、これを行うように努めなければならない。	少年のもつあらゆる可能性を引き出すために、前条の調査は、なるべく、少年、保護者又は関係人の行状、経歴、素質、環境等について、医学、心理学、教育学、社会学その他の専門的智識特に少年鑑別所の鑑別の結果を活用して、これを行うように努めなければならない。
少年法20条2項 (検察官への送致)	前項の規定にかかわらず、家庭裁判所は、故意の犯罪行為により被害者を死亡させた罪の事件であつて、その罪を犯すとき十六歳以上の少年に係るものについては、同項の決定をしなければならない。ただし、調査の結果、犯行の動機及び態様、犯行後の情況、少年の性格、年齢、行状及び環境その他の事情を考慮し、刑事処分以外の措置を相当と認めるときは、この限りでない。	前項の規定にかかわらず、家庭裁判所は、故意の犯罪行為により被害者を死亡させた罪の事件であつて、その罪を犯すとき十六歳以上の少年に係るものについては、同項の決定をしなければならない。ただし、調査官調査の結果、犯行の動機及び態様、犯行後の情況、少年の性格、年齢、行状及び環境その他の事情を考慮し、刑事処分以外の措置を相当と認めるときは、この限りでない。

＊傍点部は筆者が提案する加筆部分。

則」を参照してください[1]）。

1　廣田邦義＝伊藤由紀夫＝安西敦「家裁調査官の役割」季刊刑事弁護 97 号（2019 年）172 ～ 176 頁、「家裁調査官は非行をどう見るか」季刊刑事弁護 98 号（2019 年）128 ～ 131 頁、「人の子どものことを関係者みんなで考える」季刊刑事弁護 101 号（2020 年）153 ～ 157 頁、「窃盗、粗暴事件のポイント」季刊刑事弁護 102 号（2020 年）142 ～ 145 頁、「少年の抱える問

3　原因論よりも処遇論

　調査官として実践してきたのは、「原因論よりも処遇論」[2]という考え方です。原因論は診断的側面を重視するために、結果的に少年の短所や資質上の負因、家族の問題点等を指摘して改善・矯正しようとする傾向が強くなります。処遇論は治療的側面に重点を置き、少年の長所や潜在能力を探し出して、少年に伝え、支援していく姿勢を明確にしています。ただし、１〜２回の面接では、少年の短所は見つけやすいのですが、長所を探し出すことは困難です。家裁は決定機関なので、処遇には関与せずに、保護観察所や少年院などの執行機関に役立つ少年調査記録を作成すべきと言われています。しかし、執行機関に役立つ調査記録を作成するためには、どうすればよいか。詳細な調査により、少年の課題ばかりを指摘することで役立つとは到底考えられません。経験的に、少年の長所を見つけて、的確に伝え、激励することで、少年に変われるチャンスが訪れます。処遇論の本質は少年の長所やあらゆる可能性を探し出すことです。具体的には試験観察の積極的な活用です。

4　試験観察

　試験観察は、終局処分を決定するための調査の一形態ですが、実情は診断的側面と治療的側面を有し、特に後者は、福祉的裁判所としての家裁を代表する制度として現実的基盤を有しています。しかし、近年は事件の早期処理が優先されるなかで、多くの事件は、６カ月以内に終局しており、保護処分を選択するためという診断的側面を重視する傾向が顕著になっています。

　試験観察は、決定後１週間、１カ月、３カ月、６カ月経過の頃に再非行や所在不明などが発生する確率が高くなります。特に３カ月から６カ月にかけては、少年の緊張も緩むことから問題行動が起こりやすくなります。ベテラン調

題を意識してチャンスを作ってあげる」季刊刑事弁護103号（2020年）162〜165頁参照。

2　岡田行雄＝廣田邦義＝安西敦編著『再非行少年を見捨てるな』（現代人文社、2011年）76〜87頁参照。

査官でも問題行動発生時の対応は、難しいのですが、この経験が調査官の力量を高め、同時に少年と調査官との関係の分岐点になります。再非行の中には、少年が調査官を試している事例もあるからです。従前から試験観察に対する各方面からの批判があります。しかし、現場の家裁と関係機関は再非行の防止という共通の目標があるので、ケースカンファレンスを重ねることにより、良好な関係が維持されています。

　問題とすべきは当事者の納得です。筆者は試験観察開始後３カ月、６カ月経過の節目で審判の場で、少年・保護者の意見を聞き、了解を得たうえで続行するかどうかを決めていました。試験観察の期間はケースの必要性に応じて柔軟に運用すべきです。失敗を繰り返して、自己評価の低い少年に、やればできるという成功体験の場を提供することも試験観察の目的のひとつです。成功体験が少年の生き方を変えるきっかけになったことをケースから学びました。

5　非行少年の被害感

　筆者は非行少年の被害感に注目してきました。家裁に来る少年は、表面的な反省の弁は口にしますが、加害者として真摯に反省しているとは言いがたいのが実務感覚です。原因のひとつは少年の被害感と考えられます。この被害感の強さは非行少年の特徴と言えます。たとえば、被害感の強い万引きの少年は「みんなやっている。見つかったのは運が悪かっただけ」とよく言います。自転車盗の少年は「自分の自転車が盗まれたので、代わりの自転車がほしかった」などと言います。このような自分勝手な言い分とみえる発言には、少年の被害感が隠れていることが少なくありません。一方、傷害事件を繰り返す少年が幼児期に親から暴力の虐待を受けてきた事実があり、この被害体験が傷害の背景と考えられる場合でも少年の被害感はさほど明確でないことが多く、暴力を受けた記憶が断片的に残っている程度の事例が多いようです。強制わいせつを繰り返した数例の事例では、愛着の問題が各機関から指摘されていましたが、少年が被害感を意識化していることを面接では確認できませんでした。このように被害感が明確な少年、わずかながらも意識化できる少年、ほとんど意識化でき

ない少年まで幅広く存在していると思われます。村松励は被害感と被害者意識を次のように区別しています[3]。被害感は人が加害行為を受けて、初めて抱く、いわば一時的、一過的な感情です。これに対して被害者意識はより継続的、持続的な被害感情であり、対象や原因が明確でないことが多く、個人の生活史やパーソナリティと深くかかわっていて、さらに、被害感と比べると、自分の被害者意識を容易に意識化したりするのは困難だと言うのです。

筆者が係わったケースでは、被害感が明確なケースが圧倒的に多く、次にわずかに被害感を意識化していたケースでした。家裁の実務では、少年が意識していない被害者意識に焦点化することは困難です。ここでは、人から有形無形の加害行為を受けたことにより生じた明確な被害感情と幼児期に受けた虐待のように、わずかに意識化している程度の不明確な被害感情も含めて被害感と呼びます。

非行事例

事例は人物が特定できない程度に事実関係を変更しています。なお、すべての事例は当事者からの掲載許可を得ました。

1　家庭崩壊①——児童自立支援施設退園後のケース会議による支援

〈非行〉

小6男子。少年は小2頃から自宅の金銭持ち出しや近隣の商店から菓子類の万引きがありました。学校では授業中に大声を出し、担任から注意を受けると、暴言や反抗を繰り返したため、非行と発達障害の疑いにより、小3から筆者がSCとして、面接を開始しました。毎月1回少年と母方祖父を中心に、時々、母方祖母と実母との面接も取り入れて、小学校卒業まで続けました。少年の知能は平均よりもやや低い程度でしたが、成績はクラスの最下位で九九も

3　生島浩=村松励編『非行臨床の実践』（金剛出版、1998年）23頁参照。

不完全でした。しかし、人懐っこい性格で、大人との会話を好み、絵は上手で、手先も器用でした。少年の万引きや授業中の大声などは、学年が進むにつれてなくなりましたが、小6時に小3男児の性器を触る事件が起こりました。さらに、女子トイレの前で頻繁に少年がいるので、女子児童からは「気持ちが悪い」との訴えもありました。小学校は少年に事実確認をしましたが、少年が否認したため、SCが再度確認しました。少年と男児は家が近く、よく遊んでいました。今回はふざけて男児のパンツを脱がして、おしりを触ったと言い、その際、性器にも触れたかもしれないと曖昧な表現に終始しました。女子トイレについては、近くには行ったが何もしていないと返答。少年は今までの問題行動に対してもすぐに認めることはなかったのですが、今回は多くを認めており意外に感じました。小学校は学校教育の限度を超えているので、早期の児童自立支援施設（以下、「施設」）送致を考えていました。

〈特徴〉

　少年が4歳時実父と母は離婚。母が述べるには、離婚原因は大工をしていた父親のDV。母親が少年を引き取り養育していましたが、うつ病の悪化でネグレクト状態になり、小学校入学時に母方祖父母が少年を引き取りました。少年は父親が母親を殴っている光景をわずかに記憶している様子でした。母親は離婚後、うつ病が改善されたこともあり、再婚し、祖父母宅から車で30分程度の距離に住んでいます。祖父母はともに50歳過ぎ、生活保護を受給しながら市営住宅に住み、祖父は内臓疾患、祖母は腰痛の持病等で、毎日、通院を続けています。祖父は車の販売をしていましたが、健康を理由に40歳後半で退職しました。祖父は少年の万引きの一件で、警察に騙されたと警察への不信と非難を繰り返しています。祖父によれば、上級生と一緒にいただけで、少年は万引きをしていないと言います。また、当時の担任も祖父の主張を聞いてくれなかったことを理由に不信感を持ち続けています。その他の公的機関ともトラブルが多く、クレーマーと見られています。祖父によれば、母親は、優しくて繊細な性格だが、結婚相手の暴力が原因で、心の病気にかかり、やむをえず、少年を引き取りましたが、健康と経済的理由のため、将来は母親と一緒に暮らすのがべ

ストと考えています。祖母は担任、警察、市役所等に対して、祖父以上に批判
することもありました。母親は再婚後、賃貸マンションに居住。自動車修理会
社勤務の夫との間に2歳の女の子がいます。うつ病はかなり改善されてきまし
たが、周期的に起きることができなくなり、何もする気力がなくなるなど完治
には至っていないようです。少年を引き取りたい気持ちはあるものの子育てと
うつ病に不安があるので、しばらく待ってほしいと言います。毎回、少年には
かわいそうなことをしたと泣きながら話しています。少年の金銭持ち出しや万
引きは、直接的な動機は物や菓子ほしさと思われます。しかし、間接的な動機
は、愛情欲求が満たされなかったため、代償的に物で満たそうとしたのです
が、物では満足が得られず、盗みを繰り返したと考えられます。少年の被害感
は母親のネグレクトによる愛情飢餓と父親の母親への暴力シーンが幼児期の強
烈な被害体験として残っている可能性が高いと考えられます。しかし、ネグレ
クトは生活史と深くかかわっており、断片的な記憶はあるものの、自らの被害
感を容易に意識化することは困難と思われました。

〈経過〉

　小6の3学期以降、小学校、児童相談所（以下、「児相」）、SCは協議を重ねま
した。小学校は中学入学前の施設入所に積極的でしたが、児相は祖父母や母親
の同意が得られないことを理由に消極的でした。SCは少年の愛情欲求を満た
すためには、母親との同居を実現することが望ましいと考えていました。しか
し、母親はただちに少年との同居は困難な状況にあったので、試験的に少年が
母親宅で生活するプランを提案しました。この案に少年、祖父、母親が同意し
たことから、少年は週末に母親宅で一泊することになりました。少年は異父妹
を可愛がり、義父との関係も良好でした。そして何よりも母親との生活に満足
したようでした。このショートステイは順調でしたが、卒業後の進路は未定で
した。SCは小学校の同級生と一緒に中学校へ進むことには消極的でした。同
級生の中には少年を嫌っている生徒が多く、中学校では少年が浮いた存在にな
ることは避けられない状況でした。そこで、中1は施設で過ごし、中2からは
祖父もしくは母親と同居して校区外の中学校へ編入するという処遇プランを考

えました。このプランで小学校とSCは祖父を説得することになりました。祖父への説得は難航しましたが、高校進学を実現するためには、施設での学力向上しかないと伝えて、納得を得ました。当初、施設の生活は決してスムーズには進みませんでしたが、少年が作った犬小屋や下級生の面倒を見たことが評価されたことから少年に変化の兆しが生じ、次第に落ち着いた生活になりました。特に担任の熱心な個別指導は祖父の信頼を得ました。しかし、施設からの報告によれば、母親の面会や通信はなく、夏休みの帰省は祖父母宅となり、一時期接近したかに見えた母親は、施設入所により、遠い存在になった感じでした。

〈その後〉

　1年後、少年は予定通り施設を退所して、祖父母との同居生活が再開されました。同時に、校区外の中学校への編入が内定しました。中学校は少年の受け入れ準備のため、少年に係わってきた市教委の専門家相談委員であるSC、児相、施設の担任、子育て支援課等によるケース会議を実施しました。少年の長所と課題、各機関の祖父母と母親への対応や少年の特徴についての情報共有が目的でした。しかし、中学校が少年の受け入れに不安を強めたので、SCは少年と中学校をサポートするために、このメンバー（施設の担任は少年が退所後も参加）による定期的なケース会議を提案し、中学校で毎月1回のケース会議開催が了承されました。ケース会議は学年主任が司会進行役となり、少年の学校生活の様子を担任が報告。他の教員の追加報告、児相の面接報告、市の子育て支援課の家庭報告と質疑応答の中で、問題行動に対しては、その背景と対応策を考え、常に「次の一手」を模索し、実践し、次回にそれを検証することをモットーにしました。当初心配された少年に対する同級生からの噂話や嫌がらせもなく、何よりも少年が真面目に授業を受ける姿に全員が驚きました。学力は低いものの基礎学力は向上し、最下位グループからは脱出。課題は母親との同居問題でした。

　家庭へのアプローチは子育て支援課が担当し、母親に対して、少年との同居を働きかけましたが、体調不良を理由に実現には至りませんでした。しかし、

このような動きは祖父を通じて少年に伝えられ、少年は母親がうつ病により、少年と同居できないことを以前よりも理解したようでした。少年が比較的安定してきた中3以降は、ケース会議に少年と祖父も出席し、直接2人から学校や家庭のことを聞きました。ケース会議に緊張感が生まれ、ケースが動き出しました。少年が同級生と口論等のトラブルを起こしたときは、施設の担任からの説得力のある指導が効果的でした。中学校は指導力のある担任が一般生徒と同じように少年を厳しく指導し、少年の席近くに温厚な生徒を配置して交友関係にも配慮しました。高校の教育費については、市の担当課の職員に来てもらい説明。児相は異例の長い期間少年との面接を続けてきました。祖父は少年のために、多くの関係者が集まり、時間をかけて議論していることに驚き、公的機関に対するクレーム発言がなくなりました。この当事者参加型のケース会議は、コーディネーターとケース選択の難しさはありますが、当事者と援助者の信頼関係が深まり、関係機関の信頼関係も向上すると思われます。少年は母親との同居は実現できませんでした。しかし、施設の担任、中学校の担任や同級生との交流を通じて、多くのことを学び、成長しました。また、ケース会議も少年の応援団として役に立ったと自負しています。今後、少年が新たな人との出会いにより、成長できれば、母親との関係を客観視しつつ、自立に向かうと期待しています。中学校卒業後は私立高校へ進学しました。

2　家庭崩壊②——調査官と付添人弁護士の連携事例[4]

〈非行〉

　19歳男子の強盗未遂事件。少年は果物ナイフをもって、JR駅の女子トイレ内に潜入し、偶然トイレに入ってきた被害者に対して、ナイフを突きつけて「金を出せ」と脅迫。被害者が「お金は出すから」と言いながら、トイレ内に設置された非常ボタンを押したことから驚いた少年が逃走した事案。少年は翌日、犯行現場近くにいたところを逮捕されました。少年は車を所有していたのです

4　岡田=廣田=安西・前掲註2書55頁。

が、ガス欠で動かなくなり、所持金もなく、茫然自失状態。非行歴はなく、水道配管工をしながら会社の寮で単身生活。中卒後は真面目に働いて一定の収入は得ていたのですが、車のローンや修理費、電化製品などの支払いで会社から借金をし、会社の先輩からも借金を重ねて、金銭的に行き詰っていました。次第にうつ的な気分から自殺を考えるようになり、果物ナイフを購入しました。タバコを大量に飲んだり、リストカットはしたものの、自殺には至らず、数日が経過しました。所持金が底をつき、自殺よりも「死ぬ前に腹いっぱい食べたい」と空腹を満たすために、強盗に至ったようでした。

〈特徴〉

　少年が3歳時に父母離婚。母親が少年を引き取りましたが、少年に十分な食事を与えず、ネグレクト状態。母親は少年を置き去りにしたまま家出もあり、その都度、児相は一時保護で対応してきました。6歳時、母親が統合失調症で入院したことから少年は児童養護施設に入所しました。母親は入退院を繰り返しており、本件時は帰宅していましたが、家裁の呼び出しに不出頭であったことから調査官が家庭訪問をして面接しました。母親には内縁の夫らしき人物が同居しているようでした。少年との同居の気持ちはなく、生活保護を受けているので、経済的援助はできないと言い、審判にも出席しないと主張しました。離婚原因は、父親のギャンブル依存。金銭感覚にルーズな人物とのこと。少年は母親に対して、「自分を捨てた親」との負のイメージを根強く残していました。母親と少年は、ともに気分が落ち込みやすく、危機場面に直面すると逃げ出す傾向があり、父親とは金銭感覚のルーズさに共通点が見られました。少年の知能は「劣」ですが、仕事は3年以上続けており、指示に対しては従順で我慢強いところがあります。一方、金銭管理が苦手で、借金の返済に追われていました。施設生活の長い少年は、金銭を扱う機会がほとんどないため、金銭の適切な使い方を習得できなかったと考えられます。困難な事態にぶつかり、対処ができなくなると逃避する傾向があり、他者との親密な関係を築くことも不得意でした。幼児期にネグレクトを経験し、施設入所後は母親との同居に期待を寄せては裏切られており、母親に対して、「恨み」に近い明確な被害感を抱いて

いました。少年が非行直前に、母親からお金を借りようとして断られた事実は、最後に期待した母親に裏切られたことが、少年の絶望感、孤独感を高め、自殺未遂につながったと考えられます。

〈経過〉

　少年は児童養護施設での生活が約９年。再度の施設収容は、さらに少年の被害感を高め、母親への「恨み」を増大させる危険性があるので、在宅指導の方針を立てました。最大の課題は再非行よりも自殺の防止。本件は自殺願望が非行に変化したと考えられたので、少年が生きていける環境作りを目標にしました。当面の課題は、被害者への謝罪、借金の返済、金銭管理の指導、雇用の継続でした。これを目標に試験観察に入りました。幸いなことに、弁護士と雇用主からの絶大な協力が得られて、早期にこれらの課題は解決の目処が立ちました。調査官は少年の空腹を満たすために、段ボールにカップラーメンを詰め込んで少年の部屋へ行くと、すでに多くのインスタントラーメンがあふれていました。職場の先輩からのプレゼントでした。頼りなく見える少年ですが、コツコツと仕事をする誠実な仕事ぶりは先輩からも評価されて、可愛がられていたのです。

　弁護士は借金の返済と金銭管理の指導を担当しました。少年は弁護士の指導により、家計簿をつけて、それを弁護士に見せて借金の返済計画を作成しました。その結果、借金は減らすことができました。弁護士は、試験観察終了後、「少年は生き方を知らなかっただけ。生き方を知らない少年には、生き方を教えなくてはなりません」と述べています。

3　三世代家族の葛藤の中で自立した少年

〈非行〉

　16歳男子。少年は勉強も運動もよくできる中学生でしたが、中３で成績が急降下したため、志望校を変更しました。ところが、祖父母から進学校へ進めないのは我が家の恥と言われことに反発。高校へ進学せずに土木作業員として就職。すぐに免許を取り、バイクを購入して暴走に参加するようになりました。

非行の世界では、デビューが遅れると集団内の序列は下位に置かれます。常に
リーダー的立場にいた少年は我慢できませんでした。上位になるためには、目
立つことをして、メンバー内で認められたいと思っていた矢先、暴走中に、他
の暴走族との抗争事件が発生。少年は金属バットで相手を殴打するなどの大暴
れをして逮捕されました。

〈特徴〉

　三世代家族。父親は銀行員で単身赴任中。母親は地方公務員。少年は三兄弟
の次男。兄は高3で成績優秀。中3の弟もスポーツと学力ともに優秀。祖父母
は元地方公務員。家族全員が地元の進学校出身者でした。家庭内は祖父母が支
配しており、父親の存在感は乏しく、嫁姑問題で母親は精神的に追い込まれて
いました。そんな母親をいつも気遣っていたのは少年でした。少年は祖父母に
反抗的な言動を取ることが多く、祖父母からは「できが悪く、どうしようもな
い子」と言われ続けており、言葉の暴力による心理的虐待を受けてきました。
母親は少年の気持ちをよくわかっていたのですが、少年がバイクと暴走に夢中
になってからは、どうすることもできずに、無力感を強めていました。

〈経過〉

　少年にとっては初めての家裁に係属した事件でしたが、暴走や喧嘩の場面で
は主導的な役割を演じ、被害者を金属バットで殴打して、重傷を負わせまし
た。事案重大なのに、少年が反省的な態度を見せないことから捜査機関は少年
院送致の意見でした。審判直前に保護者が高額の被害弁済をしたことから示談
が成立しました。しかし、試験観察になった理由は、示談成立ではなく、少年
の仕事ぶりでした。少年は年配者の多い職場で重労働を耐え抜いた実績があ
り、これはいけると思いました。試験観察開始から3カ月後、少年は道路交通
法で禁止されている共同危険行為を行ったとして再逮捕されました。前件も暴
走中の事件でしたので、暴走志向の強さがうかがわれました。しかし、非行内
容を詳細に検討すると、前件のように暴走族全体を引っ張り、喧嘩を仕掛ける
ような動きは見られませんでした。暴走中は目立たない位置をキープ、途中か
らはバイクの調子が悪くなったと離脱していました。要するに付き合いで暴走

しており、少年なりの自重が見られました。再非行のポイントは、非行の質的な変化を丹念に追いかけることです。少年は真面目に仕事を続けています。生活態度の崩れもありません。再非行を軽視してはいけませんが、今回の再非行は非行が収束に向かっているときの残り火のような再非行と判断しました。審判は試験観察続行となりました。その後の少年は、素晴らしい努力を続けました。土木作業員を続けながら高卒認定試験に合格。自信喪失状態から抜け出すきっかけをつかみました。試験観察終了後も仕事と勉強を両立。夜間大学へ進学し、卒業後は建設会社へ就職。現在は建設現場で働いており、土木作業員の経験が活かされているようです。祖父母に貼られた「我が家の恥」というレッテルを見事に跳ね返しました。

〈結婚披露宴のスピーチ〉

およそ15年後、元少年から結婚式の招待状が届き、挨拶をしてほしいと書かれていました。嬉しい招待状ですが、親族の前で元調査官が元少年との出会いを話すことはできないので、お祝いはしたいが出席は辞退したいと伝えました。すぐに返事があり、「出席者は全員鑑別所に入っていたことは知っているので気にしないでいい」。両親からも出席してほしいと手紙が届きました。結婚式当日、会場のホテルに到着すると、15年前の暴走族仲間10名が集合していました。小学生からのサッカー仲間がそのまま暴走族になり、一緒に逮捕されて、今も付き合いが続いているのです。「先生お久しぶりです」と次から次へと丁寧な挨拶をしてくれました。披露宴のスピーチは、10カ月の試験観察の中で、元少年が見せた高卒認定試験を突破した努力、厳しい仕事を続けた忍耐力、母親想いの優しい性格、暴走仲間のことを聞いても一切しゃべらない友人を大切にする頑固さを話しました。祖父母も出席されており、笑顔が見られたのが印象的でした。

4 25年ぶりの元非行少年との再会場面より

NPO事務局に「市の広報誌に元調査官が出ていたので連絡を取りたい」と元非行少年と名乗る男性から電話がありました。名前を聞いて、懐かしさのあま

りすぐに会いました。一郎君(仮名)は中学校の同級生と強盗事件を起こして、私が担当調査官になりました。25年ぶりの彼は逞しく成長。家業を継ぎ、穏やかな表情の中に圧倒されるほどのエネルギーを秘めている印象でした。一緒に次郎君(仮名)も来てくれました。終始笑顔の彼は少年時代の面影が残っていました。車の修理会社を経営しているそうです。2人は昔のことから最近のことまで一気に話してくれました。一郎君は「僕は少年院ではなく、なぜ家に帰れたのですか」と聞いてきました。私は「事件が大きくて、再犯も心配で正直迷った。でも何とかしたいと思ったし、何とかなると思った。勘かな」。調査官の意見書にはこんなことは書きませんが、この勘が重要です。その後の彼は期待以上に頑張ってくれて、高校から大学へ進み卒業しました。次郎君は同じ非行グループに属して、オートバイ盗を繰り返し、私が何度も担当しました。試験観察中に「そろそろやめたら」と言った記憶がありました。メカに強く、故障したオートバイを修理するのが得意でした。その技術を活かして自動車の修理工場で働き、数年前に独立。何とかやれていると明るい表情で話してくれました。2人は今も当時の非行グループの仲間と毎月のように会っているそうです。子どもの頃から一緒に遊び、非行もしてきた仲間は、強い絆で結ばれており、彼らの逞しく生きる力を痛感しました。私を含めて家裁の関係者は、「非行グループから離れろ」が口癖になっていますが、これは大人の考え方で彼らには響かないことを自覚する必要がありそうです。今回は彼らの素晴らしい成長力と強い絆を学んだ1日でした。専門家は更生した理由を分析しがちですが、今回は「結果オーライ」で十分でした。一郎君は保護司をしています。

おわりに

　被害感は非行の動機と直接的・間接的につながっています。少年が被害感を乗り越えた事例もありましたが、生活史と深くかかわる継続的な被害感は、容易に解決しないため、長期的に付き合わなければなりません。援助者は被害感との付き合い方を少年と一緒に考えるのが出発点であり、ゴールかもしれませ

ん。今回の事例は、〝少年法の宝物〟ともいうべき試験観察の中から選んだもの
です。私は少年とのかかわりを通して、「人は変われる」ことを学び、非行の見
方が確立できたように思います。非行少年に関わった際に、このような体験が
乏しいと、非行の原因論や短期的な再犯率を重視する立場に傾くように思われ
ます。本章で取り上げた事例は長期的な視点で少年を見守ることの大切さを教
えてくれます。少年司法は少年院送致などの保護処分と試験観察による少年の
あらゆる可能性を見つけようとする中間的処分を柔軟に選択する姿勢が求めら
れています。

少年院における教育と支援

長橋孝典(ながはし・こうすけ)　　　　　　　　　　　　　　　[法務教官]

はじめに

　「どうして人を殴ってはいけないのか」。筆者が法学を学ぶきっかけとなり、さまざまな相手と対話をしてきたテーマです。筆者の経験上、「暴力はいかなる時も振るうべきではない」と考える人がいる一方で、「一定の条件下において暴力は是認される」と考える人がいます。

　それはPart1の拙稿でもご紹介したように、育ってきた環境の違いなのかと思いますが、同時に外部からの適切な刺激によって、犯罪性の除去が行えることも示唆しているのではないかと考えています。

　我が国でも、少年法が少年の保護を目的とし、各種施設に送致することや保護観察に付することを規定していることからも、犯罪をした少年には教育や支援を中心とした働き掛けが求められていることがわかります。本章では、保護処分によって少年院に入院している者(以下、「少年院在院者」)に焦点を絞り、どのような処遇によって犯罪性の除去を行なっているかを考察し、さまざまな犯罪が拡散することを防ぐ手立てを皆様にも考えていただきたいと思います。

　犯罪とは、この社会に浮き出た氷山の一角であり、その下には多様な問題が見え隠れしているものです。その社会構造の中で、犯罪者になってしまった者達には苦痛を与えるべきか、知恵を与えるべきか。刑事政策上難しい問題では

ありますが、議論が広がり、多くの人に考えてもらうことで、救われる者が一人でも増えればと願います。なお、すべての論述は既出の情報と私見に基づくものであり、政府当局の見解ではないことをお断りさせていただきます。

少年院法から見る教育と支援の外観

1 矯正教育

　Part1の拙稿でも説明した通り、少年院で行われる矯正教育は少年院法および少年院法施行規則によって定められています。その目的は、①犯罪的傾向の矯正、②健全な心身を培わせる、③社会生活の適応に必要な知識と能力の習得であり、その者の特性に応じて各種指導を適切に組み合わせて行なうものとされています(少年院法23条)。また上記目的を達するため、在院者には健全な経験を豊富に体得させ、社会不適応の原因を除去し、長所を伸長するものとしています(法務省矯正局長通達：矯正教育の内容について１条１項)。

　まず①については、生活指導の領域に効果が期待されていると考えられ、規則正しい集団生活を送ることで、健全な生活習慣を育てていきます。そして面接指導や作文指導等の個別指導と講義やグループワークを織り交ぜながら、その者が犯罪を繰り返している原因への手当てを行なっていきます。また、それぞれの犯罪傾向に応じた特定生活指導[1]も実施しており、多くは認知行動療法を取り入れた中核プログラムによって、犯罪的傾向の矯正が行なわれています。

　次に②については、体育指導と特別活動指導の一部が当てはまると考えられ、それぞれの施設の実情に応じてさまざまな取組みがなされています。平井博史ほかによれば、A少年院における体育指導の内容としては持久走、バレー

---

[1]　被害者の視点を取り入れた教育、薬物非行防止指導、性非行防止指導、暴力防止指導、家族関係指導、交友関係指導、成年社会参画指導の7種類。

ボール、水泳、バドミントン、ソフトボール等が列挙されており[2]、筆者の知る少年院の体育指導と重なる部分も多くあります。また、矯正協会が毎月発行している『刑政』には、院外での活動にも力を入れているB少年院の事例が紹介されており、登山やスキーを実施することでどのようなことでも地道に取り組むことの大切さを学ぶことができたとの在院者の感想が報告されていました[3]。

そして③については、職業指導、教科指導、特別活動指導の一部が当てはまると考えられ、在院者が社会人として自立していくために必要な指導がなされています。なお、職業指導は2022年4月に若干の再編がなされ、伝統的な職業指導種目である農園芸科、木工科、陶芸科等は製品企画科に、土木建築科、溶接科等は総合建築科に名称変更されました。法務省によれば、より実践・社会的視点を考慮した発展的再編と言えるそうです。

教科指導としては、義務教育の未修了者および相当の理由がある者に対して小中学校の学習指導要領に準拠した教科指導を行なうとしており、2021年の出院者のうち、在院中に中学校への復学が決定した者は22人いました。また、高等学校を卒業した者と同等に大学受験資格や国家試験受験資格が与えられる高等学校卒業程度認定試験(以下、「高卒認定試験」)の受験を少年院内で年2回実施しており、同年の受験者数はのべ443人となっていました[4]。この点については筆者の専門領域となりますので、以下詳細な説明をします。

2 社会復帰支援

少年院在院者が出院するためには、いくつかのハードルを越えなくてはいけません。まずは前述した矯正教育を受けることにより、個人別に設定された矯正教育目標の達成を目指し、矯正教育に対する評価を受けることで処遇の段階を向上させます。基本的には3級から始まり、2級、1級へと進級する(処遇

2　平井博史ほか「少年院における体育指導方法の実態と考察」中部学院大学・中部学院大学短期大学部教育実践研究第5巻（2019年）62頁参照。

3　西村英克「施設だより」刑政132巻2号（2021年）113、114頁参照。

4　法務省法務総合研究所『令和4年版犯罪白書』（2022年）136〜137頁参照。

の段階が最高段階に達する)ことで、少年院の長が地方更生保護委員会に対し仮退院を許す申出をし、地方更生保護委員会の決定により仮退院が許可される運びとなっています。

基本的にはこの仮退院制度によって出院していきますが、仮退院中の期間は保護観察の対象となるため、申出に当たっては引受人と帰住先が必須となります。保護者による引受が困難な場合や、帰住先の選定に支障がある場合等には調整が必要となり、これは少年院法に定められている支援のひとつと言えます。

少年院法44条は、「少年院の長は、在院者の円滑な社会復帰を図るため、出院後に自立した生活を営む上での困難を有する在院者に対しては、その意向を尊重しつつ、次に掲げる支援を行う」と定めており、①適切な住居を得ること、②医療及び療養を受けることを助けること、③修学又は就業を助けること、④健全な社会生活を営むために必要な援助が掲げられています。

前述した引受人や帰住先の調整は①に当たり、仮退院の申出許可と直接的に結び付く重要なものとなっています。2021年の少年院出院者の引受人は、123人が更生保護施設・自立準備ホーム、88人が雇主、29人が福祉施設となっており、一定数は引受人や帰住先調整の支援を受けていることがわかります。

②については、出院後に通院等が可能な医療機関を見つけることや、精神障害者保健福祉手帳や療育手帳等の発給を受けるための手続を進める援助を行なっています[5]。2009年からは一部の少年院にも社会福祉士の配置が始まり、2022年には21施設に社会福祉士が配置され、福祉専門官(社会福祉士、精神保健福祉士又は介護福祉士の資格を有する常勤職員)は10施設に配置されています[6]。

次に③については、各種学校への入学や高卒認定試験の受験等の就学支援と、公共職業安定所の見学や雇用を希望する事業主との調整等の就労支援を行なっています。2022年には42施設に就労支援スタッフ(キャリアコンサルティン

5　法務省矯正局編『新しい少年院法と少年鑑別所法』(矯正協会、2015年) 95頁参照。
6　法務省『令和4年版再犯防止推進白書』(2022年) 90頁参照。

グ等の専門性を有する非常勤職員）が配置され、4施設に就労支援専門官（キャリアコンサルタント等の資格を有する常勤職員）が配置されており[7]、就労を希望する者への支援は手厚くなってきています。

　そして④は、その他健全な社会生活を営むために必要な援助としていることから、在院者の特性や環境に応じた柔軟な支援が可能となっています。保護者に対する協力の求め（少年院法17条）にも重なる例ではありますが、藤原直子ほかによれば、C少年院では行動理論や応用行動分析に基づいて子どもへの関わりを具体的に学ぶペアレント・トレーニングを取り入れており、在院者の保護者に対して講習会を実施したと報告しています[8]。

　また、これらの社会復帰支援は「その意向を尊重しつつ」と条件が付されていることにも特徴があり、在院者は精神的に未熟であることも少なくないことから、少年院の長は、在院者に対して適切な働き掛けを行い、社会復帰支援について理解を得るように努めることが大切であるとされています。

　少年院在院者に対する教育や支援を、前述の通り根拠条文から紹介しても、かなり幅広い働き掛けが用意されていると言えるのではないでしょうか。実際にはこの他にも、再犯防止推進計画や各種訓令等に基づきさまざまな新しい施策が試行されつつあり、在院者の特性と環境に応じて少年院の教育や支援はバージョンアップが進んでいます。

3　少年院の職員

　少年院法14条によれば、「少年院の職員には、在院者の人権に関する理解を深めさせ、並びに在院者の処遇を適正かつ効果的に行うために必要な知識及び技能を習得させ、及び向上させるために必要な研修及び訓練を行う」とされています。また、在院者処遇に当たっては、医学、心理学、教育学、社会学等の専門知識および技術を活用することが求められており（少年院法15条）、少年院

7　法務省・前掲註6書64頁参照。
8　藤原直子ほか「少年院における保護者支援の実践──ペアレント・トレーニングの要素を取り入れた講習会の試み──」矯正教育研究67号（2022年）117頁〜124頁参照。

で勤務する職員には一定の能力が必要とされています。

　その中では、前述した福祉専門官や就労支援専門官だけでなく、医師である矯正医官が配置されていることもあり、2022年4月時点では現員が295人となっています。刑事施設(刑務所および拘置所)にも相当数の医官がいることを考慮すれば、単純にすべての少年院に医官が配置されているとは言えませんが、少年院にも一定数の常勤医師がいることがわかります[9]。

　このように少年院には高い専門性を持った職員が集められており、在院者の最善の利益を考慮して教育と支援が行われていることがご理解いただけるのではないでしょうか。また、筆者のように社会人経験を経て職員となる者も一定数おり、法務教官採用試験の一部では受験資格において学歴を問わないことで、さらに幅広い人材の登用が進んでいます。なお、令和4年国家公務員給与等実態調査において、少年院の職員に適用される公安俸給表(二)の支給を受ける者のうち、大学卒は40％、短大卒が26％、高校卒が33％、中学卒が0.1％となっていました[10]。この数値には、検察庁、公安調査庁、海上保安庁等に勤務する職員も含まれていることから、少年院の職員の実態を正確に表しているとは言えませんが、お示しすることで理解が深まるのではないかと思います。

　そして、少年院の職員として新たに採用された者は、矯正職員として必要な知識および技能習得のため、法務教官基礎科の研修を受けることとなっており、そこでは各種法令や教育学・社会学・心理学等の講義形式の授業のほか、護身術や体験実習等の方法により、職務に必要な能力の向上を図っています。

　研修を受けた職員は、施設での勤務を通して実務を学び、それぞれの専門性を発揮して在院者の処遇に当たっていきます。なお、少年院には個別担任制度が設けられており、入院後一定期間を経過したすべての在院者に1名以上の職員が担任として配置され、在院者の生活指導から進路指導に至るまで手厚いサポート体制が敷かれています。

9　矯正協会「矯正医官の定員・現員の推移と病院移送延べ日数の推移」刑政133巻12号(2022年)1頁参照。

10　人事院給与局『令和4年国家公務員給与等実態調査報告書』(2022年)24、25頁参照。

日記や作文へのコメントによるやり取りや、面接による働き掛けを通して、在院者は何を感じているのでしょうか。人生の中で初めて出会う親切で誠実な大人に対して、心を開き助言に耳を傾ける者もいるのかもしれません。

　これらの話だけでは、少年院の職員がどのように勤務しているかはわかりにくいですが、本書でもたびたび触れている『刑政』において、さまざまな矯正施設の職員が内部情報や個人の関心に沿った情報を発信しているので、興味のある方はご自身の目で確認してもらえればと思います。

少年院における就学支援

1　民間事業者の参入

　2021年の少年院出院者のうち、出院後の進路について就職決定が36％、就職希望が40％いる中で、いずれかの学校に復学決定が５％、進学決定が１％、進学希望が13％となっており、修学支援を必要とする者は一定数いると考えられます[11]。

　そして、修学を支援する仕組みとしては官民協働の動きが加速しており、請負事業者が転学または入学可能な学校や、利用可能な経済的支援等に係る情報収集と提供を行なう、修学支援デスクの利用状況は、同年において進路希望依頼が235件、調査報告が700件となり、前年比では減少傾向にあるものの一定の役割を果たしています[12]。また、2021年からは通信制高校との連携により、少年院在院中に通信制高校へ入学する制度や少年院在院中に学習支援計画の策定等を行なった上で、出院後最長１年間の学習支援を行う新制度が始まっています。

11　法務省『少年矯正統計』「少年院別　出院者の学校修了証明書授与及び進路」（2022年）参　照〈https://www.e-stat.go.jp/stat-search/database?page=1&layout=datalist&stat_infid=000032214089（2023年1月30日最終確認）〉。

12　法務省法務総合研究所・前掲註4書 140 頁参照。

Part1の拙稿でも触れた通り、少年院在院者の最終学歴は相対的に低く、進路選択の幅が広いとは言えない状況にあります。その中で、在院者の意向を尊重しつつも、修学に結び付けていくことで、長期的にはその者の最善の利益に叶うものと考えられます。そして、それらの修学支援制度を少年院の職員が熟知することで、進学希望者はさらに増えていくと考えられます。

多くの少年院出院者のように、中学卒業や高校中退として社会に出るのも悪くはありませんが、早くから会社経営を始めた筆者の知る限り、その道はあまりに厳しく、運に身を任せるような人生になりかねません。そのような者達に何が必要かと問われれば、間違いなく教養であり、学友であり、専門性を高めることでより良い人生となる可能性が上がるものです。少年院という外部との交通が制限された環境下では、現状維持に陥りがちですから、このように民間企業の参入はメリットが大きいと考えます。

2　高等学校卒業程度認定試験の意義

前述した通り、少年院における修学支援の仕組みは近年増強されていますが、我が国の児童全体に関わる部分でも返済不要な給付型奨学金の拡充や、高等学校の学費無償化が進んでいます。

そのような追い風の中で、文部科学省との連携により2007年からは刑事施設や少年院内で高卒認定試験の受験が年2回行われており、2021年に少年院で高卒認定試験を受験した者は延べ443人となっていました。

筆者は現職となる以前から高卒認定試験に関する受験対策を研究しており、少年院や刑事施設でこそ、その知見は活かされるものと考えています。一般的には知られていないことかと思いますので、少しだけその制度について紹介しておきます。

高等学校卒業程度認定試験とは、さまざまな理由で高校を卒業できなかった者等の学習効果を適切に評価し、高等学校を卒業した者と同等以上の学力があるかを文部科学省が認定するための試験であり、2004年までは大学入学資格試験という名称で実施されていました。

毎年８月と11月に２日間の日程で開催され、基本的には各県に指定された受験場所に赴いての受験となりますが、刑事施設と少年院内でも受験できることとなっています。受験資格は高等学校を卒業していない者であり、満16歳となる年度からは、現役の高校生であっても受験できます。実際に高卒認定試験の会場に赴いてみると、受験者の多くを高校の制服を着た学生が占めており、それぞれの事情によって制度を活用しているものと考えられます。

　受験費用は最大8,500円であり、一般的には必修科目と選択科目を合わせて８科目の合格によって、高等学校卒業程度認定証書を受け取ることができ、大学や専門学校等への受験資格が得られます。また、これらの合格は年度を跨いでも有効となるだけでなく、高校での単位と合算することも可能となっていることから、最小では１科目の合格のみで証書の授与を受けることもできる、非常に便利な制度となっています。

　そしてこの試験最大の特徴として、正式には公表されていないものの各科目の合格点は100点中、おおむね40点とされており、基本的には４択の選択解答方式となっています（国語は５択、生物基礎の一部は６択、数学の一部は選択式ではありません）。また、出題傾向は毎年ほとんど変わらず、傾向と対策を知っていれば短期間での合格を目指せるという点が挙げられ、初めて受験する者にとっては当然難しい試験ではありますが、それを熟知した者の指導を受けさえすれば合格の可能性は大きく上がるものと考えられます。

　少年院在院者にとって、少年院送致となった現実は決して喜ばしいものではありません。しかしながら、その場所で人生の希望が見えたとしたならば、その者達はどのような行動を取るのでしょうか。犯罪を行なうよりも明らかにリスクが少なく、大学や専門学校等への進路選択の幅が広がりうる高卒認定試験は、その者達の前に降りてきた蜘蛛の糸と言えるのかもしれません。それを登るかどうかは本人の決断ではありますが、愛する我が子が悩んでいればその背中を押し、応援するのが親心ではないかと思います。

3 　少年院における高卒認定試験受験指導

　少年院における実務者研究会等において、高卒認定試験に関する事例は頻繁に取り上げられています。それは各施設において高卒認定試験の意義や有用性に着目している職員が多数いることを示唆しており、筆者もその一人と言えます。

　ここでは過去に矯正教育学会で報告された、いくつかの施設における高卒認定試験に関する事例を紹介します。

　まず女子少年を収容するＤ少年院では[13]、2009年から受験を開始しており、当初は積極的に受験を勧めていなかったものの、受験させてみると想定以上の成果を上げられたことから、年々受験者数が増え、2017年時点では在院者の半数以上が受験をしたとのことです。在院者のほとんどがIQ100以下の者であり、多くが教科学習に苦手意識や劣等感を持っていたものの意外にも合格できる科目が多いことから、貴重な成功体験となっているようです。

　この少年院では、開始当初は個別担任による指導を実施していたようですが、その負担が重くなり過ぎたことから、2017年からは外部講師による高卒認定試験受験指導を取り入れており、国語・数学・英語・理科についてそれぞれ週一回２時間程度の授業を実施したようです。

　次に、2015年に高等学校卒業程度認定試験コースを新設したＥ少年院では[14]、高卒認定試験や同コースの概要をまとめたパンフレットを作成して入院直後から周知を行ない、同コースへの編入に当たっては開講式を行なっており、在院者の参加意欲を高めているようです。

　試験前３カ月を試験対策期間として、国語・数学・英語の必修３科目を主に外部講師の指導によって行なっているようでした。受験指導に当たっては、板

13 　畑中優希他「高等学校卒業程度認定試験に向けた取組について」日本矯正教育学会第53回大会発表論文集（2017年）31 ～ 33頁参照。

14 　宮澤充ほか「高等学校卒業程度認定試験コース実施施設としての受験指導体制の充実について」矯正教育研究第63巻（2018年）86 ～ 92頁参照。

書内容をその場で印刷可能な電子黒板や必修科目と選択科目すべての教科書および過去問題集等を整備していました。

そして、在院者の反応として、対象者のアンケート結果には良好であった点として、「同コースのおかげで学習への意欲が高まった」「教材が豊富で学習しやすかった」等が挙げられ、不満であった点としては、「授業時間を増やしてほしかった」「授業を理解することが難しかった」等が挙げられていました。

最後は筆者が過去に発表した論文の中から、C少年院における個別指導の事例を2つ紹介します[15]。

Fさんは集中力が継続しにくく、遵守事項違反を繰り返していましたが、高卒認定試験に興味を持ち、3科目だけの受験を決めました。受験希望者を対象とした数学の授業では、授業内容が理解できなくなると、奇声を発したりして授業を妨害するような状況が生じたため、授業への参加は取り止めとなってしまいました。

そのような事情から、Fさんが学習に行き詰ったときに個別指導ができるよう、まずは所属寮の若手職員に対して数学指導の要点を伝達し、2週間ほどの個別指導でしたが合格に向けて親身になってくれる職員への信頼を高め、学習を継続することができていました。

そして個別指導を受けた数学は、あと一歩のところで不合格となり、協力してくれた職員に恩返しできなかったことを悔しいと表現しており、同時に受けていた国語が合格していたことで、その後何年掛かっても全科目合格をしたいと述べていたようです。

次に、Gさんは2回目の少年院送致でしたが基礎学力が低く、入院直後の漢字および数学検定では小学校中学年程度の学力でした。入院直後は受験を敬遠するような言動が見られていましたが、受験勉強を先に進めていた同じ寮の在院者の影響や、家族からの激励もあってGさんも受験を決めました。そして、

---

15 長橋孝典「高等学校卒業程度認定試験の取組について」矯正教育研究第67巻（2022年）37～44頁参照。

集団寮の職員が効果的な学習方法を指導し、過去問題集を中心とした学習方法を進め、あと一歩で合格できる科目や合格点に届く科目があったことで、徐々に学習への動機が高まっていきました。

　主に自習により進めていましたが、数学を苦手としていたＧさんの求めに応じて複数の職員が個別指導の時間を設けたことで、確実に正解できる問題が増えていきました。そして在院中に４科目に合格し、仮退院後にも受験を継続して残りの科目も合格したとのことでした。

　少年院は、五月雨式に入院してくることや、個々の学習進度に大きな差があることから、教科によっては小中学校のような集団指導が馴染みません。その中で、個別指導を柔軟に織り交ぜながら対応することで、学校教育からこぼれ落ちてしまった者の学力を伸ばすことに適した環境と言えるのかもしれません。誰にとっても、躓きそうになったとき、そばで支えてくれる人がいることは心強いものかと思います。結局のところ、人は人に寄り添われて、いかようにも育っていくのでしょう。

おわりに

　「私は暴力によって問題を解決することを止めました。この国には、もっと良い解決方法があることを学んだからです」。これはある人物の言葉であり、本章を書き進める上で意識した冒頭の問いに対する印象的な回答でした。犯罪を繰り返し、少年院送致されるような者であっても、教育や支援によって未来を切り拓く可能性があることは、筆者が進んで犯罪臨床の最前線に立ち続ける理由となっています。

　本章では、少年院在院者に対して行われている教育や支援を紹介してきましたが、はたしてそのような働き掛けにより犯罪性の除去は行なえているのでしょうか。これは公式統計等の量的なデータで測れるものではありませんが、少年院にはさまざまな工夫が用意されており、きっかけを掴むものは一定数いるのかもしれません。

そして、そこで働く多くの職員が在院者の最善の利益のために行動している
ことは間違いありません。しかしながら、せっかくきっかけを掴んだとして
も、出院してまた元の過酷な環境に戻ってしまう者も少なくない現状も指摘で
きます。

　個々の幸福度を高め、自立するための心身と教養を育て続ければ、幾度かの
失敗を経たとしても必ず社会に貢献できる人物へとなっていきます。これは筆
者の願いも込めた私見ではありますが、少年院在院者がいずれ帰っていく社会
の側にも求められる視点ではないかと思います。そして、どのような過去を持
ちつつも、明るい未来に向けて努力する人を応援できる社会に成長していくこ
とを願い、本章を締めくくります。

労支援を通した立ち直り

知名健太郎定信（ちな・けんたろうさだのぶ）　　　　　　　　　　［福岡県弁護士会］

就労支援による立ち直り──環境を整えることの重要性

1　最初の就労支援

　弁護士として、少年事件に携わるなかで、就労の大切さを学び、以降、非行少年を中心とした就労支援に関わってきました。

　そのような活動に身を投じるようになったのは、まだ私が弁護士になって間もないころに経験したある少年事件で、就労と居場所の大切さを教えてもらったからでした。

2　行き場のない少年

　Mくんは、中学校に上がるまでは、両親と兄、姉の5人家族で、幸せに暮らしていたといいます。母親が重い病気となり、闘病生活の末、亡くなってしまったことで、家庭は一変しました。父親は、酒浸りとなり、家庭内で暴力を振るうようになりました。そのような家庭に嫌気がさした姉は家を出てしまい、父親もいつのころからか、帰ってこなくなりました。家賃すら払えなくなったMくんと兄は、アパートを追い出されて、寮のある建設会社で働くようになります。

Mくんは、寡黙ながら体力もあり、まじめでよく働く、と評判がよかったのですが、兄は気性が激しく、暴力的な傾向がありました。兄が職場の人間とトラブルを起こすたびに、会社の寮を追われ、Mくんは兄とともに、建設会社を転々としました。兄からMくんへの暴力もあったといいます。

　そんななかで、Mくんは、兄が行った強盗致傷行為の見張り役をやったということで逮捕され、家庭裁判所に送致されました。

　Mくんは、警察署の留置場に入っているころから「僕が悪いんです。少年院でもどこでも行きます」と大きい身体に似合わず、目線をそらしたまま、か細い声で繰りかえすだけで、なかなか会話が続きません。このままでは、人間関係が作れないまま審判の日が来てしまう、と思った私は、Mくんとの距離を縮めるため、鑑別所に移った段階で、勝負にでました。

　「いい体格しているね。腕相撲も強いんじゃない？　勝負しようか？」

　すると、Mくんはそれまでとガラリと表情をかえて「僕、（肉体労働の）現場でも誰にも負けたことないんですよ」と自信ありげに答えました。こころなしか、Mくんの眼が、キラリと光った、ような気がしました。

　私は、学生時代、格闘技やラグビーを経験していたこともあって、筋力にはそれなりの自信があったのですが、この少年は17歳ながら、私を上回る100キロを超えるくらいの体躯。勝ったらそれでいいけど、負けたらどうしよう、と迷いつつも、そのときは「Mくんを褒めまくるしかない！」と腹をくくり、Mくんの手を握りました。腕相撲というのは、手を握った段階でだいたい実力がわかるものです。手を握った瞬間、まず、負けることはないと確信した私は、ゆっくりと余裕を見せながら、Mくんの手を組み伏せると「今日から、鍛えて、勝てると思ったら、いつでも挑戦してきなさい」と伝えました。Mくんは、それまでのボソボソとした口調から一変。大きな声で「はい！　お願いします」と答えました。以降、Mくんは私に心をひらき、素直にいろいろなことをうちあけてくれるようになりました。

　人間同士の距離の縮め方は、相手の個性に応じていろいろな方法があるものだな、とあらためて思った出来事でした。

3　少年の行き場を探す

　そんな形でMくんと関われば、関わるほど、この少年自身の非行は進んでおらず、環境に恵まれていなかっただけなんだ、ということがわかりました。そこで、事件が家庭裁判所に送致されたあと、少年院送致を防げないだろうか、と家庭裁判所の調査官に相談してみました。

　しかし、調査官からは「でも、この子、行く場所ないから、少年院送致しか考えられないですね」という冷たい答え。少年の非行がそれほど進んでいないことは明らかなのに、少年院送致。到底、そのような結論に納得がいかなかった私は、「じゃあ、行き場所を探せばいいのですね」と捨て台詞を残して、家裁をあとにしました。

　このとき、私の頭のなかには、それより1年ほど前にはじめて回ってきた国選弁護事件で関わった建設会社のT社長の顔が浮かんでいました。幸いT社長の会社は、寮も完備しています。そこで、Mくんを雇用してくれないか、とT社長に電話をすると、何の迷いもなく「審判はいつですか？　いま、少年はどこにおるんですか？　一緒に面会に行きましょう！」と言ってくれました。T社長は、それまでにも、非行少年を雇用したことがあったそうで、手慣れたものでした。

　T社長がMくんと少年鑑別所の一般面会で「面接」する際、私も一緒に入らせてもらうことになりました（ちなみに、鑑別所での面会部屋は、弁護士面会はもちろん、一般面会でも、アクリル板の壁はありません。だから、腕相撲をすることもできるわけです。ただ、一般面会の場合には、少年鑑別所の職員が立ち会うことになっています）。

　Mくんは、最初、緊張した面持ちでしたが、T社長が、Mくんの仕事歴や、兄のために寮を追い出された経緯を聴きながら、ウンウンうなづいてくれ、「苦労したんだね」と共感を示してくれたおかげで、緊張もほぐれたようでした。そんなころ、T社長は、「よし！　握手しよう」と立ち上がり、Mくんの手をしっかりと握りしめました（少年鑑別所の職員は、T社長が立ち上がった瞬間、

止めるべきか迷ったようですが、結局、趣旨を理解して、見守ってくれていました）。Ｔ社長は、Ｍくんの手を握ったまま「いい手をしとる。この手は、働き者の手だ。これなら、うちに来ても、頑張れるじゃろう」とつぶやきました。すると、黙ったままのＭくんの眼から、ボロボロと涙がこぼれ落ちました。Ｍくんが泣いていて、会話がそれ以上続かないので、そのときの「面接」はそのまま終了となりました。

　あとで、Ｍくんに面会した際にその涙の理由を尋ねてみました。

　「なんで、このひとは、見ず知らずの僕なんかのために、わざわざここまで来て、僕の手を握ってくれて、僕を雇うと言ってくれるんだろう、と思うと、自然と涙が溢れてきました」。

　Ｍくんは、母を失ってから、誰も頼れる人がいなかったのでしょう。握手による手の温かみを通じて、この社長は頼れる人だ、という実感が湧き上がってきたのかもしれません。シェイクハンドの大切さを改めて見せつけられるとともに、腕相撲をやることでＭくんとの距離を急速に縮めることができたのも、同じような効果があったのかな、と思ったりしました。

4　審判の日

　Ｔ社長も、審判に出席してくれて、Ｍくんを雇用することを約束してくれました。Ｍくんも、逮捕当時は、自分の思いを表現することがほとんどできなかったのですが、少年鑑別所で面会を繰り返すなかで、自分の思いを表現することを学び、審判廷では、これまでの辛かった思いや、兄との関係、被害者への謝罪の気持ち、Ｔ社長への感謝などを、朴訥としたしゃべりではありましたが、きちんと伝えてくれました。

　調査官は「少年院送致」という意見を変えませんでしたが、裁判官は、Ｍくんの反省と、Ｔ社長の雇用主としての実績などを十分理解してくれました。そのうえで、「調査官が、反対してるので、試験観察にはできませんが、もう少し様子をみたいので、今日から、Ｔ社長のもとで暮らし、働いて、毎日、日記をつけてください。２週間後に、もう一度、審判を開いて、最終的な結論を決め

ますので、気を抜かずに頑張ってくださいね」とMくんに対し、日記用に一冊
のノートを手渡してくれました。

　非行は進んでいないけど、行き場のない少年。それを雇用して、居場所を与
えてくれる人のありがたみ。それらを理解したうえで、審判を続行してくれた
裁判官。Mくんも裁判官の期待に応え、無事、2週間を過ごして、保護観察と
なりました。その後、Mくんは、保護観察を終えてからも、T社長のもとで働
き続け、「いまは、私の右腕ですよ」と言ってもらえるまでになりました。

　いま振り返ってみると、このとき、Mくんに必要とされたのは、ただお金を
稼ぐ場所や居住スペースではなかったのだ、と思います。誰にも守られず、必
要とされず、兄からは暴力を振るわれ、安心して生活できる場所すらなかった
Mくん。そんな少年を信頼し、受け入れ、居場所を作ってくれたT社長。だか
らこそ、裁判官もなんとか保護観察としてくれたのでしょう。今でも、思い出
に残っている審判のひとつとなっています。

就労支援と立ち直り

1　就労することの効果

　ここで改めて、非行から立ち直るために、就労支援がどのような効果を発揮
するのかを考えてみましょう。

〈仕事そのものが成長を促す効果〉

　お金がないため、お金ほしさで行う非行の場合、自分で稼ぐ機会を与えるこ
とで、非行が減っていくことがあります。自ら働くことで、稼ぐことの大変
さ、まっとうに働いて得た金銭の尊さを理解するようになるからです。それ
は、親からお小遣いをもらっているだけのときでは感じられないものだと思い
ます。お金の大切さを実感できれば、他人のお金や商品に手をだすことも減っ
ていくことになるでしょう。

　「盗んだお金で誕生日プレゼントもらっても、彼女も嬉しくないんじゃない」

「いままでお母さんになにもしてあげたことないなら、外に出たらちゃんとアルバイトして、自分で稼いだお金で、母の日にカーネーションでもおくってあげたら、きっと喜ぶと思うよ」という声をかけてあげるだけでも、案外、素直に自分で働いて得たお金の尊さに気づいてくれる少年も多いのです。

　また、暇を持て余して行われてしまう非行であれば、仕事をすることでそのような暇がなくなり、非行が減少していく場合もあります。

　ゲーム感覚で行われている窃盗や暴走行為についても、仕事に就くことで、徐々に非行が減っていく場合があります。それは、仕事の面白さ、スキルアップする楽しさ、そして稼ぐことのカッコ良さを知ることで、それまでの自分の行動がバカらしくなったり、カッコ悪いと思うようになるからだと思われます。

　元暴走族総長で、いまは多くの従業員をかかえており、非行少年も積極的に雇用してくれている建設会社の社長Yさんは、鑑別所で少年と「面接」するとき、少年にこんな言葉を投げかけます。

　「いつまでも暴走してても、つまんないだろう。暴走してもなんにも残らんけど、仕事をしたら稼げるぞ。暴走するより、稼げる男のほうがカッコ良いぜ」。

　少年のなかで「カッコ良い」の定義が変わる。たったそれだけで更生の道を歩み始める場合もあるのです。そんなY社長にあこがれて、自分もいつか独立してやっていきたい、と頑張っている少年もいます。

　さらに、少年のなかには、必ずしも積極的に非行をしたいわけではないものの、一緒に行動しないと仲間外れにされてしまうのではないか、という不安感（恐怖感）から非行に加わる場合もあります。このように周囲に流されることで、結果的に重大事件に関わることになる場合もあるので、このタイプの非行を軽視することはできません。

　このような少年も、非行仲間以外に、仕事を通じて社長、先輩との人間関係ができ、裏切れない人たちが増え、会社に迷惑をかけたくないという気持ちが芽生えることで更生していきます。また、自分でお金を稼ぎ、仕事でスキル

アップする中で自尊心が向上し、昔の「仲間」から、嫌われても構わないという
勇気を持つことができるようになる場合もあるのです。

〈地域を離れることの効果〉

　もともとの「仲間」の影響力が根深く、非行への誘惑が強い場合には、住む地
域を変え、寮などのある仕事についたほうが、少年自身にとっても立ち直りが
容易になる場合があります。

　鑑別所や少年院に入っている間は、「仲間」からの誘惑は当然ありませんが、
現実世界では、いろいろな誘惑があります。そこで、そもそも誘惑が届きにく
い環境に身を置くことが重要になる場合もあるのです。

　ただし、このような方法を用いることができるのは、少年自身が「今までの
自分を変えたい」「もう非行は繰り返したくない」と強く決意している場合に限
られます。もし、まわりの大人（親や弁護士）が少年にこのようなやり方を無理
強いしたら、〝トモダチから引き離され、無理やり働かされるかわいそうなボ
ク〟というキャラクターに陥ってしまうおそれがあります。また、親に対して
も「あんたが言ったから働いてやっているんだろう」などと反発することもあり
ます。働くことを大人から押し付けられた「義務」と感じているか、自分から進
んで選択した「権利」としてとらえるかは、とても重要なのです。

　そのため、私がこのように環境をドラスティックに変えることが必要と判断
した場合には、まずどうやって少年本人の「変わりたい」というモチベーション
をあげるかを第一に考えます。

　「地元を離れて、まじめに仕事をする、ということであれば、少年院に入ら
ずにすむ可能性もあるけどね……」という話をしても、それ以降、決して押し
付けたりはしません。少年の側から「ぜひ、その職場を紹介してください！」と
言い出すまでは、あえて動かないほうがいい場合も多いのです。

　これに対し、先ほど紹介したMくんのように、行き場がない、安心できる場
所がない少年にとっては、寮など住む場所を兼ね備えた職場というのは、本当
にありがたい存在です。T社長もいつも「帰るところのない子は、頑張るしか
ないから、続くんだよね」と言っていましたが、まさにそのとおりです。逆に

なにかあったら、「すぐに帰っておいで」という親の存在が、仕事による更生を妨げる要素になったりもするのです。一般的には、「恵まれていない」状況がよい効果をもたらす場合もあれば、「恵まれている」環境が、更生を妨げる場合もあるということです。

〈親元から引き離すことの効果〉

　親からの悪影響が大きい場合は、少年院や少年鑑別所から出てくるときに親元に戻さず、離れた場所で就労させるほうがいい場合もあります。

　親が経済的に自立できておらず、少年の生活が犠牲にされるような場合や、親が精神的に不安定でそのことにより少年に悪影響がある場合、親子ゆえの衝突が多くそのことが少年の成長につながらないような場合など、いろいろなパターンがあります。

　なかでも、親から必要な食べ物をあたえてもらっていなかったり（ネグレクト）、肉体的、精神的虐待を受けている場合は、親元に戻すことには極めて慎重でなければなりません。

　このように、親からのマイナスの影響が比較的明らかな場合もあるのですが、親の子どもへの思いが間違った方向で作用することで、子どもの成長を止めてしまっているようなパターンも、実は少なくありません。高校進学も、仕事をするのにもすべてお膳立てしてあげないと落ち着かない、少年が事件の反省もはじめないうちにとにかく示談を進めてしまう、そんな親が実は大勢います。少年に対し、まるで幼児を扱うように接する親たちです。その親のイメージのなかでは、少年はいつまでたっても、記憶のなかの泣き虫で無力だった幼児のころのあの子なのでしょう。しかし、実際の少年は、時間を経ることで、自分でできることも増えて、自分の意思も持つようになり、日々、大人になろうともがいています。そんな少年をまるで幼児のように扱うことは、成長しようという努力を無視し、大人になろうという勇気をくじいてしまうことにもなりかねません。このような家庭で育った少年ほど、家庭を離れて、就労させる必要があるのですが、実際にはなかなか、うまく行かないのです。

　たとえば、少年が親元を離れて働こうと決心しているのに、親から「せっか

く鑑別所（もしくは、少年院）から、出てきたのだからせめて２、３日くらい自宅でゆっくりさせてあげたい」などという「やさしい」申出があることがあります。しかし、これを実行してしまうと、２、３日が１週間になり、２週間になり、結局、働き始めることすらないままとなってしまうことになるのです。

　私は、長年、少年院視察委員会の委員長をつとめて、少年たちの生の声を聞いてきました。その経験からすると、少年院を出院しようとするとき、少年たちの多くは、緊張しており、本気で変わろうと誓っています。その誓いはおそらく本物です。しかし、元の環境に戻ってしまうと、人間は、驚くほどのスピードで少年院に入る前の元の状態に戻ってしまうことも多いのです。それを見て、結局、同じことの繰り返しではないか、と親が落胆したりしますが、本当に落胆しているのは、あれほど決意をしたのに変われなかった少年本人だと思うのです。

　私が、単に職場を紹介するだけでなく、深く関わって支援する場合には、できるだけ直接、職場に送り届けるようにしています。そのほうが少年自身も、気が緩まず、元の環境の悪影響を受ける危険性も少ないと考えるからです。

　もちろん、「働き出したのだから一切地元に帰るな」とか「親に会うな」というつもりは毛頭ありません。しばらく働いて、仕事にも慣れ、精神的にも経済的にも余裕が出てきたころ、働いたお金で手土産でも買って、家族のもとに帰ればいいと思うのです。そうすれば、いままでとは違った親子の関係が見えてくるかもしれません。

〈こころに「傷」を抱えた少年のための環境調整〉

　非行少年は、多くが虐待の被害経験があるとの調査結果もあり、また、虐待に至らなくとも、通常よりも厳しい環境で育っています。その過程で、少年らは多くの「傷」を抱えており、「傷」には至らなくても自尊心が低く、ちょっとしたことで自暴自棄になる可能性も秘めています。

　そのような少年について、環境調整をする際には、普段以上に、目の前にいる少年の個性や成育歴に着目して、特性に応じたオーダーメイドの対応をしていくことが必要です。結局、そのような対応が少年事件の付添人として活動す

るときも、就労支援をするときにも、一番大事なことではないか、と思っています。

　しかしながら、実際の現場では、紋切型の対応がなされる傾向があり、そのせいで、更生を難しくしているのではないかと疑問に思うような事例が見受けられます。

　たとえば、「家庭に恵まれていなかった少年には、家庭的な雰囲気を提供してくれる雇用先が望ましい」というのは、常に正しいとは限りません。家庭に恵まれなかったからこそ、自分は持っていなかった温かい家庭を見せつけられることで、劣等感が刺激され、居心地の悪さを感じたという少年に複数あったことがあります。このような紋切型の対応が、少年を自暴自棄な行動に駆り立てる場合もあるので、きちんとその少年の眼を見て、話を聞いて、その少年を理解することが大事だと思うのです。

　同じように、「対象者が少年だから、まずは親元に帰す前提で環境調整を行うべき」という発想も、常に正しいわけではありません。少年が非行に走った具体的な事情や、親子関係を考慮に入れると、親元に帰そうと努力をすることがかえって、少年を傷つけ、更生を妨げる場合もあります。

　少年院等から出院する際に、親元を受け入れ先として環境調整するのであれば、「受け入れの能力」だけでなく「受け入れの意思」「虐待等の更生を阻害する要因がないか」(阻害要因)をきちんと確認しなければなりません。

　そして、客観的に見て「受け入れの能力」がない場合や「阻害要因」がある場合には、たとえ親が「受け入れの意思」を示していても、帰住先とするのは、望ましくありません。たとえば、経済的な問題や、居住スペースの関係で、受け入れてもトラブルが起こる可能性が高い場合に、あえて親のもとへ帰すような調整は止めるべきでしょう。

　また、親と少年が、ある種の葛藤をかかえておりそれが事件の原因となった場合や、親が少年に虐待を加えていた場合などについては、当然のことですが、たとえ親が受け入れの意思を示しても、帰住先としてはならない、と思います。

「受け入れの能力」がないにもかかわらず、そこが帰住先となれば、その後、新たなトラブルが発生する可能性は必然的に高くなり、再非行に至る可能性も高まります。ところが、「受け入れの能力」がない親に対し、熱心に説得等を試みることでなんとか受け入れてもらったり、本来、「受け入れの能力」も「受け入れの意思」もないのに、行政から連絡をもらったら、思わず「受け入れます」と答えてしまう親も多いのです。

私は、「阻害要因」がある場合はもちろん、「受け入れの能力」がないような親については、あらかじめ帰住先候補から外して考えることも必要ではないか、と思っています。

その理由のひとつ目は、「受け入れの能力」がない親が、あやまって「受け入れの意思」を示してしまうことで、本来、帰るべきでない場所に帰ることを防ぐためです。ふたつ目の理由は、客観的には「受け入れの能力」がなく、受け入れを断るほうが正しい場合であっても、改めて親から受け入れ拒絶の意思を示されることは、少年をさらに傷つけ、親子の溝を深めることにつながるからです。このような傷つきは、その後、更生保護施設や自立準備ホーム、職親のもとなどで生活することになっても、「親に拒絶されたから仕方なくこの施設に来ることになったのだ」という思いとなり、少年の心を支配して、更生を妨げることになっているのではないか、と思うのです。

親元を第一候補と考える環境調整は、考え直すほうが良いと思うのです。

〈就労による成長〉

これまで虐待を受けたり、葛藤をかかえていたりしながらも、経済的に親に頼らざるをえなかった少年にとって、経済的に自立できる、ということは大人への第一歩となります。親と距離をおき、経済的に自立した生活を送ることで、親との関係を客観的に見ることができるようになる場合もあります。

また、自活していくことは、自尊心の向上にも役立ちます。最近の少年たちは、総じて自尊心が低い、とよく言われますが、仕事をするなかで、スキルが向上し、まわりから信頼され、職場でも必要とされる存在となっていく。そういう生活を繰り返すなかで、自尊心というものは少しずつ育ってくるものだと

思います。

　「子ども」は、未熟であるがゆえに、他者（主に親）に頼って、守られて、いろいろなものを与えられて、初めて生きている存在です。これに対し、「大人」とは、他者（子ども等）に頼られ、他者を守ってあげて、いろいろなものを与える側といえます。

　「少年」というのは、その「子ども」と「大人」の過渡期であり、「子どもみたいに扱われたくない」という思いと、「もっと与えてもらいたい、守られたい、愛されたい」という矛盾した思いが複雑に交錯しつつ、そのときどきによって、支配する気持ちがコロコロ変わったりもしながら、らせん状に成長を遂げていきます。そうするなかで、なんとか勇気をだして、「子ども」の領域から「大人」の領域へ飛び移っていくチャンスをうかがってもいます。

　まわりの大人としては、少年が自分でできること、判断できることは信頼して任せることで、大人になるための勇気を与えてあげることも重要だと思うのです。

　労働力を提供することで、対価（給与）をもらう、という就労は、これまでただ与えてもらうだけの存在であった「少年」が「大人」になるための大事なステップです。その姿を見守りつつ、大人への成長を後押ししてほしいのです。

　もちろん、親と距離をおいて生活するようになったとしても、一生離れておくべき、というつもりもありません。少年が上記のような成長を遂げ、経済的に自立し、自尊心も向上すれば、親との間で新しい関係を築くことができるようになると思うのです。

　実際、子どものころに今日では虐待と評価されるような暴力を受けていた人の中にも、親の体力・気力の衰え、子ども側の精神的、経済的な成長などをきっかけに新たな関係性を築いたという人もみたことがあります。ただ、まだこころの「傷」が癒えておらず、当事者の成長や変化がない場合には、関係性の変化は難しいこともあります。したがって、親子関係の再構築は慎重に進めていく必要があると思われます。

就労支援を通じた埋め合わせ

1 「おやじ狩り」をした少年

　本題の家庭に恵まれず、心に傷を負った少年に対して就労支援を行った事例の話に入りたいと思います。

　その少年、Ｈくんを担当したのは、もう10年以上前のことになります。40代〜50代を狙った複数名による連続強盗致傷事件（いわゆる「おやじ狩り」）。うち５件ほどが家裁に送致されたあと、検察官送致（逆送）となり、裁判員裁判となりました。

　Ｈくんは、小学生のころに両親が離婚し、上の姉、兄は、母親に引き取られたにもかかわらず、少年だけが父親の元に残されました。Ｈくんは、その後も真面目に野球に取り組み、中学３年生のときには、キャプテンもつとめましたが、厳しい父親は、一向にＨくんを褒めたり、認めたりすることはなく、Ｈくんは孤独を味わっていました。Ｈくんの父親の特異性は、少年が逮捕され、鑑別所に入り、拘置所に入り、少年刑務所に送られている間、およそ６年半にわたって、ただの一度もＨくんに面会に行かなかったという事実を述べるにとどめておきます。単に、コミュニケーションが上手でないというレベルではない、特異性をかかえた父親であったことは間違いありません。

　Ｈくんが、そんな父親を理解できるはずもありません。他方で、Ｈくんにとっての父親は、その人しかいないため、父親の特異性に気づくことすらできない、という苦しみがあったのではないか、と思います。

　そんなＨくんの孤独を埋めるのは、離れて暮らしている母親のもとを訪れ、暖かい食事を食べさせてもらうひと時の時間でした。母親も「いつでも来ていいよ」と言ってくれていたので、Ｈくんは、母親も自分の来訪を喜んでくれているものだと信じていました。ところが、ある日、父親から衝撃的な事実を告げられます。

　「お母さんから、お前が来るのは迷惑だと言われているので、お母さんのと

ころに行くのはやめなさい。お母さんにも新しい生活があるのだから」。

　Hくんは、母親にまで裏切られたと感じ、自暴自棄な気持ちになったのでしょう。その直後から、非行グループに加わるようになりました。「おやじ狩り」を繰り返すようになったのも、そのすぐあとのことでした。

　Hくんは、「おやじ狩り」に加わってはいたもののお金をとることにはほとんど執着せず、もっぱら暴力を振るう役割に終始していました。そのような経済的利益を第一目的としない不合理な行為、というのは少年事件の特徴ともいえます（ただし、近年は、成人による類似の不合理な犯罪が広がっているようにも思えます）。これらの行為は、この裁判員裁判において、専門家証人として証言してくれた元家裁調査官の分析によれば、父親との間に生じた、父親に直接ぶつけることができないフラストレーションが他の大人の男性に向かったものである、とのことでした。

　Hくんは、父親に理解されず、父親を理解できず、信頼していた母親からも裏切られたという気持ちを抱きました。このHくんのこころの「傷」をどう理解すべきでしょうか。

　人によっては、「そのような親子の葛藤は大変だったかもしれないが、ありうることであって、非行に手を染める理由にはならない」と思うかもしれません。たしかに、もし、Hくんがこのような場面に直面したとき、この葛藤を受け入れることができるような相談相手がたったひとりでも存在したら、Hくんが非行に走ることはなかったかもしれません。しかし、Hくんは、兄、姉とも引き離された状態でした。絶望を受け止めてくれる人の存在。自分を受け入れてくれる存在。それが極めて重要なのではないか、と思うのです。

　裁判員裁判においては、事件を家庭裁判所に戻して、少年事件として処理してほしい、という、いわゆる（少年法）55条移送の主張をしましたが、認められず、結局、Hくんは、4年から7年間の不定期刑となり、それから実に5年半もの間、少年刑務所に入ることになってしまいました。

2　間違った環境調整

　Hくんの刑が確定してからも、私とHくんの関わりは、面会や手紙のやりとりを通じて、続いていきました。親族である父親に、継続的な関わりを期待できない以上、当然の役割だと思って、関わりを続けていきました。

　ある日、そろそろ、社会に出る準備にとりかかったということを伝える手紙が届き、それを読んで驚きました。そのなかに「地元に戻って、父の家の近くで暮らすことになりました」という記載があったのです。

　そもそも、本件犯行は、地元の非行少年グループと関わることで実行されたものであり、先に社会に出た共犯少年もまだ非行を繰り返しているらしい、という情報が入っていました。そんな地元に安易に戻すことは危険です。それ以上に問題なのは、6年以上、一度も面会に来ていない父親が、その間に再婚して、新しい家庭を築いていることでした。つまり、「父の家の近くで暮らす」ということは、父親は、直接、自宅への受け入れは拒んだうえで、やむをえないので、近くにHくんが住める場所を確保した、ということを意味するのでした。

　Hくんの非行の原因が父親との葛藤にあること、少年刑務所に入ってからも父親は、まったく面会に来ることなく時間がいたずらに経過してしまっており、Hくんと父親とのわだかまりが解消したとは思えないことなどからすれば、父親とその新しい家族との幸せな暮らしをすぐ近くで見せつけられながら生活を送らせることは、Hくんの中の親子の葛藤を再燃させるおそれが十分にありました。

　問題は、Hくんの非行に至った事情を考えれば、おおよそありえないような環境調整がなぜ行われたのか、ということです。この点、多くの受刑者が帰住先を聞かれれば、親元しか書くところがありません。人脈がない少年受刑者であれば、なおさらです。その結果、地元で担当保護司が決まり、その保護司によって、環境調整が行われ、なんとか地元で受け入れ体制を作る、というきまじめな、しかし時には間違った結果を導く努力が繰りかえされることになるの

です。

　一般的にも、まず親元に受け入れを打診し、親から断られてから、更生保護施設や、自立準備ホーム、職親を探す、という運用が現在もなされているようです。このような運用は、結果的に出所者（出院者）に「親から受け入れを拒絶された」という負の体験と「受け入れを拒絶されたから仕方なくいかねばらないのだ」という施設に対する負の印象を植えつけることになってしまいます。当事者が犯罪・非行に至った経緯や、親との関係を考えれば、むしろ親元に帰すべきではない場面においてすら、まずは親元へ帰らせる方向での環境調整が横行してしまうのは、行政機関すらも、間違った「親子幻想」に縛られているからではないか、と思わざるをえません。

　他方で、本件のように明確に拒絶をしない場合も問題です。本来、受け入れる意思がない場合や、受け入れの能力がない場合であっても、行政機関から「受け入れますか」と聞かれれば、なんとか対応しようとしてしまう人が多いのも、現実なのです。その結果、受け入れの意思や能力がないのに、帰住先になる、という間違いが起こるのです。この父親も世間体を気にする人だったので、思わず受け入れの意思を示してしまったのだろうと思います。

3　環境の再調整

　私は、Ｈくんが社会に出るまでの間に、面会や、手紙のやりとりを繰り返し、他の帰住先に再調整ができないか、Ｈくんと話し合いを続けました。

　このとき、私が少年の受け入れ先として考えていたのは、北九州市に3店舗のガソリンスタンドを運営している野口石油でした。

　野口石油は、当時で100人程度、現在では170人もの非行少年を雇用してきた実績のある会社です。野口石油の代表者である野口義弘さんとは、少年への就労支援活動を通じて知り合い、私との間には、固い信頼関係ができていました。

　最近の野口義弘さんの口癖は、「愛はあたえっぱなし」。朝、起きることができずに遅刻した少年を自宅まで迎えに行ったり、スタンドに窃盗（事務所荒ら

し)に入った少年のために家裁に嘆願書を提出して、保護観察としてもらい実際に雇用したり、野口石油には驚くようなエピソードが数多くあります。なかなか仕事が軌道に乗らない少年も解雇したりはせず、見守り続ける。そんな野口石油だから、安心して働くことができる。そんな野口石油で働くことで、それまでコミュニケーション能力に自信がなかった少年が、笑顔や大きな声であいさつする能力を身につけていくのです。

　私が「野口石油で働いてみないか」というと、少年刑務所のなかで工場作業に従事していたHくんは「僕、笑顔なんて得意じゃないから、サービス業は向いてないんじゃないですかね」と自信なさげな表情を示しました。これに対して、私は、「今でも十分、いい笑顔をしているよ」「それに、もし笑顔が得意じゃないということは、まだ伸びしろがあるということだから、サービス業をやってみるというのは、笑顔が得意になるチャンスと思えばいいんじゃないかな」などと勇気づけました。

　その後も、野口義弘さんの活動を報じた新聞や雑誌の記事を差し入れるなかで、少年も、野口石油で頑張ってみようという気持ちを持つようになっていきました。

　出所当日、少年刑務所まで迎えに行ってから、保護観察所へ連れて行きました。その場で、北九州へ転居届を提出し、そのまま、Hくんを野口石油へ連れていきました。通常、出所直後の転居は認められないのですが、事前に十分な根回しをしていたこと、受入先が保護観察所にもよく知られている野口石油であったことが幸いし、転居はスムーズに認められました。

4　就労による「被害」の埋め合わせと成長

　Hくんを、野口石油の店舗まで連れていくと、店長をつとめる野口義弘さんの次男・純（じゅん）さんが待っていてくれました。純さんは、Hくんを見るなり、「身長いくつ？　えらい体格がいいねぇ」などと砕けた話し方をしてくれ、制服のサイズ合わせなどをしました。その後、居住用に確保したアパートまでHくんを送り届け、ひととおり身の回りのものが揃っていることを確認する

221

と、純さんが「じゃあ、今日は帰りましょうか」というので、その日は、解散となりました。

あとで聞くと、解散後に、Hくんと同じ世代の先輩従業員が、アパートまで来て、Hくんを食事に誘ってくれたそうで、その場で、先輩従業員から、仕事での注意点などをいろいろと教えてもらったそうです。たしかに、上司からいろいろ言われるよりも、同世代から教えてもらった方が、よかったのだと思います。おそらく純さんがセッティングしてくれたものだろう、と思いますが、さすが少年を受け入れ慣れている野口石油ならではの気遣いだな、と思いました。

Hくんと、先輩従業員はその後もあるときはウェイトトレーニングにはまって競い合い、あるときは一緒にバス釣りに行くなど、親友のような存在になったそうです。

もともと、笑顔に自信がないと言っていたHくんですが、ガソリンスタンドの仕事では、当然、笑顔での接客が必要となります。当初は戸惑いを感じていたHくんでしたが、まわりが笑顔で接客している姿を見ているうちに、自然な笑顔が出るようになったようです。

その証拠に、いつも給油に来ていた同世代の女性と意気投合し、交際するようになり、子どもができて、結婚するに至りました。もともと、笑顔やコミュニケーション能力に自信がなかったHくんでしたが、野口石油での仕事を通じて、苦手分野を見事に克服したのでした。

セルフ式のガソリンスタンドが多くなってきている昨今ですが、野口石油は、従業員による接客サービスや、洗車にこだわりをもっているスタンドです。そのような特性が、少年の成長を促したといえます。

5 親子関係の再構築

さて、Hくんの非行の原因ともなった親子の問題はどうなったでしょうか。少年がガソリンスタンドで働くようになってからしばらくすると、父親がわざわざ、ガソリンを入れ、洗車をするために、遠方から北九州までたびたび訪れ

るようになったそうです。それは、不器用な父親なりの６年半の空白への謝罪だったのかもしれません。

　Hくんも生活が安定し、コミュニケーション能力も向上したこと、交際相手ができ、精神的に余裕がでてきたのでしょう。父親のことを客観的に見れるようになったようでした。

　子どもが生まれてからは、家族そろって、父親の家に泊まりにいくこともあるそうで、良好な関係を保っている様子でした。Hくんは、その後、野口石油を卒業し、別の仕事についていますが、生活面も、精神面も安定し、家を新築するなど経済的にも堅調な様子であり、彼の人生に関わった人間としても、安心して、もう更生している、と断言できる状態となったといえます。

おわりに──少年の「被害」と環境調整

　本件については、Hくんの非行の原因が親との葛藤にあったことは明らかだったと今でも思います。ところが、時間を経て、出所の段階になると、その事実は忘れ去られ、親元へ戻る、という形での環境調整が行われようとしていました。このように、事件から月日が経ち、別の機関が関わるようになるなかで、裁判の際には、当然の前提とされていた事実が見失われていく。そんな傾向を本件でも感じさせられました。

　事件の特性が忘れさられるなかで、一般的な親子関係を前提とした、逆にいうと、当該少年の特性を無視した環境調整がなされる場合が他にも多く存在するのではないか、と思うのです。少年が、強い親子の葛藤を抱えていたり、場合によっては、虐待まで受けていたりするにもかかわらず、親元へ帰す、という環境調整がまかり通ってしまう現実。そのような環境調整は、実際に親元に帰される場合も、拒絶される場合でも、少年の心理に悪影響を与えることになりかねず、場合によっては、新たな被害体験にすらなりかねません。その結果、再非行、再犯に至る可能性も十分にあるのです。

　そのような間違った環境調整が行われないためにも、現在、各地で徐々に運

用がひろがっている「寄り添い弁護士」制度等を利用して、少年に一度、深く関わった専門職が、その後も、継続して関わり続けることができる制度が必要とされているのではないか、と考えています。

被害の
埋め合わせに向けた
理論的課題

非行少年に積み重ねられてきた被害の埋め合わせが、再非行や再犯を防ぐという観点から必要であるだけでなく、法律によってもその必要性は根拠づけられること、そして、埋め合わせの具体的内容を示すのがPart3 です。Part3 で重要なことは、非行少年に積み重ねられてきた被害の埋め合わせに向けて具体的になすべきことは何かを皆さんに考えていただくことです。

非行少年が受けた被害の埋め合わせの実践的必要性

岡田行雄（おかだ・ゆきお）　　　　　　　　　　　　　　　　　　　［熊本大学］

はじめに

　以上の章では、非行少年が受けてきたさまざまな被害の実態と、その被害を埋め合わせるような支援が受けられないまま非行に至っていること、そして、その被害を埋め合わせるようなさまざまな取組みがなされることで非行少年が、被害感ないし被害に対する負の感情を抱えつつも何とか非行や犯罪に走らずにすむようになることがおわかりいただけたのではないでしょうか。

　そこで、以下では、これまでの章で紹介されたさまざまな事例に基づいて、非行少年が受けた被害の埋め合わせが、非行少年の再非行や再犯を防ぐという実践的な観点から必要とされること、つまり、非行少年が受けた被害の埋め合わせの実践的必要性を論証していきたいと思います[1]。

非行少年が受けた被害の少年司法手続における扱い

　非行少年が受けた被害の埋め合わせの実践的必要性を論じるにあたっては、

1　本章は、岡田行雄「特定少年の位置づけとその帰結」熊本法学 154 号（2022 年）66 〜 70 頁に加筆し、本書の各章の内容を踏まえて再構成したものです。

まず、非行少年が受けた被害が、家庭裁判所における手続を中心とする少年司法手続で、どのように扱われてきたのかを概観しておく必要があります。

　一般的に言って、少年が罪を犯したと疑われた捜査の段階で、少年が受けた被害が明らかになるとすれば、たとえば、非行の直前にいじめられていたなどのケースに限られます。過去に長期に渡って受けていた小さな被害の積み重ねが警察や検察の捜査で明らかになることはまずないと言っていいでしょう。なぜなら、警察や検察の捜査は、非行とされる刑事事件そのものの証拠となる資料を集めることに集中されるからです。もちろん、事件の動機も捜査の対象となりますが、こうした動機も、一般的には、事件の直接というか直前の動機が問題となりますから、捜査で明らかになる被害は直前のそれに限られるのです。

　捜査を遂げて、家庭裁判所に事件が送致されると、重大な事件の場合は、少年鑑別所に送致される観護措置（少年法17条１項２号）が採られるとともに、少年鑑別所では少年の資質に焦点を当てた鑑別が行われ、同時並行する形で、家庭裁判所調査官（以下、調査官と略します）による社会調査（少年法８条）が行なわれます。ここで、過去に長期に渡って積み重ねられてきた被害が明らかになる可能性があります。ただし、調査官などが少年と面接をしても、少年が被害を語らなければ被害が明らかになるわけではありません。また、少年が語らない被害については、調査官が少年の周囲の人々から聴き取るしか方法がありませんが、少年の家族などごく狭い範囲の人々に対してしか、調査官が面接や聴き取りによる調査を行なわなければ、やはり被害は明らかにはならない可能性が残ります。くわえて、本書ですでに指摘されているように、「家裁の実務では、少年が意識していない被害者意識に焦点化することは困難」（Part2廣田論文参照）というのが現状でしょう。

　したがって、少年司法手続の段階において公的機関によってなされる捜査、鑑別、社会調査だけを通して、非行少年が受けた被害の全貌が明らかになることは稀だと言わざるをえません。捜査段階から弁護士が弁護人として選任されていて、その弁護士が付添人（少年法10条）として家庭裁判所の少年審判に至る

まで一貫して寄り添い続けている中で、少年との信頼関係が築かれ、弁護士付添人が積み重ねられてきた被害に気づいた場合にだけ、被害の一部が明るみになるというのが現実だと思います。

　しかし、少年審判の段階で、弁護士付添人がこうした被害を踏まえて、少年の意見を述べたとしても、家庭裁判所で少年審判を主宰する裁判官が一顧だにしないこともおおいにありえます。特に、被害が重大で社会的な耳目を集めた事件の場合、少年に被害が積み重ねられていたことがあったとしても、それのみを重視することはできないとして、逆送されてしまうのが一般的だと言わなければなりません。

　つまり、従来の少年司法手続においては、少年に積み重ねられてきた被害がたとえ明らかになったとしても、とりわけ重大な結果を引き起こした非行事件の場合は、そうした積み重ねられた被害は考慮されてこなかったのです。まして、被害が考慮されない以上、被害への埋め合わせがなされてきたかどうかといった点は、まったくと言っていいほど、問題にされきませんでした。

非行少年が受けた被害の刑事司法手続における扱い

　それでは、逆送後の刑事裁判においてはどうでしょうか？

　少年事件の刑事裁判の特徴として挙げられるのは、少年法50条に基づいて、少年に対する刑事事件の審理は、調査官による調査は少年、保護者又は関係人の行状、経歴、素質、環境等について、医学、心理学、教育学、社会学その他の専門的智識特に少年鑑別所の鑑別の結果を活用して、これを行なうように努めなければならないという少年法9条の趣旨に従ってなされねばならないという点です。これを受けて、刑事訴訟規則277条は、少年事件の審理については、懇切を旨とし、かつ事案の真相を明らかにするため、家庭裁判所の調べた証拠はつとめてこれを取り調べるようにしなければならないと定めています。

　しかし、上で見たように、家庭裁判所における手続を通しても、必ずしも少年に積み重ねられた被害がすべて明らかになるわけではありません。したがっ

て、刑事裁判で調査官の調査結果や少年審判で取り調べられた証拠をどれほど見ようとも、少年に積み重ねられた被害を裁判官、さらには裁判員が事実として認定することは難しいと言わなければなりません。

くわえて、たとえ少年に対する刑事裁判において、虐待被害などが認定されることはあっても、それを重視して、保護処分相当として家庭裁判所に再移送（少年法55条）する決定を行なうことは稀有です。せいぜい、虐待被害などは少年にとっての不遇なエピソードの一つとして量刑上考慮されるにすぎません。とりわけ、裁判員裁判においては、少年が受けてきたさまざまな被害について、弁護人がいかに主張・立証しようとも、証拠を厳選せねばならないなどのさまざまな制約があって、それを裁判員に見てもらうことさえ困難なのです。

さらに、たとえば、石巻事件第一審判決では、母親からの暴力を受けるなどの虐待被害が認められるとしても、犯行の残虐さや被害結果の重大さに照らせば、この点を量刑上考慮することは相当でないとして、それ以前の裁判例では量刑において相応に考慮されてきた不遇な生い立ちも考慮外に置かれてしまったのです。

それ以上に問題なことは、本書のPart1で示されたように、刑事裁判において、被告人質問の場で、検察官、裁判官、あるいは裁判員からなされた質問への答えを考えさせられることです（Part1知名論文参照）。これは被告人としての少年にさらなる被害を重ねさせることになります。

こうした少年事件についての裁判員裁判の傾向を、同じく裁判員裁判で裁かれた、いわゆる介護殺人事例の傾向と比べた場合、被告人には同様に積み重ねられてきた被害があるにもかかわらず、後者では、弁護人のみならず、裁判官や裁判員からもその被害が酌量すべき事情として理解され、刑の全部執行猶予が付けられることが少なくないことに照らすと、大きく扱いが異なると言わざるをえません。

しかし、さまざまな被害を受けてきた少年が一定の重大な非行に走った場合に、上で見たように、その被害を考慮しないだけでなく、刑事裁判を通して、さらに被害を重ねさせたうえで、刑罰を科すことは、その少年の再犯を防止す

るという観点から見たときに、妥当なのでしょうか？

被害の埋め合わせがないことによる被害の積み重ね

　そこで、虐待被害などのさまざまな被害を受けた上で、一定の重大な非行に走った少年に対して少年・刑事司法手続を通して刑罰を科すことが、少年に何をもたらすのかを考えてみましょう。

　まず、少年に対して虐待等の被害が積み重ねられてきたとしても、逮捕、勾留、観護措置、社会調査、少年審判という刑事裁判に至るまでの手続において、それが必ずしも明らかになるわけではありません。そうすると、社会調査や少年審判においても、非行事実ばかりに焦点が当てられ、その被害を埋め合わせるような助言等の支援は期待できません。それが期待できるとすれば、逮捕以降の手続における、弁護人・弁護士付添人等によるものに限られざるをえないでしょう。

　逆送後の刑事手続においては、拘置所で勾留されると、少年鑑別所において在所少年に対してなされうる、生活態度に対する助言等や学習等の機会の提供等（少年鑑別所法28条、29条）はなされることはありません。虐待被害などを受けてきた少年には家族等による支援は期待できない以上、拘置所での学びや読書の機会ももっぱら弁護人に頼らざるをえないのです。

　しかも、刑事裁判においては、少年審判までの手続以上に、積み重ねられてきた被害を弁護人が証明することは困難になります。そうすると、被告人となった少年に対して、それまでに積み重ねられてきた被害を埋め合わせるような支援は、弁護人によるごくごくわずかなものを除いてはますます期待できないのです。

　こうして被害への埋め合わせはなされないまま、少年は被告人として、検察官や裁判官・裁判員からの厳しい質問にさらされます。これは、少年にとっては新たな苦痛の積み重ねとなります。

　一般に、裁判員裁判の対象となる重大事件であるほど、起訴後の公判前整理

手続が長期間にわたり、その間、少年に対しては、弁護人からのわずかな支援しか期待できないとなれば、少年に積み重ねられてきた被害への埋め合わせが長期に渡ってなされないことを帰結します。つまり、積み重ねられた被害がほとんど放置されるわけです。このような状態が続くと、被害はさらに累積されることになります。人間に備わった力で治癒できる範囲を超える傷を治療もせずに放置すれば、症状が悪化するのと同じだと考えるべきなのです。少年の被害感も増幅せざるをえません。そこに、刑事裁判で厳しい質問にさらされることは、埋め合わせがなされないことによる被害の積み重ねをさらに増幅させるのです。

　このような被害の積み重ねは、少年のその後にどのような影響を与えるのでしょうか？

被害の累積が高める再非行・再犯の危険性

　すでにお示ししたように（Part1岡田論文参照）、非行少年が受けてきたさまざまな被害は、それ自体で、一般的に、少年にさまざまな困難、言い換えると、生きづらさをもたらします。

　そうした少年が、一たび重大な事件を犯したと疑われ、警察、検察、家庭裁判所、そして、逆送後に再び検察を経由して刑事裁判所に起訴されて、公開の刑事裁判を受けるプロセスにおいて、上に見たように、被害を埋め合わせられるような支援がほとんどなされないことも相まって、さらに被害が積み重ねられ、増幅されます。ということは、生きづらさもさらに増幅するのです。

　少年審判を受けた後に少年院に送致されるのであれば、まだしも、少年院において被害を埋め合わせるような教育や、法務教官などからの助言や支援を受けられます（Part2長橋論文参照）。しかし、逆送後の刑事裁判の結果、いわゆる実刑の有罪判決が確定し、刑務所との名称を冠した刑事施設に収容されることになった非行少年はどのような扱い（処遇）を受けるのでしょうか。

　刑事施設における処遇の中心は、何と言っても刑務作業です。月曜日から金

曜日まで、毎日、朝から夕方まで、一日8時間程度の刑務作業が、懲役刑では義務づけられます。今後、刑法改正によって、懲役刑に代わって、刑務作業の強制を刑罰の内容とせず、受刑者を刑事施設に拘禁することを刑罰の内容とする拘禁刑が導入されます。しかし、これも刑罰であって、受刑者に苦痛を与えることを本質としています。たしかに、特別改善指導といって、性犯罪を犯した受刑者や暴力団に加入していた受刑者など、一定の受刑者に対して教育的な働きかけもなされますが、これは、刑事施設における処遇の中心とは言えませんし、今後もおそらく変わらないだろうと思います。

　したがって、刑事施設に収容された非行少年にどれほど被害が累積していようとも、刑罰という新たな苦痛が加えられるだけであって、その中で、懲罰の名の下に、不適正な暴行などが刑務官によって加えられたりすれば、さらに被害が積み重ねられることになります。刑事施設に収容する刑罰は、到底、被害が積み重ねられた非行少年にとって、そうした被害を埋め合わせるものとはなりえないのです。なお、18歳以上の特定少年が罪を犯して刑事施設に収容される刑罰を受けた場合、20歳以上の者と同様に、刑の執行終了後も資格制限がついてまわります。また、特定少年として刑を受ける場合は、20歳以上の者とほぼ同じ扱いを受けます。つまり、少年の場合なら、懲役・禁錮刑を科す場合は、通常は短期と長期を定めた不定期刑が言い渡され、その上限は15年と決まっているのですが、特定少年の場合は、不定期刑はなく、その上限は30年となります。ほかにも、罰金刑を受けた場合、罰金を完納できなければ、少年には許されない、労役場留置が可能となって、刑事施設に収容されることになります。これらも、少年に比べて、被害がより累積している可能性が高い特定少年の被害を埋め合わせるものではなく、むしろ苦痛となる期間を長くするものと言えます。

　以上で明らかなように、そもそも被害が累積してきた非行少年を刑事施設に収容する刑罰を科すことは、当該少年に被害の埋め合わせとはなりえない単なる苦痛を加えることなのです。被害への埋め合わせがなされない期間が長くなればなるほど、刑事裁判の間の拘置所における勾留の場合と同様に、被害は積

み重ねられることになります。最悪の場合は、刑事施設の中で被害がさらに累積されます。こうして、被害が積み重ねられることは、もともとの被害による生きづらさに加えて、被害の累積による別の生きづらさが加わります。たとえば、もともと発達障がいがあって、周囲に理解されないことも相まって、いじめなどの被害を受け、しかも、適切な公的支援も受けられないまま非行に走った少年にあった生きづらさは、この少年が刑事施設に入れられることで、さらに増すはずなのです。

Part
3
被害の埋め合わせに向けた理論的課題

　このことは、非行少年を少年院で異常に長い期間に渡り収容し続ける場合にも妥当します。重大な非行で、逆送にならずにすんだケースでしばしば見られる、超長期の処遇勧告などがなされる少年院送致決定はその典型です。少年本人がどれほど努力しても、少年院を仮退院できず、他の少年が早く仮退院してしまうのを横目に見る場合、その少年が納得できないと思うのは当たり前です[2]。たとえ、26歳になるまで収容継続が可能な第3種少年院における医療が必要な場合であろうとも、社会から隔離されてなされる医療が長期間に渡ることには、被害の埋め合わせを超えた苦痛と、社会に戻る際に、余計にさまざまな困難が生じる点で、刑事施設に長期間収容することと同じ弊害があるのです。

　こうして、被害が積み重ねられた元非行少年が社会に戻った後で、その生きづらさが増すのであれば、社会の中でさまざまな危機的場面に遭遇するたびに、再び何らかの罪を犯さざるをえなくなってしまうことは容易にご理解いただけるのではないかと思います。あるいは、刑事施設の中で、被害が積み重なった非行少年が20歳を超えて、生きづらさを抱えたまま、刑務官や他の受刑者との間でのトラブルがきっかけで、暴行等の新たな罪を犯したとして、別途、刑事裁判にかけられ、新たな有罪判決のために、受刑期間が延びてしまうことさえもありえます。つまり、被害が積み重ねられた少年が長期間、刑事施設などに収容されることは、再犯の危険性を高めることにならざるをえないの

2　このことは、2000 年に成立した第一次少年法「改正」の頃から、少年院の現場では問題となっていました。廣田邦義「『原則逆送』事件における社会調査のあり方」高松少年非行研究会『事例から学ぶ少年非行』（現代人文社、2005 年）97 頁参照。

です。

　したがって、非行少年に積み重ねられてきた被害を無視して、あるいは、被害を認めたとしても、不遇なエピソードにすぎないとして、長期の受刑を強制することは、非行少年の再犯を助長するだけであって、妥当ではないのです。もちろん、石巻事件のように、被害が積み重ねられた特定少年を死刑に処することなど論外というほかありません。

非行少年が受けてきた被害にどう向き合うべきか？

　それでは、非行少年に積み重ねられた被害を無視しないとすれば、私たちはそうした被害にどう向き合うべきでしょうか？

　非行少年に積み重ねられた被害を無視しない以上、その被害を見なければなりません。しかし、被害を目の当たりにしても、他の少年たちが被害に遭っても非行をしなかったことを理由に、非行少年の自己責任を強調すれば、やはり、被害が積み重ねられた非行少年が重大な事件を起こしていた場合、重い刑事罰を加えざるをえなくなります。これも妥当ではないことは、上で見たように明らかです。

　非行少年の場合、その被害には何らの手当てもなされてこなかったことが多いことは、これまでの章で見てきました。他方で、非行少年の被害を埋め合わせる支援などがなされることによって、非行少年たちが立ち直っていくことも、Part1の定本論文、山下論文、都島論文、そしてPart2の各章を通してご理解いただけたのではないかと思います。

　そうすると、非行少年が受けてきた被害にどう向き合うべきかの答えは示されていると言えるでしょう。非行少年達の被害を埋め合わせることです。

非行少年の被害の埋め合わせがもたらしうること

　それでは、非行少年がそれまでに受けてきたさまざまな被害を埋め合わせる

具体的な支援と、その効果はどのようなものなのでしょうか？

　まず、親などから虐待や暴力などの被害を受けてきた少年の場合を考えてみましょう。この場合、一般的な悪影響としては、他者を信頼することなどができなくなってしまう愛着障がいや感情を制御する機能にも障がいを生じさせることが挙げられます（Part1岡田論文参照）。たしかに、愛着障がいの場合、他者から叱られると固まって動けなくなってしまい、褒め言葉もなかなか心に響かないと言われています。しかし、こうした場合であっても、被害を受けてこなかった者に対する以上にもっと褒め育てを行うことによって、被害の埋め合わせは可能であるとの指摘があります。この指摘をした論者によれば、虐待などの不適切な養育によって脳の成長が阻害された少年であっても、いまだ発展途上であり、可塑性を持っているために、早いうちに被害を埋め合わせるような褒め育てを行えば、その阻害は修復可能であって、愛着の再形成も十分可能なのだそうです[3]。とすれば、いじめや体罰の被害が積み重ねられてきた少年が抱えている身体的な困難の場合でも、同じことが妥当するように思われます。

　いじめや体罰などの被害をきっかけに、非行少年が、学校などの学びの場から排除されたり、学校などに通えなくなったりという被害を受けている場合には、学歴や学識のみならず、生活上の知識や友人を得られないという悪影響が考えられます。この場合、本人に学ぶ意欲があれば、それをサポートし、学べる状況を作ることで、被害を埋め合わせることは可能でしょう。もっとも、非行少年が学ぶ意欲さえ失っていることもありえます。この場合に大切なことは、まずは、大人がただただ非行少年に寄り添うことだろうと思います（Part1山下論文参照）。もちろん、1回の寄り添いで、非行少年に学ぶ意欲などが急激に湧くわけではありません。こうした場合、根気強い寄り添いが必要不可欠と言えます。そうした寄り添いを続けることで、学ぶ意欲が湧き、安心して学べる環境と相まって、ようやく学べなくなったという被害を埋め合わせることが

3　友田明美「脳科学・神経科学と少年非行」山口直也編『脳科学と少年司法』（現代人文社、2019年）45頁参照。

できるはずです。

　発達障がいや知的障がいなどがあるのに、障がいが見落とされ、提供される
べき支援や保護が提供されなかったという被害を受けてきた非行少年の場合に
は、その親を始めとした周囲に、少年がそうした障がいに苦しんできたことが
理解されていないことから、少年にさまざまな苦痛が与えられます。その悪影
響は、虐待などによる被害と学校などに通えなくなる被害とが、いわば複合し
たようなものとも考えられます。こうした場合、発達障がいのある非行少年に
よる事件を素材に分析を加えている専門家によれば、まずは、少年の人生にお
いて積み重ねられてきた少年の被害感を理解し、それに共感することが必要で
あると指摘されています[4]。そうした取組みを出発点に、長期間に渡って少年に
寄り添いつつ、その障がいにとっての合理的配慮となる支援を続けていくこと
で、ようやくこうした被害の埋め合わせが可能になるように思います。

　こうした被害の埋め合わせがどのような効果を生むかについては、実際に、
両親すら高校に入学するまで発達障がいに気づかないままだった19歳少年によ
る放火事件に弁護人・付添人として関与した弁護士を中心とした、いわば被害
の埋め合わせと言える支援の成果に学ぶべきだと思います。この事例の少年は
中学校の頃にいじめを受け、高校を中退するなど学校に通えなくなるなどの被
害も受けています。この少年が逮捕された段階から弁護人として関わった弁護
士は、少年を理解しようとさまざまな専門家と連携した上で、適切な取調べが
なされるように少年の防御権保障につくし、家庭裁判所送致後も、適切な社会
調査や少年審判が行なわれるように働きかけた上で、当該少年の保護観察の終
了まで、見守る形でさまざまな支援を行ない続けました[5]。そして、保護観察の
終了後もそうした支援を継続した結果、その後もさまざまな問題を起こしてい

4　村尾泰弘「自閉症スペクトラム障害のある非行少年の理解と対応」法と心理 16 巻1号（2016 年）
　　15 頁参照。
5　この弁護士は、保護観察決定以降は、少年の両親と委任契約を結んだ上で、少年の見守り
　　活動を続けました。この見守り活動の詳細については、鴨志田祐美「被疑者弁護から少年審
　　判後に至るまでの連携と協働」岡田行雄編『非行少年のためにつながろう！』（現代人文社、
　　2017 年）102 ～ 112 頁参照。

た少年が穏やかな状況となるに至りました[6]。この事例は、さまざまな被害が積み重なった上で重大な非行を疑われることになった少年であっても、適切な被害の埋め合わせがなされることによって、成長発達を遂げて、社会生活を送れるようになることを鮮やかに示しています。

非行少年が受けた被害の埋め合わせの実践的必要性

　上で見たような、非行少年に積み重ねられた被害の埋め合わせは、さまざまな支援によってなされるもので、決して、その方法は一つではありません。本書Part2で示されている学習支援や就労支援も被害の埋め合わせの一つのあり方と言えます。

　それでは、こうした非行少年が受けてきた被害の埋め合わせと、非行少年の被害を埋め合わせる支援もなく、重大な罪を犯したことを理由に刑事施設などに長期間隔離することと、どちらが、当該少年のみならず、事件の被害者等も含めた私たちにとって必要なことなのでしょうか？

　すでに見たように、非行少年に積み重ねられた被害を適切に考慮することなく、たとえば、長期間刑事施設に収容する刑罰を当該少年に科すことは、いずれ少年が20歳を超えて社会に戻るときに、さまざまな困難を増すだけであって、再犯のリスクを高めます。そもそも、長期の社会からの隔離に再犯を防止する効果があるという実証的なデータは今のところないのです[7]。日本政府がこの間再犯防止対策を推進してきたことと、被害が積み重ねられた非行少年を処罰することは矛盾するとも言わなければなりません。

　他方、非行少年に積み重ねられた被害を埋め合わせる支援がなされるのであれば、少なくとも非行少年が直面している、ないし、今後直面するであろうさ

6　鴨志田祐美「少年事件における多職種連携の意義」阿部恭子編『少年事件加害者家族支援の理論と実践』（現代人文社、2020年）81～82頁参照。

7　浜井浩一「『特定少年』の『特例』にはエビデンスがない」片山徒有ほか編『18歳・19歳非行少年は、厳罰化で立ち直れるか』（現代人文社、2021年）93頁参照。

まざまな困難を小さくすることは、上で見た事例の他、Part1の数々の章やPart2の各章で示された事例などからも明らかでしょう。つまり、少年法の目的である少年の健全育成という目的にかなう可能性が高まるのです。言い換えれば、単に刑罰という苦痛を科し、長期間社会から隔離するよりも、非行少年に積み重ねられた被害の埋め合わせとなる支援がなされることの方が、再犯防止という観点からもはるかに効果的なのです。

　そもそも、刑罰という苦痛が再犯防止に役立つには、刑罰を受けた犯罪者がそれによる苦痛を二度と受けたくないと思うだけなく、実際に、さまざまな困難に直面したときに犯罪という道を選ばずにすむだけの能力が犯罪者に備わっていることが大前提なはずなのです。しかし、被害が重ねられた非行少年には、非行に走らずにすんだ他の少年とは異なり、そうした能力は十分に備わっていないのです。このことは、Part1の各章を通してみなさんにはご理解いただけていると思います。

　さらに、被害者との関係でも、被害が積み重ねられた非行少年を長期に渡って刑事施設に収容する刑罰よりも、その被害の埋め合わせの方が、被害者等への被害弁償が進む可能性が高まることも考える必要があります。たとえば、非行少年が刑事施設に10年服役するとして、平均月額５千円の作業報奨金では、釈放までに最大で60万円にしか達しません。釈放後の住居の確保などを自力で行った場合、元非行少年の手許にはわずかな額しか残りません。これでは、被害者やそのご遺族に対して、被害弁償をしようにも大した額にはなりません。これに対して、たとえば、被害を埋め合わせる支援を受けた上ながら、最低賃金が保障される職場で働き、その間に月額２万円ずつでも損害賠償に充てれば、少なくともその額は10年で240万円となる上（もちろん、少年がさらに稼働することでその額は大きくなる可能性もあります）、その期間に自身の年金を積み立て、税金を負担する者となれるのです。はたして、どちらが被害者やそのご遺族、さらには私たちが暮らす社会にとって必要なものなのでしょうか？　答えは明らかだと思います。

行少年に積み重ねられた被害の埋め合わせの法的根拠

岡田行雄(おかだ・ゆきお)　　　　　　　　　　　　[熊本大学]

被害の埋め合わせの法的根拠の重要性

　前章では、非行少年に積み重ねられた被害を埋め合わせることが、非行少年がその後に直面するさまざまな困難を小さくすることで、その再非行・再犯を防ぐ可能性を高める点、そして、被害者やそのご遺族だけでなく、さらには私たちが暮らす社会にとっても有益である点でも必要であることを示しました。

　しかし、非行少年に積み重ねられた被害の埋め合わせが実践的に必要だというだけでは、付添人や弁護人として活動する弁護士が家庭裁判所や刑事裁判所において裁判官や裁判員を説得するには不十分です。とりわけ、家庭裁判所からの逆送後に刑事裁判にかけられる場合には、弁護人は検察官と法的な論点について意見を戦わせ、その主張を法的に論証しなければなりません。

　そこで、非行少年に積み重ねられた被害の埋め合わせが法的にも必要であるとの根拠づけも考えなければならないのです[1]。

1　本章は、岡田行雄「特定少年の位置づけとその帰結」熊本法学 154 号（2022 年）70 ～ 73 頁に加筆し、本書の各章の内容を踏まえて再構成したものです。なお、本章の執筆にあたっては、内田博文国立ハンセン病資料館館長・九州大学名誉教授に貴重なご示唆を頂戴しました。記して感謝申し上げます。

損害賠償請求権はあっても……

　Part1、Part2の各章で示されたように、非行に至るまでにさまざまな形で積み重ねられても、その埋め合わせがほぼなされていないことが非行少年の被害の特徴と言えます。言い換えると、被害の埋め合わせはほぼ放置されてきたわけです。

　そうした被害の中には、加害者を特定でき、加害者に対する損害賠償請求権が保障されているものもあります。しかし、損害賠償請求に行きつくまでに、まず幾多のハードルがあります。しかも、損害賠償請求を行なえたとしても、損害賠償を求められた者がそれを履行できなければ、それまでです。たとえば、犯罪被害と言えるような場合、加害者には損害賠償義務を履行できるほどの財産がないということが少なくありません。つまり、被害を引き起こした者に、損害賠償という形で被害の埋め合わせを求める法的権利は認められているものの、それでは、残念ながら被害の埋め合わせにならないというのが現実です。

　また、虐待被害を受けてきた子どもたちに対しては、国が、日本国憲法25条による生存権保障の一環として、児童福祉法などを通して、一定の保護がなされる仕組みを用意してはいます。しかし、それには生存権の解釈を含めて国の裁量に委ねられている部分があまりにも大きいという現状があります。しかも、非行に走った少年の虐待被害が裁判所によって確認されたとしても、その枠組みでの保護の対象としては扱ってもらえません。事実上、14歳を超えた非行少年の場合、児童福祉法による保護よりは少年法による保護手続や保護処分が優先されるからです。そして、これらの少年法による保護手続・処分は、必ずしも虐待被害を埋め合わせるものとばかりは言えません。従来から、保護手続は非行少年の問題点を発見するもの、保護処分は非行少年の問題点を改善するものと位置付けられてきたからです。まして、刑事手続や刑事処分は、すでに前章で見た通り、非行少年の被害の埋め合わせからはかけ離れています。

　発達障がいや知的障がいがあって本来は教育・福祉機関などによる支援や保

護がなされるべきであるのに、それがなされないという不作為による被害の場合、非行少年がそれらの機関に損害賠償などで被害の埋め合わせを法的に求めることは、体罰などの作為の被害を受けた場合と比べると、極めて難しいと言わざるをえません。

　以上の検討から見えてくることは、非行少年に積み重ねられた被害の埋め合わせの法的根拠を、単純に被害を加えた者などに対する損害賠償請求権などに求めるのは妥当ではないということです。

妥当な被害の埋め合わせを実現するために必要な法的根拠

　被害が積み重ねられた非行少年に必要とされる被害の埋め合わせとしては、前章で紹介したように、それぞれの被害に対応した、根気強い、褒め育て、寄り添い、学習支援、あるいは、障がいのある少年の被害感を理解し、障がいにとっての合理的配慮となる支援を行っていくことなどが挙げられます。

　こうした被害の埋め合わせを実現するには、どのような法的な根拠、あるいは、法的な枠組みが考えられねばならないでしょうか。

　前章でも見た通り、被害が積み重ねられた少年であっても、一たび犯罪の疑いがかかれば、捜査に始まる刑事手続が進められます。捜査が遂げられた後に、事件が家庭裁判所に送致され、社会調査・鑑別を経て少年審判が開かれ、保護処分決定が言い渡されるか、逆送決定がなされて、刑事裁判所に起訴された後に処罰されることになります。処罰は被害を埋め合わすものではありません。また、保護処分決定も、単に少年院に閉じ込め続けるだけであれば、刑事施設に閉じ込め続けることと実質的に見ると大きな差がなくなってしまいますが、法的には前者は非行少年の保護・教育のためのものであり、被害を埋め合わせる性格を持ちえます。現に、Part2長橋論文にあるように、その実践もなされています。

　そうすると、少なくとも、被害の埋め合わせの実現に向けては、被害が積み重ねられた非行少年の事件の逆送やその処罰を避けるという法的根拠を見つけ

る必要があります。

国の被害除去義務を認めた裁判例

　それでは、この法的根拠はどこに求められるのでしょうか？　前章でご紹介したように、付添人や弁護人が、非行少年に被害が積み重ねられてきたことを、少年審判や刑事裁判の場で主張しても、非行によってもたらされた結果が重大な場合は、それが考慮されることはなく、逆送や処罰などがなされてきたと言えます。これを、前提にすると、単に再非行や再犯を防止するためには非行少年に積み重ねられた被害の埋め合わせとそれを実現するために逆送や処罰を避けることが必要だと主張するだけでは裁判官には響かないでしょう。そこで、その被害の埋め合わせが国の法的義務であることを論証する方法を考えなければなりません。

　この点を考える上で、重要なヒントとなる裁判例があります。それが、ハンセン病家族訴訟熊本地裁判決です。この判決は、「らい予防法」という法律でハンセン病者を強制的に隔離することに合理性がないことが明らかになってからも法律の廃止を怠るなどの国の誤ったハンセン病隔離政策という先行行為に基づいて、ハンセン病患者に差別被害が生じ、ハンセン病患者家族の憲法13条の保障する社会内において平穏に生活する権利や憲法24条1項の保障する夫婦婚姻生活の自由が侵害されたこと。そして、そうしたさまざまな被害を除去する具体的な作為義務が国にあることを認めました。その上で、厚生労働大臣、法務大臣、文部科学大臣などがなすべきことをしなかったという不作為を国家賠償法上の違法に当たるとして国に対してハンセン病患者家族への損害賠償を命じたものです(熊本地判令1・6・28判例時報2439号5頁)。しかも、この判決に対して国は控訴せず、判決は確定しました。その後、この確定判決を受けて、この訴訟の原告のみならずハンセン病患者家族に対する補償金を支給する法律

も作られました[2]。

　この判決が重要なヒントになるという理由は、ハンセン病患者家族を実際に差別したのは、その周囲の人々であって、必ずしも国家公務員に限られるわけではないという点と、そうであるにもかかわらず、国に誤った政策によって生じた被害を除去する具体的な法的義務を認めた点にあります。

非行少年の被害を埋め合わせる国の義務

　このハンセン病家族訴訟判決を、埋め合わせがないまま被害が積み重ねられてきた非行少年に引き寄せて、当てはめてみるとどうなるでしょうか？

　虐待被害が積み重ねられてきたことには、子どもの虐待が問題になってすでに20年以上も経過しているのに、いまだに、親による虐待が発覚した場合に、その親を厳罰に処すことが虐待被害防止対策の中心となっていることが大きく関わっています。処罰だけで子どもの虐待を止めることは極めて困難なのです。虐待した親などにも、被害体験が積み重ねられていて、危機的場面において虐待以外の選択肢を取るだけのスキルや能力がそもそも十分に備わっていないからです[3]。また、この間、虐待を受けた子どもの被害を埋め合わすサービスを提供するはずの児童相談所のマンパワーは質・量ともに一向に増強されていません[4]。本来、国がなすべきことがなされないという不作為によって、虐待被害はもたらされたと言うべきなのです。

2　ただし、補償金が被害に比べると低額である上に、ハンセン病元患者家族の多くはこの補償金の支給を申請することで、家族にハンセン病患者がいたことが明るみに出てさらに差別されることを恐れて、支給申請ができない状況にあります。

3　岡田行雄「非行少年・虐待親の被害とその埋め合わせ」内田博文＝佐々木光明『〈市民〉と刑事法　第5版』（日本評論社、2022年）121頁参照。

4　1999年度以降児童相談所の数や児童相談所に勤務する児童福祉司の数も増加しましたが、子ども虐待の相談件数はそれをはるかに上回るペースで増加したことから、マンパワーの不足は明らかです。この点については、次のURLで参照可能です〈https://www.mhlw.go.jp/file/05-Shingikai-11901000-Koyoukintoujidoukateikyoku-Soumuka/04_3.pdf（最終確認2023年1月8日）〉。

こうした不作為は、学校におけるいじめや体罰被害が積み重なってきたことにも当てはまります。いじめや体罰が問題になりだして、虐待被害以上の時間が経過しているにもかかわらず、やはり、その防止対策としては、いじめた子どもや体罰教員の処分の取組みばかりが先行しているからです。いじめは閉鎖的な学級空間などの中で構造的に深刻化すること[5]、体罰は体育教員に多く、かつ体罰を肯定してきた土壌から生まれやすいこと[6]。こうした事実はすでに明らかなのに、これを防ぐ根本的な施策はいまだに採られているようには見受けられません。まして、いじめや体罰被害からの救済などはさらに遅れていると言わなければなりません。学校に行けなくなった子ども達が代わりに学ぶ場所は個人に任せられていて、公的な支援はまるでないからです。

また、発達障がいなどの障がいがありながらも、それが見落とされ、提供されるべき支援や保護が提供されずに非行に至ったという場合も、まさに行政の不作為による被害が積み重ねられてきたと言えます。

もちろん、このようなケースにおいては、非行少年の発達障がいに長らく気づかなかった親などの周囲の者に、こうした被害の原因があるかのようにも見えます。しかし、日本においては、知的障がい者などの障がい者が人里離れた福祉施設で暮らさねばならなかったり、精神障がい者が強制入院させられる法律が精神保健福祉法や心神喪失者等医療観察法という形で存在してきたことも相まって、障がい者への偏見や差別が根強く存在しています。こうした差別や偏見を作出・助長していたのは、ハンセン病に対する差別や偏見と同じで、法律とそれに基づく実務運用と言うべきです。言い換えれば、親が非行少年の発達障がいなどに気づかなかった、あるいは、気づこうとしなかった背景には、このような障がい者への差別や偏見を助長する法律とそれに基づく実務運用が

---

5 いじめについての文献は多数ありますが、さしあたり、いじめが閉鎖空間においてエスカレートする構造を解き明かしている、内藤朝雄『いじめの構造―なぜ人が怪物になるのか』（講談社、2006 年）164 ～ 180 頁参照。

6 たとえば、藤田圭一ほか「体罰・暴力における体育専攻学生の意識と実態」日本体育大学紀要 44 巻 1 号（2014 年）28 ～ 29 頁参照。

あったのです。ちなみに、精神保健福祉法や心神喪失者等医療観察法による精神障がい者の強制入院制度には違憲の疑いが指摘されています[7]。そうすると、やはり、こうした被害の前提には、国による先行行為があったと言わざるをえません。

このように、ハンセン病家族訴訟判決の論理は、国の誤った作為ないし不作為という先行行為によって被害が積み重ねられているという点で、埋め合わせもなく被害が積み重ねられた非行少年の場合にもやはり当てはまると言えます。そうすると、その論理の延長線上には、埋め合わせもなく被害が積み重ねられた非行少年に対しても、国はその被害を除去する義務があると言えます。もっとも、非行が問題となっている手続の場面で、ようやく何らの埋め合わせもなく被害が積み重ねられてきたことが明らかになった場合に、単にその被害による損害を金銭で埋め合わされても、たとえば、少年が長期間刑事施設に収容されるのであれば意味がありません。したがって、少年の非行が問題となっている手続の場面において、被害が積み重ねられた少年に対して国による被害除去義務が認められるのであれば、それは、非行少年の処罰を避けた上で、非行少年の被害を埋め合わせるという形で履行されねばならないはずです。

被害を埋め合わせる合理的配慮提供義務

以上のように、ハンセン病家族訴訟の確定判決を前提にすると、何らの埋め合わせもなく被害が積み重ねられてきた非行少年の被害を埋め合わせる義務が国にあることは論証できるように思います。しかし、それだけでは非行が問題になっている場面で、家庭裁判所、さらには刑事裁判所を説得するには不十分です。

刑事裁判となって最高裁判所まで争うことを念頭に置くと、非行少年に埋め

7　精神保健福祉法と心神喪失者等医療観察法の違憲性については、内田博文「精神医療と日本国憲法」賃金と社会保障 1682 号（2017 年）28 ～ 31 頁参照。

合わせなく積み重ねられた被害を顧慮せず処罰することが、日本国憲法や憲法が誠実に遵守することを要求している（憲法98条2項）、日本が締結した条約に違反することを論証することが求められます。なぜなら、最高裁は、下級審による判決や決定に憲法違反があったときに、それに対する不服申立てを審理する扉を開くからです。そこで、憲法や条約といった上位規範からも、非行少年に埋め合わせなく積み重ねられた被害を埋め合わせる義務が国にあることを論証する必要があります。

　最近、日本が遵守すると国際的に約束した条約に、障がい者の権利条約があります。この条約は、締約国に障がいによる差別を禁止し、差別撤廃のための合理的配慮の提供を確保するためのすべての適当な措置をとることを義務づけています（5条）。

　そうすると、上で指摘した、非行少年の親などがその少年の障がいに気づかない、ないし気づこうとしない背景として、障がい者差別がある以上、その障がい者差別の原因となっている法律や実務運用を止めることが国には求められるはずです。その上で、差別撤廃のための合理的配慮が障がい者に対して提供されるようにする義務が国にはあります。つまり、障がい者の権利条約によれば、被害が積み重ねられた、障がいのある非行少年に対しても合理的配慮が提供されるように国に義務付けられているのです。

　ところで、この合理的配慮提供義務は、被害が積み重ねられた障がいのある非行少年に限られるのでしょうか？

　日本が遵守義務を負う条約には、子どもの権利条約もあります。この条約では、子どもの福祉に必要な保護等を確保するために、そして、この条約が認める権利の実現のために締約国は全ての適当な立法上・行政上の措置を取る（3条2項、4条）と定めています。さらに、子どもの成長発達権を保障し（6条2項）、父母など子どもの養育に責任のある者に対して適当な援助を与え、子どもの養護のための施設、設備及び役務の提供の発展を確保する（18条2項）とも定めています。そうすると、国には、障がい者への合理的配慮提供と同様に、非行少年を含む子ども全体に、その成長発達などの権利を保障するために、適

切な措置を取る義務があると言えるのです。

上位規範から必要とされる非行少年の被害の埋め合わせ

1　権利条約と憲法から求められる非行少年の被害の埋め合わせ

　以上で考察したように、障がい者の権利条約に基づく障がい者への合理的配慮提供義務を媒介にして、子どもの権利条約から、障がいのある非行少年だけでなく、埋め合わせられていない被害が積み重ねられた非行少年に対して、その権利を保障するために適切な措置を取る義務が締約国にあることが導かれます。

　そうすると、こうした義務を怠ることは、当該条約違反となります。それは、国の条約遵守義務を定める憲法98条2項違反にも当たります。したがって、公的機関の不作為、あるいは、親などが障がい者差別を恐れて障がいに気づかず、ないし気づこうとしなかったことにより受けられるべき支援をうけられずに被害が積み重ねられた、障がいのある非行少年を処罰することは、国の合理的配慮提供義務に反することになり、憲法違反に当たるのです。処罰はどう言いくるめても害悪であって、障がいのある非行少年への合理的配慮に当てはまらないのは明らかですから。

　さらに、子どもの権利条約の諸規定からは、虐待被害を受けながらその埋め合わせとなる支援を非行少年が受けられなかったことは、まさに子どもの権利条約が締約国に課した義務違反と言えるでしょう。体罰被害、いじめ被害を受けながらも、その埋め合わせとなる支援を非行少年が受けられなかったことにも、これは妥当します。その上で、こうして被害が積み重ねられた非行少年を処罰することは、二重の意味で子どもの権利条約に違反することと言えます。処罰はこうした被害が積み重ねられた非行少年に対する適切な措置とは言えないのですから。当然、この場合の処罰は憲法98条2項違反にも当たると言えます。

以上から明らかとなるのは、埋め合わせのない被害が積み重ねられた非行少年の被害の埋め合わせは、障がい者の権利条約や子どもの権利条約を媒介して日本国憲法に基づき必要とされているということです。

2　18歳以上の特定少年の場合

　ただし、以上のような立論には残された問題があります。18歳以上の非行少年の場合です。子どもの権利条約における子どもとは18歳未満の者を指し（1条）、18歳以上の非行少年には子どもの権利条約は適用されないからです。

　加えて、2022年4月に施行された少年法の第5次「改正」では、18歳以上20歳未満の者を特定少年と位置づけ、特定少年が罪を犯した場合、より逆送されやすく、しかも処罰されると20歳以上の者と同じ扱い、つまり他の少年よりも厳しい処罰がなされることになりました。

　その根拠として、「選挙権及び憲法改正の国民投票権を付与され、民法上も成年として位置付けられるに至った一方で、類型的に未だ十分に成熟しておらず、成長発達途上にあって可塑性を有する存在であることからすると、刑事司法制度において、18歳未満の者とも20歳以上の者とも異なる取扱いをすべき」[8]という点が挙げられています。

　しかし、本書でこれまでに示されてきた知見を前提にすれば、18歳以上の犯罪少年[9]には、それより年少の非行少年よりも長期に渡って被害が積み重ねられていると見るべきです。つまり、特定少年が犯罪に走る場合の多くには、より長期に渡って障がい者の権利条約や子どもの権利条約違反があったと言うべきでしょう。にもかかわらず、その被害の埋め合わせよりも厳しい処罰を優先することに合理性があるのでしょうか？

---

[8]　この「改正」を議論した法制審議会の答申で示されたものです。これについては、以下のURLで参照できます〈https://www.moj.go.jp/content/001328361.pdf（最終確認2023年1月8日）〉。

[9]　少年法第5次「改正」で特定少年にはぐ犯規定（3条1項3号）が適用されないこととなりましたので（65条1項）、特定少年の場合、罪を犯した犯罪少年のみ少年法の対象となります。

すでに前章で見た通り、埋め合わせのない被害が積み重ねられた非行少年を処罰することは、被害の埋め合わせにはならず、その再犯防止という観点からの合理性は認められません。ということは、埋め合わせのない被害が積み重ねられた18歳以上の特定少年を、18歳未満の少年と区別して、より厳しい処罰を優先すれば、ますますその再犯を促進することは明らかです。つまり、より厳しい処罰には、より合理性がないということが帰結されます。合理性がない異なる扱いは、極めて弱い感染力しかないハンセン病の患者を強制隔離したのと同じ差別であって、それは憲法14条によって禁じられるものです。

したがって、埋め合わせのない被害が積み重ねられた18歳以上の特定少年を、その犯罪を理由に厳しく処罰することは憲法14条違反であって、許されません。

このように解すると、18歳以上の特定少年が、埋め合わせのない被害が積み重ねられた上で、罪を犯した場合であっても、処罰ではなくて、その被害の埋め合わせの必要性が憲法に基づき根拠づけられるのではないでしょうか。もちろん、この被害の埋め合わせは、罪を犯した特定少年に重ねられてきたであろう、個人の尊厳と幸福追求権を保障する憲法13条、生存権を保障する25条、教育を受ける権利を保障する26条への実質的違反をも埋め合わせるものというべきでしょう。

少年法などからも必要な非行少年の被害の埋め合わせ

もっとも、実際の少年審判や刑事裁判の場で非行少年の被害の埋め合わせの必要性を主張するには、具体的な法的根拠も挙げなければなりません。そこで、少年法において、非行少年の被害の埋め合わせの具体的な法的根拠を見出すことが重要になります。

少年法では、少年の健全育成を目的とすることが掲げられています（1条）。そして、罪を犯した少年であっても保護手続・保護処分が刑事裁判・刑事処分よりも優先されています。したがって、刑事処分相当の場合に、家庭裁判所が

行う逆送決定(20条1項)は限定されなければならないことが帰結されます。そうすると、保護処分に被害の埋め合わせという性格もあるならば、保護処分の要件とされる、非行事実と要保護性が認められる少年には、その被害の埋め合わせを必要としている非行少年も含まれると言えそうです。

　もっとも、すでに紹介したように、重大な罪を犯した場合、家庭裁判所の実務運用においては、処罰に向けて逆送することが当たり前になっています。しかし、埋め合わせがないまま被害が積み重ねられた上で、重大な罪を犯した少年の場合も、逆送されるべきなのでしょうか?

　前章で示した通り、埋め合わせがないまま重大な罪を犯した場合であっても、当該少年の再犯・再非行を防ぐという観点からは、逆送が必要とは言えません。もっとも、刑事処分相当での逆送とは、犯した事件の結果が重大である場合、保護処分が社会から許容されない保護不適を理由にも根拠づけられています。

　しかし、少年が犯した罪がどれほど重大であっても、埋め合わせがないまま被害が積み重ねられた場合に、その被害を埋め合わせることができる保護処分が社会から許容されないと解して良いのでしょうか?　本書を通して、社会にいる私たちが、当該非行少年については、埋め合わせがないまま被害が積み重ねられ、そのために適切な人を頼ることもできず、あるいは、重大な結果を回避する適切な方法を身に付けられないなどの事情があったと知れば、保護処分が許容されないとは言い切れないのではないかと思います。国の作為、不作為という先行行為を通して、私たちは、そうした非行少年の被害の積み重ねに手を貸してきたとも言えるのです。社会は、むしろ、そうした非行少年の被害の埋め合わせをこそ許容しなければならないのではないでしょうか。

　なお、16歳以上の少年が故意の犯罪で被害者を死亡させた場合などは、逆送が原則だと解されてきた規定が少年法にはあります(20条2項)。しかし、その但書では、さまざまな事情があり、刑事処分以外の措置を相当とするときは、保護処分などを選択できる旨が定められています。この規定の解釈については

さまざまな議論がなされていますが[10]、埋め合わせがないまま被害が積み重ねられた16歳以上の少年が故意の犯罪で被害者を死亡させた場合に逆送が原則だとは言えません。この規定の但書適用を最も狭く解する見解は、但書適用には犯情の重たさを覆す「特段の事情」が必要だとしています。しかし、犯情には犯罪の結果以外のさまざまな要素も含まれると解されている以上、埋め合わせもないまま被害が積み重ねられた末に被害者の死亡という結果を引き起こしたことを、単に犯情が重いと解してはならないはずです。むしろ、介護疲れから高齢の要介護者を殺害するに至った事例と同じように、行為に至るさまざまな事情が上の「特段の事情」に含まれねばなりません。つまり、この場合も、埋め合わせがないまま被害が積み重ねられていた場合には、その埋め合わせを少年法は求めていると解されるべきなのです。

　また、少年法第5次「改正」によって少年とは別個の扱いがなされることになった、18歳・19歳の特定少年については、特に、この犯情が重視される規定ぶりになっています。しかし、上で指摘したように、特定少年には、18歳未満の少年以上に、埋め合わせのない被害が積み重なっている場合が多いはずです。したがって、特定少年の犯罪の多くでは、犯情が重いとは言えません。むしろ、埋め合わせのない被害がより積み重なっている分だけ、その埋め合わせの必要性こそ高い場合が多いと言えるでしょう。何より、特定少年も少年法における少年であって、少年法1条に掲げられた健全育成目的が特定少年にも及ぶことが忘れられてはなりません。

　少年法は、逆送後の刑事裁判においても、少年である限りは、保護処分が相当だと判断されれば、事件を家庭裁判所に再移送し、少年を保護処分に付すことができるようにしています（55条）。その要件は、保護処分が相当であること。つまり、刑罰よりも保護処分がふさわしいということです。これも、刑事裁判の場で、埋め合わせもないままに被害が積み重ねられてきたことが証明さ

10　この条文の解釈をめぐる議論については、武内謙治『少年法講義』（日本評論社、2015年）536頁参照。

れれば、上で見たように、もはや犯情が重いと解することはできず、保護処分による被害の埋め合わせがなされる方が、処罰よりも再非行や再犯を防止する効果がはるかに高い以上、保護処分が相当だと判断されねばならないはずです。

　ちなみに、2000年に立法された、人権教育及び人権啓発の推進に関する法律によれば、国及び地方公共団体には、人権教育及び人権啓発に関する施策を実施する責務が課されています（4条、5条）。そして、国民には、人権尊重の精神の涵養に努めるとともに、人権が尊重される社会の実現に寄与する努力義務がある旨、定められているのです（6条）。非行少年とはいえ、被害が積み重ねられた者は、人権侵害、あるいは、犯罪被害を受けてきた者といえます。その被害を埋め合わせる方向での人権尊重こそ、この法律が私たちの社会に求めることではないでしょうか。また、2004年に立法された犯罪被害者等基本法も、すべて犯罪被害者等は、個人の尊厳が重んぜられ、その尊厳にふさわしい処遇を保障される権利を有する（3条）と定めているのです。埋め合わせがないまま被害が積み重ねられた非行少年の中には犯罪被害者もいます。その尊厳にふさわしい処遇とは、まさにその被害の埋め合わせがなされることと言うべきでしょう。

　以上の検討を通して、少年法などの個別の法律に基づいても、埋め合わせのないまま被害が積み重ねられた非行少年にはその被害の埋め合わせが必要なことは根拠づけられると言えます。

行少年の被害の埋め合わせに向けた提言

岡田行雄（おかだ・ゆきお）　　　　　　　　　　　　　　　　　[熊本大学]

被害の埋め合わせがなされるべき場面

　前章までで、埋め合わせもなく被害が積み重ねられた非行少年に対して、実践的にも、法的にも、処罰よりも先にその被害の埋め合わせがなされねばならないことを示してきました。

　それでは、具体的にどのような被害の埋め合わせがなされるべきでしょうか？　あるいは、現状の制度で、それはなされうるものでしょうか？　仮に、現状の制度では、非行少年に積み重ねられた被害の埋め合わせを十分にできないのであれば、どのような取組みが求められるでしょうか？

　本章では、これらの問題について、非行少年が直面する手続の場面ごとに検討を加えて、非行少年に積み重ねられてきた被害の埋め合わせに向けた提言をしていきたいと思います。

捜査段階における被害の埋め合わせに向けた提言

1　捜査段階でのさらなる被害を防ぐ弁護人の法的支援

　まず、被害が積み重ねられた少年が罪を犯したと疑われた場合に直面する捜査段階から、その埋め合わせについて考えてみましょう。

この段階では、まだ罪を犯したと裁判所で認められたわけではありません。そして、少年に積み重ねられた被害の解明を捜査機関に求めることも妥当とは思われません。積み重ねられた被害は疑われている事件そのものではありませんし、これを明らかにするためにいたずらに捜査を長引かせてしまうことは、少年に求められる埋め合わせをより遅らせてしまうからです。そこで重要となるのは、さらなる被害が積み重ねられないようにすることです。つまり、捜査段階では、被疑者として取り調べられるときに、憲法で保障されている弁護人依頼権（34条）、拷問を受けない権利（36条）、黙秘権（38条）などの基本的人権が侵害されないようにすることが求められます。しかし、逮捕・勾留され、身体を拘束されている場合に、これらの権利が必ずしも保障されていないことが、少年の場合でも問題になっています[1]。また、本書でも示されているように、勾留中に保護室に入れられ、さらなる拘束を受けるなど過剰とも言えるひどい扱いを受けている例もあります（Part1長橋論文参照）。

　こうしたさらなる被害となる事態を防ぐことが必要不可欠ですが、残念ながら捜査機関にさらなる被害を防止する措置を求めても、これまでの歴史を見る限り、その実現はまったく期待できません。裁判員裁判対象の重大な事件であっても、取調べは一部が録画されるに過ぎず、少年の権利保障には不十分すぎると言わなければなりません。そもそも、取調べが全部録画されるようになったとしても、録画では少年の被害感は必ずしもわからないなど限界があるはずなのです。

　そこで、捜査段階におけるさらなる被害を防ぐという観点からは、弁護士から選任された弁護人の役割が重要になります。少年の捜査段階での身体拘束の長期化を避けること、そして身体拘束がなされるにしても、学ぶ機会などが得られるようにすることなどが弁護人の重要な役割として挙げられます。具体的

1　2016年の熊本地震直後の被疑事件にあたって、取調べの警察官から違法な行為がなされたとする国賠請求訴訟において、熊本地裁は、少年に弁護人から差し入れられた被疑者ノートの信用性が、被疑者取調べにあたった警察官の証言よりも高いとして、取調べにおける黙秘権侵害等を認めています（熊本地判令3・3・3判例時報2504号113頁）。

には、弁護人が、少年法に基づく勾留の弊害回避措置が採られるよう検察官や裁判所に働きかけることが求められます。少年法は、少年の被疑者の場合、勾留に代えて鑑別所に収容する観護措置を取ることができるようにしていますし（43条）、勾留の場所を少年鑑別所にすることもできる（48条）と定めているのです。警察の留置施設では学ぶ機会は保障されませんが、少年鑑別所では学ぶ機会が保障される点で、さらなる被害を防ぐことができます。

　もっとも、被害が積み重ねられてきた少年は、本来信頼できるはずの大人たちなどから裏切られ続けてきたわけです。こうした少年が、弁護人となるべく、初めて接見に訪れた弁護士に容易に心を開くわけではありません。被害が積み重ねられた少年達から見れば、弁護士であろうが信用できない人間の一人にすぎないのです（Part1知名論文、安西論文参照）。したがって、少年が捜査段階でさらに被害を受けることを防ぐためにも、少年にとって初対面の弁護士が、人間不信に陥っている少年ともコミュニケーションを取れるようにする力を身に付けるための弁護士会レベルでの施策が実施されることが必要不可欠です。

2　障がいのある少年への支援

　以上のように、捜査段階では弁護人の活躍に多くを期待しなければなりません。しかし、弁護人も神様ではありません。とりわけ、発達障がいや知的障がいがある少年の場合、被害が積み重ねられている他の少年以上に他者とのコミュニケーションが難しいということが考えられます。まして、周囲の誤解や無理解によって被害が積み重ねられている可能性も高いのです。

　弁護人としてはきちんとコミュニケーションが取れているつもりでも、実は、取れていないということが起こりえます[2]。それは、冤罪の原因ともなりますし、誤った非行のイメージを裁判官など少年司法の担い手に持たせることに

---

[2]　服部朗「少年の冤罪―ディスコミュニケーションからの考察―」愛知學院大學法學研究 59 巻 3・4号（2018 年）35 頁参照。

もつながります。これは誤った処分という防がなければならない被害を招きかねないのです。

そこで、こうした被害を避け、しかも、少年がそれまでに受けてきた誤解や無理解による被害への埋め合わせとして求められることは、こうした障がいのある少年の供述特性をよく理解できる専門家と弁護人が協働することです。ちなみに、イギリスでは、警察署における少年や知的障がい者等への取調べに際して、ソーシャルワーカーなどが立ち会う「適切な大人」(Appropriate Adult)制度[3]が運用されています。被疑者取調べにあたっての弁護人の立ち会いすら認められていない日本では、非常にハードルが高い課題ですが、障がいのある少年に積み重ねられてきた被害の埋め合わせの一つの方法として検討されるべきものといえます。

家庭裁判所段階における被害の埋め合わせに関する提言

1　社会調査と鑑別

次に、捜査が終わり、事件が家庭裁判所に送致されてから必ず行なわれる社会調査と、送致後に必要な場合に採られる観護措置で少年鑑別所に収容されてから行なわれる鑑別における、少年に積み重ねられた被害の埋め合わせを考えたいと思います。

この段階で、最も重要なことは、少年に積み重ねられた被害に光を当てることです。しかし、社会調査や鑑別を通して、少年が受けてきたさまざまな被害に光を当てようとしても、少年自身に被害の認識がない、あるいは、何が被害かを少年が理解できないままということが少なくないはずです。たとえば、性的虐待を受けていた子どもが虐待被害を認識していないことはよく知られてい

3　この制度とその運用の実際については、京明『要支援被疑者（Vulnerable suspects）の供述の自由』（関西学院大学出版会、2013 年）参照。

ます（Part1定本論文参照）。しかし、それだけでなく、たとえば、島根あさひ社会復帰促進センターという刑事施設における回復共同体プログラムを受講している受刑者に、当初は自分が受けた被害の認識がないことが多く、プログラムを受講しているうちに、自分が被害を受けていたことに気づくのだそうです[4]。したがって、少年本人や親からだけではなく、少年の生育過程で周囲にいた人々など、多様な関係者の力を借りて、少年に積み重ねられた被害に光を当てることが求められます。

ただし、積み重ねられているであろう被害に無理やり光を当てることは、少年にとってさらなる被害の積み重ねにつながりかねませんので、慎重さも求められます。そこで、少年に積み重ねられてきた被害とその影響に詳しい専門家の力を借りることも検討されるべきです。刑事裁判の段階とはいえ、専門家による心理鑑定がなされたことで、少年が心理的虐待を複合的に受けていたことが明らかになったことが本書の事例でも示されているからです（Part1知名論文参照）。社会調査や鑑別にあたって、さまざまな専門家と連携することは禁じられることではなく、むしろ少年法がさまざまな科学を活用して調査を行なうよう定めている（9条）ことに照らせば、さまざまな専門家との連携は当然のことと言えます。

こうして被害が積み重ねられてきたことが調査や鑑別で明らかになったのであれば、それへの適切な埋め合わせを検討することも求められます。もちろん、それが、社会調査の結果をまとめた少年調査票や鑑別の結果をまとめた鑑別結果通知書に反映されなければなりません。

なお、この段階でも、もちろん少年が非行をしたことが裁判所によって認められたわけではありませんから、保護処分における教育のような踏み込んだ活動はなされてはなりません。しかし、付添人等の援助を通して、少年に積み重ねられた被害の一部の埋め合わせをすることは可能ですし、なされるべきで

4　岡田行雄＝坂上香「映画『プリズン・サークル』を通して考える刑事施設と犯罪への対応」熊本法学 150 号（2020 年）142 頁参照。

す。たとえば、本書で知名弁護士が取り組んだような、ドリルや教科書を差し入れて学ぶ機会を提供することなどです。少年鑑別所における学ぶ機会は、被害の埋め合わせという観点からもとても重要だと言えます。私自身、熊本少年友の会の付添人として、少年鑑別所に在所中の少年にさまざまな学ぶきっかけを作ろうと努めました。弁護士に加えて、こうした付添人が選任されて、被害の埋め合わせを可能な範囲で行うことは、社会調査や鑑別、さらには後の少年審判のためにも重要だと言えます。

2　少年審判と試験観察

少年審判は、少年の非行事実の有無と、非行事実があったとして、その少年に保護処分が必要かどうかを判断する場です。この審判は、少年法によれば、懇切を旨とし和やかに行なわれなければなりません（22条1項）。この審判の方式こそが、さらなる被害を防ぐうえで重要なことです。

審判においても、積み重ねられた被害に光を当てることが重要になります。そして、日本国憲法や子どもの権利条約から求められる、少年の審判手続への参加[5]の実現を通して、積み重ねられた被害の埋め合わせには何が必要か、それを踏まえて少年の将来をどう描くかを裁判官、調査官、付添人が少年とともに考えることが、さらに重要になります。

その上で、少年に積み重ねられた被害の埋め合わせをさらに遅れさせる刑罰をもたらす逆送を避けることが求められます。そのために、そして、社会調査や鑑別の段階以上に、少年に積み重ねられた被害の埋め合わせを進める一つの手段として必要とされるのが、少年法25条に基づく試験観察の積極的活用です。試験観察とは、通常は少年審判を開いた上で、裁判官が、少年を家庭裁判所調査官の観察に付する決定をすることで行なわれるものです。この期間中、保護処分ほどではありませんが、一定の遵守事項を課しつつ、少年に対してさ

5　少年の手続参加が少年司法のあらゆる場面で求められることについては、葛野尋之『少年司法の再構築』（日本評論社、2003年）70～74頁参照。

まざまな働きかけがなされます（Part2廣田論文参照）。たとえば、付添人などが提供する機会を利用して、理解のある雇い主の下で働いてみたり、進学のための学びを進めてみたり、障がいへの適切な支援体制を作ってもらって、実際に支援を受けてみるなど、社会の中でいろいろなことに少年がチャレンジできる場となるのが試験観察なのです[6]。こうして、これまでの被害を埋め合わせる試みを一定の範囲内で行なうこともできます。この試験観察は、被害が積み重ねられた少年に本当に必要な被害の埋め合わせは何かを家庭裁判所調査官が把握するためにも有効なものと言えます。

　以上のようなさまざまな取組みをした上で、本当に少年に必要な保護処分は何かを、裁判官は決めるべきです。特に、埋め合わせのないまま被害が積み重ねられた少年の被害感（Part2廣田論文参照）に何ら手当てを考えずに、非行事実やそれに基づく犯情を重視して保護処分決定をすることは妥当なものとは言えません。そうした被害感を抱えた非行少年に対して必要な保護処分とは、それまでに積み重ねられた被害を埋め合わせ、少年の被害感に手当てをし、それを通して、少年が将来の目標に向けて歩んでいけるものでなければなりません。逆に、少年の被害感を理解せず、積み重ねられた被害を埋め合わせようとしない態度を家庭裁判所の裁判官が取れば、少年は過去の被害に対する恨みにこだわり続けて、いつまで経っても将来に目を向けることはできないままではないかと危惧されます（Part1安西論文参照）。

刑事裁判段階における被害の埋め合わせに関する提言

　少年審判の結果、埋め合わせのないまま被害が積み重ねられた少年が、その非行事実の重大さが重視されて逆送され、刑事裁判にかけられることも、残念ですが、ありえます。そこで、刑事裁判段階における被害の埋め合わせについ

6　試験観察が少年の立ち直りに大きく寄与すること、特に再非行少年への処罰を避けるために有意義であることを示す多くの事例がある点については、岡田行雄＝廣田邦義＝安西敦編著『再非行少年を見捨てるな』（現代人文社、2011年）22〜75頁参照。

ても検討しなければなりません。

　ここでも、まず被害の積み重ねを最小限にする取組みが弁護人に求められます。逆送後に起訴されるときの勾留される場所はほぼ拘置所ですが、ここでは、何ら学ぶ機会がありません。他方で、起訴後に勾留中の者には保釈が認められます（刑事訴訟法89条）。そこで、この保釈の請求（刑事訴訟法88条）を行なうことが求められます。また、少年法は上で見たように勾留に際して少年鑑別所に少年を拘禁することができる旨を定めていますので（48条）、保釈が認められない場合であっても、少年が学ぶことができるよう少年鑑別所での勾留がなされるような努力が弁護人には求められます。いずれにしろ、拘置所に長期間勾留されて、少年にとっての貴重な時間を、何らの学ぶ機会もないまま空費させないようにすることが、さらなる被害を防ぐ上では極めて重要です。

　そして、さらなる被害を防ぐという観点からは、起訴後の公判における少年への質問も注目されねばなりません。本書で知名弁護士が指摘しているように、裁判官や検察官からの少年への質問が事実上の虐待に当たることも大いにありうるからです（Part1知名論文参照）。弁護人から、こうした不適切な質問に対して的確に異議を申し立てることが必要です。

　すでに繰り返し指摘しているとおり、埋め合わせのないまま被害が積み重ねられた少年に刑罰を科すこと自体は、被害を積み重ねることにつながりえますが、被害の埋め合わせにはなりません。そこで、少年法55条に基づく家庭裁判所への再移送決定を得ることが、被害の埋め合わせのためには必要不可欠です。裁判員裁判の場合、再移送決定を得ることは通常の刑事裁判以上に困難ですが、これまでも皆無というわけではありません[7]。特定少年の場合、少年以上に逆送される危険性が高い少年法の規定ぶりになっていますので、なおさら、再移送決定を得ることが必要不可欠と言えます。

　その前提として、家庭裁判所調査官がまとめた少年調査票や少年鑑別所でま

---

[7]　裁判員裁判で家庭裁判所への移送決定がなされた事例については、武内謙治『少年事件の裁判員裁判』（現代人文社、2014年）50～70頁、82～124頁参照。

とめられた鑑別結果通知書が、埋め合わせもなく少年に積み重ねられた被害を適切に明らかにできていて、それが刑事裁判所においても証拠調べされる必要があります。しかし、社会調査や鑑別が少年に積み重ねられた被害に適切に光を当てることができていない場合や、それができていたとしても証拠調べされない場合もありえます。その場合には、少年に積み重ねられた被害に埋め合わせがなかったことを明らかにできる専門家に鑑定を依頼し、その結果を証拠調べさせる取組みが必要不可欠です[8]。知名弁護士が紹介した鑑定人尋問はそうした取組みの一つと言えます(Part1知名論文参照)。

少年院処遇段階における被害の埋め合わせに関する提言

非行事実が認定された少年に要保護性があるとして少年院送致の保護処分決定がなされた場合に、少年院においてどのように被害の埋め合わせがなされるべきでしょうか?

少年院は、少年院法によれば、保護処分の執行を受ける者などを収容し、在院者に対し矯正教育その他の必要な処遇を行う施設と位置付けられています(3条)。この矯正教育とは、在院者の犯罪的傾向を矯正し、在院者に対し、健全な心身を培わせ、社会生活に適応するのに必要な知識及び能力を習得させることを目的としています(23条)。そして、在院者の処遇は、その人権を尊重しつつ、その健全な心身の成長を図るとともに、その自覚に訴えて改善更生の意欲を喚起し、並びに自主、自律及び協同の精神を養うことに資するよう行なうものとされています(15条1項)。さらに、在院者の処遇は、心理学等の諸科学の専門的知識等を活用するとともに、個々の在院者の事情を踏まえて、その者の最善の利益を考慮して、その特性に応じたものとなるようにしなければならない(15条2項)とも定められています。

8　少年事件の裁判員裁判で、弁護人が専門家に鑑定などを依頼して証言してもらう取組みの実践例と課題については、武内・前掲註7書125〜202頁、378〜435頁参照。

この少年院で、少年が他の在院者とともに安心して生活しながら、隠れていた障がいなどへの手当てを受けつつ、学び、自らの潜在能力に気づき、それを伸ばすことができることは、実は、何よりの被害の埋め合わせかもしれません。しかし、安西弁護士が紹介した事例に出てくる少年のように、少年の強い被害感を少年院の教官から理解してもらえずに、少年院内で再非行に及ぶ場合もあります（Part1安西論文参照）。実際に少年院には多数の複雑な被害が積み重ねられた非行少年たちが収容されています（Part1長橋論文参照）。その被害感は容易に解決しないものがほとんどだろうと推察されます。家庭裁判所調査官としての長い実務経験に裏付けられた廣田さんの指摘に学べば、少年院においても、非行少年の被害の埋め合わせにあたって大切なことは、非行少年と関わる少年院の教官など非行少年と関わる人々がその被害感との付き合い方を非行少年と一緒に考えることだと言えるでしょう（Part2廣田論文参照）。

他方、矯正教育が、非行少年の加害者性を強調してきたために、少年における矯正教育を受けた元非行少年が被害を被害と受け止められないという点で、被害の積み重ねに寄与してしまうという問題も指摘されています（Part1都島論文参照）。被害が積み重ねられてきた非行少年にさらなる被害を積み重ねさせないために、この問題への取組みが少年院における矯正教育の大きな課題であると考えられます。

社会における被害の埋め合わせに関する提言

少年院に収容されていた非行少年が出院するときは、必ずと言っていいほど、仮退院という形が取られます。仮退院の場合、必ず保護観察に付されるからです（更生保護法42条）。刑事施設から仮釈放された場合も同じです。この保護観察は、少年審判において非行少年への保護処分としても選択されます（少年法24条1項1号）。また、刑事施設に収容される刑罰の執行が猶予された場合に保護観察に付されることもありえます（刑法25条の2）。いずれの場合も、保護観察に付された対象者は、社会の中で、対象者すべてに当てはまる一般遵守

事項（更生保護法50条）と、個々の対象者に合わせて定められる特別遵守事項（更生保護法51条）を守らねばなりません。対象者がこれらを守っているかどうかは、一定の間隔で対象者が保護司を訪問する際などにチェックされます。保護観察官はこの保護司を通して情報を得て、遵守事項が守られていないとなると、それぞれの保護観察に用意された不良措置（更生保護法67条等）を取ることがあります。もっとも、この遵守事項を守ることができるように、補導援護（更生保護法58条）や応急の救護（更生保護法62条）といった形でさまざまな援助も受けられます。このように保護観察は、監視と援助という二つの性格を持っているのです。

　そこで、こうした保護観察を受ける社会における被害の埋め合わせについても考えてみたいと思います。

　非行少年の場合、たいていは親がいますので、保護観察にあたっては親元に帰るというのが一般的なパターンといえます。しかし、知名弁護士が紹介した事例で明らかなように、親元に帰すことが、さらに少年に被害を積み重ねてしまう結果をもたらすこともあります（Part1・Part2知名論文参照）。そこで、親元に帰すことによる、さらなる被害の積み重ねを防ぐ必要があります。親元に帰すことによって被害を重ねさせることが予想される場合に、少年が頼れる適切な親類・縁者がいれば、そうした方々に少年を引き受けてもらうことが望ましいといえます。しかし、被害が積み重ねられてきた非行少年の場合、そうした親類・縁者が皆無に等しいというのが現実です。そこで、少年が選択できる居場所としては、更生保護施設や自立準備ホームがあります。更生保護施設は、全国に103カ所ある、民間がメインの施設で、仮釈放された後などに行き場のない元受刑者などを引き受けて、その施設の中で利用者が共同生活をしています。しかし、非行少年を引き受けてくれる更生保護施設はなかなかないというのが現実です。むしろ社会に居場所のない非行少年を積極的に受け入れているのが、全国に473カ所（2022年4月1日時点）ある自立準備ホームです。これも、NPOなどの民間団体が設立したもので、小さな家やアパートの一室などを活用して、少年に居場所を提供しています。今後、親元に戻ることで被害が重ね

られるであろう元非行少年のための居場所として、自立準備ホームや熊本の
NPOトナリビトが運営しているIPPOのようなシェアハウス(Part1山下論文、千
葉論文参照)が積極的に活用されるようになることが、大きな課題です。

　そして、元非行少年が社会の中で安心して生活できる基盤ができたら、それ
までの被害の埋め合わせとして必要なことは、学ぶ場や働く場など、少年が望
む活動場所が用意されることです。障がいがある少年のためには、医療機関、
福祉機関などから障がいへの手当てが受けられることも、被害の埋め合わせと
して必要不可欠と言えます。

　ただし、こうした学ぶ場や働く場所などを探すことと親元以外の生活の本拠
を探すことが、少年院にいる非行少年にとっては極めて困難な現状がありま
す。知名弁護士が指摘したように、まず親元を打診し、ダメだから他を探すと
いう、少年院などでなされてきた従来の取組みは、少年にさらなる被害感を積
み重ねさせてしまいます(Part2知名論文参照)。そこで、これを防ぐためにも、
少年が社会の中での生活の本拠と、就労先や就学先などの社会の中での活動場
所とを、少年院にいる間から全国の中から探せて、少年が選べるような仕組み
が整えられるべきだといえます。また、少年の就労を引き受ける職場と、少年
の生活の本拠を提供できる自立準備ホーム等との連携も強化されるべきです。

　なお、こうした連携の取組みがなされることは、被害が積み重ねられた非行
少年達に、家庭裁判所で児童自立支援施設送致の保護処分がなされた後にその
施設を出る場合、あるいは不処分や審判不開始で終結した場合にも意味あるも
のとなるのです。

刑事施設に収容された後の被害の埋め合わせに関する提言

　逆送後、刑事裁判所が家庭裁判所への再移送ではなく、いわゆる実刑判決を
言い渡して、判決が確定した場合は、刑事施設に収容されることになります。
残念ですが、刑事施設の中では、被害の埋め合わせは期待できません。

　しかし、だからと言って、刑事施設に収容された少年を放置することは、さ
らなる被害が積み重ねられる危険だけでなく、少年の被害感を確実に増加させ

ます。そこで、刑事施設に収容された少年の被害感への手当てとなりうるもの
が、知名弁護士が紹介した、ばっちゃんのような外部の方が手紙を出したり
（Part1知名論文参照）、少年と面会したりすることです。埋め合わせのない被害
だらけだった非行少年にとって、ばっちゃんのように、社会の中にいて、少年
のことを気にかけてくれる人の存在こそが、ささやかかもしれませんが、被害
の埋め合わせにつながるのではないでしょうか。そして、そうした人とのつな
がりは、刑務所を出たときの少年の居場所探しに役立ちうることは疑いありま
せん。そこで、特に少年の親類縁者などが少年に面会や通信を行わない場合
に、たとえば、NPOマザーハウス[9]の五十嵐弘志さんのような外部の支援者が
面会や通信を当該少年とできるような仕組みを作ることが、受刑中の少年に積
み重ねられてきた被害の埋め合わせとして必要不可欠だと考えられます。具体
的には、刑事施設において、非行少年たちがマザーハウスやPart1で千葉さん
が紹介されている自立準備ホームなどの情報に触れて、自らそこに手紙を出せ
るような取組みを拡充していくことが求められます。

結びに代えて

　以上、埋め合わせのない被害が積み重ねられた非行少年の被害を埋め合わせ
るための取組みを挙げてきました。

　しかし、その被害を埋め合わせるための具体的な取組みには、お金が必要で
す。現状では、Part1で紹介された山下さんのIPPOにせよ、千葉さんの「生き
直し」にせよ、さまざまな財政支援なしでは運営がたちまち行き詰まってしま
います。

　また、知名弁護士や安西弁護士のように、いわば手弁当で、自らが付添人を
務めた非行少年を支援している、一部の弁護士のおかげで、非行少年に積み重

9　NPO法人マザーハウスは、刑事施設を出所した後に居場所がない元受刑者に住居の確保、
　居場所づくり、心のケアと就労支援などを行っています。その活動については、以下のURLを
　参照〈https://motherhouse-jp.org/about/（2023年1月13日最終確認）〉。

ねられた被害が多少なりとも埋め合わされているのも現状です。

　これらの現状から私たちが知らねばならないことは、非行少年の被害の埋め合わせがごく一部の人たちの善意によって賄われていることなのです。非行少年に積み重ねられた被害は、実は、私たちの社会が直接あるいは間接に関わっているものがほとんどです。決して、非行少年やその親だけに被害の原因があるわけではありません。にもかかわらず、その被害の埋め合わせが一部の人々の善意により成り立っている今の形のままで良いのでしょうか？　私たちは、非行少年に積み重ねられた被害の埋め合わせにもっと公的資金が投入されるように働きかけるべきではないでしょうか？

　もちろん、犯罪被害者やそのご遺族からすれば、上のような提言に強い怒りをお持ちの方もおられるかもしれません。しかし、国は、犯罪被害者やご遺族が被ったさまざまな損害を、到底償うことができない非行少年やその親などにだけ賠償するように仕向け、他方で犯罪被害者やご遺族の被害を公的に救済する制度を作ろうともせず、ここでも不作為を重ねているのです。どうか、非行少年が将来において犯罪被害者やご遺族に真の償いができるような、その被害の埋め合わせを、犯罪被害者やご遺族の被害を救済する公的な制度の確立とともに、国に求めていただければ、これほどありがたいことはありません。

　そもそも、少年の非行は、被害が積み重ねられた少年による切実なSOSだと、私たちが理解することが求められてきたのです（Part1堀井論文、田中論文参照）。このSOSに適切に応えることこそ、その非行少年による再非行・再犯のみならず、この非行少年が将来親になったときに、その子どもを虐待せずにすむために必要不可欠なことであると皆さんに理解していただきたいと願ってやみません。

　非行少年の被害にどう向き合うべきかを皆さんとともに考えてきた本書にも、積み残された課題がたくさんあります。今後、そうした課題に取り組むことを皆さんにお約束することで、本書の不十分な点をお赦しいただければと思います。

　本書の本文では必ずしも十分に説明できていない専門用語について、少年事件の手続の流れに沿って、以下で解説を加えました。

岡田行雄［熊本大学］

●少年事件の手続

　少年法は、非行少年を、**犯罪少年・触法少年・ぐ犯少年**の3種類と定めています。犯罪少年とは、14歳以上で、刑法や刑罰を定めたさまざまな法律（道路交通法や覚醒剤取締法など、特別刑法と言います）の規定に違反する行為をした少年。触法少年とは、14歳未満で、刑法や特別刑法に反する行為をした少年（14歳未満の者は、刑法41条により、刑事責任が問われないので、法に触れる行為をしたに過ぎないとしてこう呼ばれます）。ぐ犯少年とは、家出、飲酒、喫煙、深夜徘徊などのぐ犯事由にあてはまり、特定の罪を犯すおそれがある少年（18歳・19歳の特定少年には、ぐ犯少年の規定は適用されなくなりました〔少年法65条1項〕）。

　このうち最も数が多いのが犯罪少年です。犯罪少年の事件は、まず刑事事件として、刑事訴訟法に基づき捜査がなされることで始まります。捜査を遂げた後に、すべての少年刑事事件は、検察官ないし警察から家庭裁判所に送致されなければなりません（少年法41条、42条）。このことを**全件送致主義**といいます。少年法の最大の特徴です。

　なお、触法少年とぐ犯少年の事件は、検察官からではなく、警察や児童相談所から、家庭裁判所に送られます。

　こうして家庭裁判所が受理した事件は、**少年保護事件**と呼ばれます。大部分の少年事件は家庭裁判所で、審判不開始決定、不処分決定、保護処分決定を受けて終わります。例外的に、犯罪少年の事件が家庭裁判所から検察官に送致されることは、逆送と呼ばれてきました。逆送されると、再び、刑事事件として処理され、原則として、刑事裁判所に起訴され、処罰されることになります。

●少年司法手続と刑事司法事件との違い

　少年事件は、少年の刑事事件であっても、少年法の理念である、少年の健全育成の目的に合致する形でその手続が進められます。家庭裁判所における**少年審判**は、「懇切を旨として、和やかに行う」（少年法22条1項）ものであって、非公開とされている（少年法22条2項）のは、その現れです。例外的に検察官が少年審判に関与することもありますが（少年法22条の2）、その役割は刑事裁判に

おけるものとはまったく異なります。この少年審判には、少年法10条に基づき、少年ないし保護者から選任され、少年の正当な利益を擁護し、少年の理解を助ける者として**付添人**が多くの場合で付くようになっていますが、弁護士以外の者も家庭裁判所の許可を受ければ付添人となることができます。また、少年審判の進め方は、非形式的で、個々の少年の状況に合わせた、柔軟なオーダーメードのものともいえます。逆送後の少年の刑事裁判においても、理論的には、少年法の理念が妥当します。

　他方、被告人が公開の法廷で審理を受ける刑事裁判は、刑事訴訟法１条が、事案の真相を明らかにすることと適正手続の保障とを目的に掲げていることから、検察官と被告人・弁護人との当事者によって手続が進められる当事者主義に基づいています。理念の上では、検察官と論戦する被告人が前提となっています。また、すべての被告人に適正手続を保障する観点から、手続の進め方は硬く、形式的であって、被告人によって異なるということはありません。

　現実の少年の刑事裁判は、家庭裁判所への再移送（少年法55条）が例外的にありえ、開廷表に少年の被告人の氏名が掲載されないなどの一定の配慮がなされるほかは、ほとんど20歳以上の被告人に対するものと同じです。少年の被告人は、そうした公開の刑事裁判において積極的に言いたいことが言えるわけではありません。特に、多くの大人に囲まれる裁判員裁判では、少年がさまざまな悪影響を受けることが懸念されています。

●非行少年に対する厳罰化論

　1997年のいわゆる神戸連続児童殺傷事件をきっかけに政治家が主導する形で、非行少年への処罰を重くする方向で少年法を「改正」しようとした議論。その後、少年法の大きな改正が５度なされましたが、そのうち４度は、処罰や処分の上限を引き上げるものでした。研究者や実務家の中には、こうした厳罰化を、処分の「適正化」と指摘する者もいます。

●子どもの権利条約

　1989年に国連総会で採択され、日本が1994年に批准した国際条約。少年司法手続についても詳細な規定を置いていますが、その基本的な部分は、1985年に定められた、少年司法運営に関する国連最低基準規則（北京ルールズ）に依拠しています。

　子どもの権利条約に照らすと、子どもの意見表明権に基づく、少年の適正手続保障が十分ではないという問題が少年法にはありました。しかし、2000年

以降の「改正」によって、条約と少年法との乖離がますます大きくなってしまったため、日本は国連の子どもの権利委員会による審査で、いつも厳しい勧告を受け続けていますが、条約の趣旨に沿った改正はいまだに十分になされていません。

●可塑性

少年は人との出会いによって、どのようにでも成長することを、一般に可塑性と呼んできました。この可塑性こそが、少年法の原点の一つともいえます。近時、脳科学の発展によって、20歳を超えた者にも可塑性が十分にあることなどが明らかになっています。

●観護措置

少年審判を行なうために必要があるときに、家庭裁判所が、少年を家庭裁判所調査官による観護に付するか、少年鑑別所に送致するかを決定する措置。実務上、前者の調査官観護はまったくと言っていいほど行われず、観護措置といえば、少年鑑別所に送致されることを意味しています。

●家庭裁判所調査官

全国に1,500人程しかいない、もっぱら家庭裁判所に勤務する国家公務員で、家庭裁判所に係属した少年事件や家事事件の調査を担っています。この調査は、少年や保護者等の面接、少年の家庭訪問など、多岐にわたる方法でなされます。この調査結果を、少年調査票という書面にまとめて、家庭裁判所で少年審判を担当する裁判官に意見を述べることが、少年事件における基本的な任務です。加えて、裁判官の決定によって、家庭裁判所調査官の観察（少年法25条）に付された少年にさまざまな働きかけを行ないつつ、社会での少年の様子を観察する**試験観察**は、家庭裁判所調査官の専門性が最も発揮される場面です。

ただし、1970年代末から、家庭裁判所調査官にはさまざまな規制がかけられるようになり、少年法が求める専門性が必ずしも発揮できていない状況もあります。また、最近は家事事件の増加と少年事件の減少に伴い、少年係の家庭裁判所調査官が減少しているといわれています。

●保護観察

社会内において、犯罪者や非行少年の立ち直りを図ることを目的として、保護観察官と、保護司が協働して、その対象者が遵守事項を守れるように**指導監**

督と**補導援護**を行なうことをいいます(社会内処遇とも呼ばれています)。保護観察中の非行少年は、いわば、見えない手枷・足枷がはめられている状態です。他方で、この保護観察のおかげでさまざまな援助を受けることができます。このように保護観察には2つの顔があるのです。少年法は、この保護観察を保護処分の一つとして定めています(少年法24条1項1号)。また、少年院仮退院中も保護観察に必ず付されます。

遵守事項には、対象者すべてに課される**一般遵守事項**(更生保護法50条)と、対象者の個々の課題等に対応して個別に設定される**特別遵守事項**(更生保護法51条)があります。この遵守事項違反があった場合に、さまざまな不良措置が採られることがあります。その結果、保護観察中の少年が、新たに少年院等に送致されたり(少年法26条の4)、仮退院中の少年が、少年院に戻し収容されたりすることもあります(更生保護法72条)。

保護処分としての保護観察は、保護観察所の長が、保護観察を継続する必要がなくなったと認めるときに解除されて終了します(更生保護法69条)。仮退院中の保護観察は、保護観察所の長が、保護観察を継続する必要がなくなったと認めるときに地方更生保護委員会が退院決定を行なうことで終了します(更生保護法74条)。

●保護司

保護観察官が全国に千人程度しかいないのに対して、全国に5万人弱いる保護司は、事実上保護観察を支える担い手と言えます。保護司の身分は、保護司法に基づき法務大臣の委嘱を受けた、非常勤の国家公務員で、報酬はなく、少年院に面会に行くときなどに交通費が支給される程度です。そのため、その成り手は、高齢者が中心にならざるをえません。保護司の平均年齢はどんどん高齢化が進み、2022年では65.4歳で、しかも、その数は減少傾向にあります。

●児童自立支援施設

児童福祉法44条に根拠を持つ児童福祉施設の一種。不良行為をなし、またはなすおそれのある児童および家庭環境その他の環境上の理由により生活指導等を要する児童を入所させ、その自立を支援することが主な目的とされています。他の児童福祉施設と決定的に異なる点は、施設の中で、中学校までの教育を受けるため、外出する自由がない点です。圧倒的多数は都道府県立のもので、国立のものが男女それぞれ一つずつ置かれています。国立の児童自立支援施設では、家庭裁判所の決定によって、行動の自由を制限する強制的措置を採

ることができます。

　児童福祉法における児童とは18歳未満の者を指し、近年では、18歳を超えても引き続き児童養護施設などを利用することも可能となっていますが、児童自立支援施設における教育が中学校の課程しかないため、少年法では保護処分の一種として児童自立支援施設送致が定められていても（少年法24条１項２号）、実務上は15歳以上の少年に対しては用いられません。

●少年院

　少年院は法務省が管轄する矯正施設の一つで、原則として、少年法に基づく保護処分の執行を受ける者を収容し、在院者の犯罪的傾向を矯正し、並びに在院者に対し、健全な心身を培わせ、社会生活に適応するのに必要な知識及び能力を習得させることを目的とする矯正教育、その他の必要な処遇を行なう施設と定められています（少年院法３条）。少年院法では、少年院の種類を第１種から第５種まで定めていますが（少年院法４条）、現時点では、１種、２種、３種の少年院に収容される場合が圧倒的です（司法統計年報によれば、2021年に第１種に1,413人、第２種に32人、第３種に39人が送致されています〈https://www.courts.go.jp/app/files/toukei/598/012598.pdf　最終確認2023年２月10日〉）。

　第１種少年院には、心身に著しい障害がないおおむね12歳以上23歳未満の者、第２種少年院には、心身に著しい障害がない犯罪的傾向が進んだおおむね16歳以上23歳未満の者、第３種少年院には、心身に著しい障害があるおおむね12歳以上26歳未満の者が収容されることとされています。

　保護処分で少年院に収容された少年は、20歳に達したときに退院となりますが（少年院法137条）、実務上は、**仮退院**という形で20歳に達する前に出院します。20歳を超えて、収容を続ける必要があるときは、原則として、少年院の長が家庭裁判所に収容継続決定の申請をし、これを家庭裁判所が認めると、それぞれの少年院の上限の年齢まで収容が継続されることがあります。収容継続決定を受けた者の数は、2021年で488人となっていますが、その多くは、20歳を超えた者に保護観察が付く仮退院の形で出院させるためといわれています。

●更生保護施設

　主に保護観察所から委託を受けて、刑事施設からの仮釈放や満期釈放後に引き受けてくれる家族がいない元受刑者などに、無料で宿所、食事などを提供する施設。もちろん、少年院を仮退院する際に引き受けてくれる家族がいない少年も利用はできます。しかし、利用者の圧倒的多数は高齢者で、少年がメイン

で利用できる更生保護施設は極めて少ないのが現状です。

　『令和4年版犯罪白書』によれば、2022年4月1日現在で、全国に103施設あり、2020年度における利用期間は3月未満の者が50.3％、3月以上6月未満の者が37.3％となっています。この期間に、利用者が職場と住居を見つけることが重要になります。最近では、利用者に向けてさまざまな専門的働きかけがなされるようになってきました。もっとも、民間施設なので、重大な事件を起こしたり、再非行や再犯を繰り返してきたりした者の受入れには極めて慎重です。そのため家族が受け入れを拒否するような非行少年は、更生保護施設にもなかなか受け入れてもらえない現状があります。

●再移送

　逆送後、刑事裁判所に起訴された少年について、刑事裁判所が保護処分を相当だと判断したときに、家庭裁判所に移送する決定を行なうことをいいます（少年法55条）。この再移送決定に、検察官は不服申立てすることはできないと解されています。この再移送決定がなされると、再び少年事件として家庭裁判所で少年審判を受け、通常は保護処分決定で終わります。ただし、この再移送の数は極めて少ないのが現状で、年間数件か多い年でも10件程度しかありません。

●少年刑務所

　少年法は、懲役または禁錮の言渡しを受けた少年に対しては、特に設けた刑事施設でその刑を執行すると定めています（少年法56条）。この刑事施設が少年刑務所で、全国に、北から、函館、盛岡、川越、松本、姫路、佐賀に置かれ、主として、26歳未満の者を収容し、職業訓練等に力を入れているといわれています。しかし、比較的高齢の受刑者も多数収容されていて、少年は極めて少ないのが現実です。

●寄り添い弁護士制度

　犯罪者や非行少年の社会復帰に向けて、受刑した者や少年院に在院している者を支援する弁護士を弁護士会が支える制度。愛知県弁護士会など、一部の弁護士会でこの取組みが始まっています。

編著者

岡田 行雄（おかだ・ゆきお）

熊本大学大学院人文社会科学研究部教授。1969年長崎市生まれ。1991年九州大学法学部卒。1996年九州大学法学部助手を皮切りに、聖カタリナ女子大学社会福祉学部専任講師、九州国際大学法学部助教授、熊本大学法学部准教授、同教授を経て、2017年4月から現職。主要著作『少年司法における科学主義』（日本評論社、2012年）他。

執筆者（五十音順）

安西 敦（あんざい・あつし）

ひだまり法律事務所＆カウンセリングオフィス代表、弁護士・臨床心理士・公認心理師。2000年弁護士登録。大阪大学人間科学部非常勤講師、神戸女学院大学人間科学部非常勤講師。少年事件、刑事事件、児童虐待やいじめなどの子どもの権利に関する事件等を主に扱っている。弁護士付添人の処遇論の専門性を高めることに関心がある。

定本 ゆきこ（さだもと・ゆきこ）

京都少年鑑別所医務課長。1960年岡山県生まれ。1985年奈良県立医科大学卒。淀川キリスト教病院、東京女子医科大学精神科で研修積んだのち、1988年京都大学医学部付属病院精神科に入局。1991年より京都少年鑑別所医務課勤務。2017年4月から現職。専門は児童思春期の情緒・行動の問題、虐待と非行、発達障害等。性被害、DV被害の支援にも関わっている。

田中 慎一朗（たなか・しんいちろう）

熊本市立帯山中学校教頭、公認心理師。1974年熊本県生まれ。19年間公立中学校に勤務（うちスリランカコロンボ日本人学校3年間）したのち、熊本市教育委員会指導主事を経て、現在に至る。平成29年度文部科学大臣優秀教職員表彰受賞（生徒指導）。毎週、地元ラジオにレギュラーコメンテーターとして出演し、地元新聞にも若者のメディア利用に関する月に1度の連載を持つ。NHK『いじめをノックアウト』にも出演経験があり、現在は児童生徒の援助希求について研究中。

知名 健太郎定信（ちな・けんたろうさだのぶ）
1974年長崎県佐世保市生まれ。1997年熊本大学法学部卒。2003年弁護士登録。福岡県弁護士会所属弁護士。NPO法人福岡県就労支援事業者機構理事。福岡大学法科大学院非常勤講師（「子どもの権利」）。少年の就労を通じた更生支援に力を入れている。

千葉 龍一（ちば・りゅういち）
1982年東京都生まれ。株式会社生き直し・一般社団法人生き直し代表。前職駆け込み寺の職員として2013年より刑務所から出てきた方々の支援をし、2018年に独立をして、刑務所出所者等が住める施設である自立準備ホームを開所。10年間で145名の刑務所出所者等の受け入れ、250名以上の相談を受ける。

都島 梨紗（つしま・りさ）
1988年愛知県生まれ。岡山県立大学保健福祉学部専任講師。2016年、名古屋大学大学院教育発達科学研究科教育科学専攻博士課程後期課程を単位取得満期退学。2017年に博士（教育学）を取得。2016年から東亜大学人間科学部にて専任講師を務め、2018年4月から現職。主要著作として『非行からの「立ち直り」とは何か』（晃洋書房、2021年）がある。

長橋 孝典（ながはし・こうすけ）
1982年静岡市生まれ。専修大学法学部在学中、法務省に採用され早期退学。国家公務員として勤務する傍ら、主に児童施設等で、無償でたこ焼きを提供する活動を続けている。趣味は裁判傍聴と旅行。

廣田邦義（ひろた・くによし）
臨床心理士。1950年香川県生まれ。関西大学社会学部卒業。1973年家庭裁判所調査官。2011年退職後、香川県の小中学校スクールカウンセラー、保護司を経て、現在はNPO法人グランマール専門家相談委員（思春期相談）、高等専門学校のスクールカウンセラー、四国学院大学非常勤講師（司法犯罪心理学）、市教委や香川県警の専門家相談委員等。趣味は栗林公園散策、テニス、オーディオ。

堀井 智帆（ほりい・ちほ）
スクールカウンセラー／スクールソーシャルワーカー（元福岡県警察少年育成指導官）。1977年横浜市生まれ。1999年西南女学院大学保健福祉学部福祉学科卒業。1999年より2年間の児童養護施設勤務を経て、2001年より福岡県警察本部少年課の少年育成指導官として非行少年とその家族支援に携わる。2022年4月よりフリーランスとして、さまざまな学校や施設な

どにおいて幅広く少年相談・支援を行っている。2020年にはNHK『プロフェッショナル〜仕事の流儀〜』に出演。主要著作『非行少年たちの神様』（青灯社、2022年）。

山下 祈恵（やました・きえ）
1986年山口県生まれ。NPO法人トナリビト代表理事。米国大学時代、養子として米国で育った日本人同級生との出会いをきっかけに、企業に勤める傍ら児童養護施設に家庭教師として通う。米国NY市のスラムでの子ども支援を経て、2019年熊本で親を頼れない若者に「愛されるために生まれてきた」というメッセージを伝えるべく、支援事業を立ち上げ、若者のSOSに応えるべく日々奔走中。地元紙に月１回、若者支援の日常をコラムで連載している。

非行少年の被害に向き合おう！
—— 被害者としての非行少年

2023年3月27日　第1版第1刷発行

編著者　岡田行雄
発行人　成澤壽信
編集人　齋藤拓哉
発行所　株式会社　現代人文社
　　　　160-0004　東京都新宿区四谷2-10八ッ橋ビル7階
　　　　Tel：03-5379-0307　Fax：03-5379-5388
　　　　E-mai：henshu@genjin.jp（編集）hanbai@genjin.jp（販売）
　　　　Web：www.genjin.jp
発売所　株式会社　大学図書
印刷所　株式会社　シナノ書籍印刷
装　画　コバヤシヨシノリ
ブック
デザイン　渡邉雄哉(LIKE A DESIGN)

検印省略　Printed in Japan
ISBN　978-4-87798-838-8 C3032
©2023　OKADA Yukio
◎乱丁本・落丁本はお取り換えいたします。

JPCA
日本出版著作権協会
http://www.jpca.jp.net/

本書は日本出版著作権協会（JPCA）が委託管理する著作物です。
複写（コピー）・複製、その他著作物の利用については、事前に
日本出版著作権協会（電話03-3812-9424, e-mail:info@jpca.jp.net）
の許諾を得てください。